Vergleich des bundesstaatlichen Finanzausgleichs in Österreich und Deutschland vor dem Hintergrund der Ökonomischen Theorie des Föderalismus

Europäische Hochschulschriften
Publications Universitaires Européennes
European University Studies

Reihe V
Volks- und Betriebswirtschaft

Série V Series V
Sciences économiques, gestion d'entreprise
Economics and Management

Bd./Vol. 3011

PETER LANG
Frankfurt am Main · Berlin · Bern · Bruxelles · New York · Oxford · Wien

Karl Heinz Hausner

Vergleich des bundesstaatlichen Finanzausgleichs in Österreich und Deutschland vor dem Hintergrund der Ökonomischen Theorie des Föderalismus

PETER LANG
Europäischer Verlag der Wissenschaften

Bibliografische Information Der Deutschen Bibliothek
Die Deutsche Bibliothek verzeichnet diese Publikation in der Deutschen Nationalbibliografie; detaillierte bibliografische Daten sind im Internet über <http://dnb.ddb.de> abrufbar.

Zugl.: Eichstätt, Kath. Univ., Diss., 2003

ISSN 0531-7339
ISBN 3-631-51580-4

www.peterlang.de

Vorwort

Die vorliegende Arbeit wurde im Juni 2003 an der Wirtschaftswissenschaftlichen Fakultät der Katholischen Universität Eichstätt-Ingolstadt als Dissertation eingereicht. Die mündliche Prüfung fand am 22. Juli 2003 statt.

Mein Dank gebührt den Menschen, die zum Gelingen der Arbeit beigetragen haben. An erster Stelle danke ich Herrn Professor Dr. Helmut Fischer, der mich als Doktorvater durch alle wichtigen Phasen, beginnend mit der ersten Grobgliederung über zahlreiche Diskussionen bis hin zur mündlichen Prüfung, kompetent und zuverlässig begleitete. Mein Dank gilt sodann Herrn Professor Dr. Joachim Genosko für die Übernahme des Korreferats und die Erstellung des Zweitgutachtens. Zu besonderen Dank verpflichtet bin ich meinen akademischen Lehrer, Herrn Professor Dr. Dieter Biehl. Seine Vorlesungen an der Johann Wolfgang Goethe-Universität Frankfurt am Main sowie die Mitarbeit an seinem Lehrstuhl an einer Studie über die Fortsetzung des Aufbaus Ost und die Vorbereitung des Solidarpakts II sind mein wissenschaftlicher Grundstock und haben die weiterführende Arbeit erst ermöglicht.

Danken möchte ich meinen Freunden und fleißigen Helfern, die mir mit steter Diskussionsbereitschaft, Rat und Tat sowie motivationsfördernd zur Seite standen. Besonderer Dank gebührt Frau Dipl.-Ing. (FH) Julia Schnell, die mir bei der Realisierung der Grafiken und der formalen Gestaltung eine große Hilfe war und Herrn Dr. Harald Wimmer, der mit Akribie Korrektur gelesen hat sowie Herrn Dipl.-Mathematiker Stephan Herfurtner für die Unterstützung bei technischen Problemen mit dem Rechner. Während meines Forschungsaufenthaltes in Wien haben mich Frau Daniela Melingo, die Leiterin des Bereichs „Gebarungen der öffentlich-rechtlichen Körperschaften" bei der Statistik Austria und Herr Mag. Christian Sturmlechner von der Abteilung II/11 (Finanz-Verfassung und Finanzausgleich) des österreichischen Bundesministeriums für Finanzen beim Auffinden des komplexen österreichischen Zahlenmaterials und der gesetzlichen Bestimmungen zum Finanzausgleich in vorbildlicher Weise unterstützt. Meine ehemaligen Kollegen von der Abteilung Projektfinanzierung der UmweltBank AG in Nürnberg haben stets für die nötige Aufmunterung auch in schwierigen Phasen gesorgt.

Ein besonders herzlicher Dank gilt meiner Partnerin Carmen Lang, die mir stets liebevoll zur Seite gestanden ist. Schließlich möchte ich meinen Eltern danken, die meinen Werdegang erst möglich gemacht haben. Ihnen widme ich dieses Buch.

Schwabach, im August 2003 Karl Heinz Hausner

Inhaltsverzeichnis

Abkürzungsverzeichnis

Abs.	Absatz
AG	Aktiengesellschaft
AGMZ	Ausgleichsmesszahl
AO	Abgabenordnung
Art.	Artikel
BaföG	Bundesausbildungsförderungsgesetz
BEZ	Bundesergänzungszuweisung
BGBl.	Bundesgesetzblatt
BIP	Bruttoinlandsprodukt
BMF Berlin	Bundesministreium der Finanzen, Berlin
BMF Wien	Bundesministreium der Finanzen, Wien
BRD	Bundesrepublik Deutschland
BSP	Bruttosozialprodukt
Bsp.	Beispiel
BVerfG	Bundesverfassungsgericht
B-VG	Bundesverfassungsgesetz
bzw.	beziehungsweise
CSU	Christlich Soziale Union
CDU	Christlich Demokratische Union
ders.	derselbe
dies.	dieselben
DIW	Deutsches Institut für Wirtschaftsforschung, Berlin
DM	Deutsche Mark

d.h.	das heisst
EFRE	Europäischer Fonds für Regionale Entwicklung
EG	Europäische Gemeinschaft(en)
EGKS	Europäische Gemeinschaft für Kohle und Stahl
EGV	Vertrag zur Gründung der Europäischen Gemeinschaft
EU	Europäische Union
EURATOM	Europäische Atomgemeinschaft
FAG	Finanzausgleichsgesetz
FDP	Freie Demokratische Partei Deutschlands
FKMZ	Finanzkraftmesszahl
FKPG	Gesetz zur Umsetzung des Föderalen Konsolidierungsprogramms
FN	Fußnote
FPÖ	Freiheitliche Partei Österreichs
FVG	Finanzverwaltungsgesetz (Gesetz über die Finanzverwaltung)
F-VG	Finanz-Verfassungsgesetz
FZ	Finanzzuweisung
GAL	Grünc Alternative Liste
GG	Grundgesetz
HGrG	Haushaltsgrundsätzegesetz
IfG	Investitionsförderungsgesetz Aufbau Ost
i. S.	im Sinne
i.d.R.	in der Regel
i.e.S.	im engeren Sinne
i.V.m.	in Verbindung mit

i.w.S.	im weiteren Sinne
km^2	Quadratkilometer
MaßStG	Maßstäbegesetz
Mio.	Millionen
Mrd.	Milliarden
MWSt	Mehrwertsteuer
NATO	North Atlantic Treaty Organization
ÖVP	Österreichische Volkspartei
PDS	Partei des Demokratischen Sozialismus
RAUM	Österreichische Zeitschrift für Raumplanung und Regionalpolitik
S	Österreichische Schillinge
SFG	Solidarpaktfortführungsgesetz
sog.	Sogenannt
SPD	Sozialdemokratische Partei Deutschlands
SPÖ	Sozialdemokratische Partei Österreichs
TG	Transfers zwischen Gebietskörperschaften
TS	Tausend Schilling
Tsd.	Tausend
u.a.	unter anderem
u.a.O.	und anderen Orten
U.S.	United States
u. U.	unter Umständen
v. Chr.	vor Christus
v. a.	vor allem

v. H.	von Hundert
vgl.	vergleiche
WBG-ZG	Wohnbauförderungs-Zweckzuschussgesetz
WIFO	Österreichisches Institut für Wirtschaftsforschung, Wien
WiST	Wirtschaftswissenschaftliches Studium (Zeitschrift)
WISU	Das Wirtschaftsstudium (Zeitschrift)
z. B.	zum Beispiel
€	Europäische Gemeinschaftswährung EURO

Abbildungsverzeichnis

Tabellenverzeichnis

EINLEITUNG: PROBLEMSTELLUNG UND GANG DER UNTERSUCHUNG

Die Regelungen der Finanzbeziehungen zwischen staatlichen Gebietskörperschaften gehören zu den wichtigsten Voraussetzungen von föderal organisierten Staaten. Nach Max Weber sind

> „die Finanzverhältnisse (...) in einem Bundesstaat das, was die wirkliche Struktur am entscheidensten bestimmt"[1].

Der Finanzausstattung der staatlichen Ebenen kommt eine entscheidende Rolle bei der Ausgestaltung von föderalen Systemen zu. Denn unabhängig von einer gesetzlich oder institutionell vereinbarten Aufgabenverteilung zwischen verschiedenen Körperschaftsebenen wird diese nur dann in die Praxis umgesetzt werden können, wenn den einzelnen Gebietskörperschaften auch die finanziellen Mittel zur Verfügung stehen, um die vereinbarten Aufgaben erfüllen zu können. Die an den vom Gesetzgeber, und damit in Demokratien zurückgehend auf die Volkssouveränität, übertragenen Aufgaben orientierte finanzielle Ausstattung der staatlichen Einheiten ist daher eine Grundbedingung für die Existenz von föderalen Systemen.

Die Trennung von Legislative, Exekutive und Judikative im Sinne einer horizontalen Gewaltenteilung kennzeichnet seit Locke[2] und Montesquieu[3] demokratisch verfasste Gemeinwesen. In Bundesstaaten kommt noch die vertikale Gewaltenteilung hinzu, die die Staatsebene zusätzlich in eine Zentralinstanz und eine gliedstaatliche Ebene aufteilt.[4] Die Intention der Verfassungsgesetzgeber in Österreich und Deutschland kurz nach den unheilvollen Erfahrungen mit der nationalsozialistischen Diktatur zielte auf einer Verhinderung einer zu

[1] Weber, M. (1988), S. 480.

[2] Näheres zur Gewaltenteilung in der politischen Theorie von John Locke vgl. Rostock, M. (1974).

[3] Vgl. Montesquieu, C. de (1994), S. 213-253.

[4] Vgl. Biehl, D. (1995c), S. 126.

starken Machtkonzentration *einer* staatlichen Ebene.[5] Durch die Installierung von föderalen Systemen mit der unveränderlichen Teilung des Staates in verschiedenen Ebenen soll eine Aufteilung und gegenseitige Kontrolle staatlicher Macht erreicht werden.

Bei der vorliegenden Arbeit handelt es sich um einen Vergleich der bundesstaatlichen Regelungen des Finanzausgleichs in der Republik Österreich und der Bundesrepublik Deutschland, um Optimierungsvorschläge für beide Länder zu finden.[6] Obwohl sich Österreich und Deutschland mit einem dreistufigen Staatsaufbau in Bund, Länder und Gemeinden und durchaus vergleichbaren historischen Erfahrungen grundsätzlich ähneln, zeigt ein Blick in die vorhandene Literatur, dass die Regeln der Finanzverfassung und des Finanzausgleichs beider Länder erstaunlich selten umfassend vergleichend untersucht worden sind.[7] Diese Lücke soll mit der vorliegenden Arbeit geschlossen werden. Auf der Basis der ökonomischen Theorie des Föderalismus und der Theorie des Finanzausgleichs im ersten Teil werden im zweiten Teil die in den beiden Ländern jeweils geltenden Regelungen des Finanzausgleichs zwischen dem Zentralstaat und den Gliedstaaten sowie innerhalb dieser Ebene im Detail kritisch analysiert. Im dritten Teil erfolgt ein direkter Vergleich der Aufgaben-, Ausgaben- und Einnahmenverteilung in Österreich und Deutschland sowie der in der Theorie abgeleiteten Prinzipien. Als Ergebnis werden schließlich Empfehlungen für die Verbesserung der existierenden Systeme in beiden Ländern erarbeitet.

Im *1. Teil* erfolgt zunächst die Vorstellung der theoretischen Grundlagen. Nach einer einführenden Besprechung von Begriff und Arten des Finanzausgleichs im ersten Kapitel befasst sich das zweite Kapitel mit der Ökonomischen Theorie des Föderalismus. Dem schließt sich die

---

5 Die Zerstörung der föderalen Struktur begann bereits im März 1933 mit der Gleichschaltung der deutschen Länder, per Gesetz wurde die Neuzusammensetzung der Länderparlamente im Verhältnis des Ergebnisses der Reichstagswahl vorgeschrieben, vgl. Benz, W. (2000), S. 28. 1934 wurden die Länder ganz abgeschafft, vgl. Gesetz über den Neuaufbau des Reiches vom 30.01.1934. Der Anschluss Österreichs an das Deutsche Reich erfolgte im März 1938. Am 13.03.1938 wurde in Wien das „Bundes-Verfassungsgesetz über die Wiedervereinigung Österreichs mit dem Deutschen Reich" zeitgleich mit dem Berliner „Gesetz über den Anschluß Österreichs an das Deutsche Reich" beschlossen, vgl. Benz, W. (2000), S. 159. Ein erneuter Anschluss Österreichs an Deutschland wird in Art. 4 des Staatsvertrages betreffend die Wiederherstellung eines unabhängigen und demokratischen Österreich vom 27.07.1955 zwischen den Alliierten (Frankreich, Union der Sozialistischen Sowjetrepubliken, Vereinigtes Königreich von Großbritannien und Nordirland sowie den Vereinigten Staaten von Amerika) und Österreich ausdrücklich verboten.

6 Zur Begründung der Auswahl der Vergleichsländer siehe 2. Teil, Kapitel A.1.

7 Vergleichende Untersuchungen über den Finanzausgleich beider Länder von Schwanzer, S. (1977) und Stotz, M. (1972).

Theorie des Finanzausgleichs im dritten und vierten Kapitel an. Dabei erfolgt die Behandlung der Verteilung der Aufgaben und Ausgaben im dritten Kapitel und der Verteilung der Einnahmen im vierten Kapitel.

Der *2. Teil* behandelt die praktische Ausgestaltung des Finanzausgleichs in Österreich und Deutschland. Zunächst wird in Kapitel A die Auswahl der Vergleichsländer und die Durchführung des Vergleichs erläutert. Dann werden getrennt in den Kapiteln B (Österreich) und C (Deutschland) allgemeine Daten, das politische System, die Verteilung der Aufgaben und Ausgaben sowie der Einnahmen, die Entwicklung der gesetzlichen Grundlagen des Finanzausgleichs, die Umsetzung des Europäischen Gemeinschaftsrechts sowie Reformvorschläge analysiert.

Im *3. Teil* werden nun beide Länder direkt bezüglich der allgemeinen Daten, des politischen Systems, der Verteilung der Aufgaben und Ausgaben, der Verteilung der Einnahmen und der Umsetzung des Europäischen Gemeinschaftsrechts in der Finanzverfassung miteinander verglichen. Hinzu kommt die Bewertung anhand der im ersten Teil aus der ökonomischen Theorie des Föderalismus erarbeiteten Kriterien. Als Ergebnis werden im letzten Kapitel Empfehlungen für die Optimierung der existierenden Systeme erarbeitet.

Das Skript wurde im März 2003 abgeschlossen. Zu einem späteren Zeitpunkt veröffentlichte Literatur konnte daher nicht mehr berücksichtigt werden.

1. TEIL: ÖKONOMISCHE THEORIE DES FÖDERALISMUS UND THEORIE DES FINANZAUSGLEICHS

Im *ersten Kapitel* des ersten Teils der Arbeit werden zunächst Begriff und Arten des Finanzausgleichs untersucht, um die Arbeit hinreichend abzugrenzen. Dabei soll der methodische Aufbau des Theorieteils deutlich werden. Das *zweite Kapitel* befasst sich mit der ökonomischen Theorie des Föderalismus. Zunächst wird der Föderalismus als Verfassungsprinzip vorgestellt, um darauf aufbauend den Fragestellungen der ökonomischen Theorie des Föderalismus nachgehen zu können. Mit einem Grundmodell einer multidimensionalen ökonomischen Theorie des Föderalismus soll versucht werden, anhand unterschiedlicher Kostenkategorien die Föderalismustheorie in ein ökonomisches Modell umzusetzen. Durch die Trennung von Verfassungs- und Bereitstellungsfunktion sowie die Erweiterung des Musgrave'schen Begriffstrias Allokation, Distribution und Stabilisierung wird über die ökonomische hinaus auch die politische Betrachtung der staatlichen Aufgabenerfüllung ermöglicht. Aus dem Grundmodell werden vier ableitbare Kriterien für ein föderales Referenzsystem entwickelt: das Kongruenzprinzip, das Korrespondenzprinzip, das Subsidiaritätsprinzip und das Finanzausgleichsprinzip. Darauf aufbauend folgt die Theorie des Finanzausgleichs. Das *dritte Kapitel* behandelt dabei die Verteilung der Aufgaben und Ausgaben, wobei zunächst zwischen originären und ergänzenden Teil des passiven Finanzausgleichs unterschieden wird. Der Besprechung von Kriterien der Aufgabenverteilung schließen sich Allokations-, Distributions- und Stabilisierungsaspekte des passiven Finanzausgleichs an, um am Ende Aspekte der Ausgabenverteilung zu besprechen. Im *vierten Kapitel* wird die Verteilung der Einnahmen behandelt. Nach Zielen und Arten der Einnahmenverteilung wird zunächst der originäre aktive Finanzausgleich behandelt. Hierbei werden die unterschiedlichen Einnahmearten kategorisiert, die Verteilung der Einnahmen auf die öffentlichen Aufgabenträger untersucht und verschiedene Einnahmenverteilungssysteme vorgestellt. Daraufhin folgt der ergänzende passive Finanzausgleich, dessen Notwendigkeit zunächst dargelegt wird, um darauf aufbauend verschiedene Aspekte der Bestimmung von Finanzkraft, Finanzbedarf und Ausgleichs- bzw. Nivellierungsgrad zu beleuchten. Abschließend wird auf Arten, Ziele, Wirkungen und Probleme von Finanzzuweisungen eingegangen.

1 BEGRIFF UND ARTEN DES FINANZAUSGLEICHS

Der Begriff Finanzausgleich im heute verstandenen Sinne ist auf die Schilderung der finanzwirtschaftlichen Beziehungen der Gebietskörperschaften in der Schweiz zum Ende des 19. Jahrhunderts zurückzuführen.[1] Dabei stammt der Ausdruck „Ausgleich“ aus dem Jahr 1867 als politische Versöhnung zwischen den beiden Reichsteilen Österreich und Ungarn, als die österreichische Monarchie Ungarn als selbständigen, gleichberechtigten Teil des Reichs anerkannte.[2] Mit diesem war auch ein Finanzausgleich zur Deckung des gemeinsamen Haushalts der beiden Reichshälften verbunden.[3] Hensel hat 1922 mit seinem Beitrag „Finanzausgleich im Bundesstaat in seiner staatsrechtlichen Bedeutung“ den Begriff „Finanzausgleich“ als erster in das deutsche finanzwissenschaftliche Schrifttum eingeführt.[4] Ab Mitte der zwanziger Jahre hat sich Popitz eingehend mit dem Finanzausgleich beschäftigt und ihn dabei als „die Gesamtheit der Tatbestände und Regelungen, die die finanziellen Beziehungen unter den in einem Einheitsstaat oder einer Staatenverbindung vorhandenen Gebietskörperschaften zum Inhalt haben“[5] charakterisiert.[6]

Der Begriff „Ausgleich“ könnte die Aufmerksamkeit ausschließlich auf die Angleichung von Differenzen, etwa zwischen Abgabepflichten und Einnahmequellen einer Gebietskörperschaft, lenken.[7] Dies ist aber nur ein Teilbereich des Problemkreises, der mit dem Finanzausgleich in Verbindung gebracht wird. Die in der englischsprachigen Literatur verwendete Bezeichnung „intergovernmental fiscal relations“ geht zwar über die reine Ausgleichswirkung hinaus, stellt jedoch ebenso wie die deutsche Interpretation relativ eng auf die finanzwirtschaftlichen Beziehungen ab. Hingegen enthält der Begriff „intergovernmental relations“ und die französische

---

1 Vgl. Wittmann, W. (1976a), S. 111.

2 Vgl. Art. 19 des Staatsgrundgesetzes vom 21.12.1867 und Bickel, W. (1956), S. 731.

3 Näheres zur praktischen Ausgestaltung in Österreich im 2. Teil der Arbeit.

4 Hensel schlug anstelle des Begriffs „Landessteuergesetz“ die Bezeichnung „Finanzausgleichsgesetz“ vor, vgl. Hensel, A. (1922), S. 178, FN 2.

5 Popitz, J. (1927), S. 343.

6 Hedtkamp hat diese Definition von Popitz als ausschließliche Betrachtung der Einnahmenseite interpretiert, vgl. Hedtkamp, G. (1977), S. 55. Ein guter Überblick über die praktische Ausgestaltung des Finanzausgleichs in der Weimarer Republik findet sich bei Jessen, J. (1931), S. 790-795.

7 Vgl. Kops, M. (1984a), S. 239.

Bezeichnung „partage des compétences" auch die Kompetenzverteilung zwischen den Gebietskörperschaften und damit auch Aspekte der Aufgaben- und Ausgabenverteilung.[8]

Die meisten Standardwerke der Finanzwissenschaft bieten Definitionen in unterschiedlichster Anwendungsbreite an.[9] So umfasst der *Finanzausgleich i.w.S.* die Verteilung von öffentlichen Aufgaben, der damit verbundenen Ausgaben und der zur Finanzierung notwendigen Einnahmen eines Staates auf die einzelnen Gebietskörperschaften.[10] Dabei wird die Verteilung der Aufgaben und der damit verbundenen Ausgaben auch als *passiver Finanzausgleich* bezeichnet.[11] Von einem *Finanzausgleich im engeren Sinne* spricht man bei einer Fokussierung auf die zwischen den einzelnen Körperschaftsebenen vorzunehmende Einnahmenverteilung, wobei die Aufgaben- und auch Ausgabenverteilung als gegeben angesehen werden.[12] Wittmann nennt dies auch den *aktiven Finanzausgleich.*[13] Bei einer Beschränkung der Betrachtungsweise lediglich auf den horizontalen Einnahmenausgleich handelt es sich um einen *Finanzausgleich im engsten Sinn.*[14] Diese Arbeit nimmt die weite Sichtweise ein, da für eine umfassende Untersuchung der finanziellen Beziehungen zwischen staatlichen Körperschaftsebenen auch die Aufgaben- und Ausgabenverteilung als Grundlage der Einnahmenverteilung betrachtet werden soll.[15]

Ausgehend von einem Finanzausgleich i.w.S. werden die Aufgaben, Ausgaben und Einnahmen auf die verschiedenen Ebenen des Staates verteilt.[16] Dies führt zu einem Finanzausgleich zwischen Gebietskörperschaften[17] unterschiedlichen Ranges. Wegen der Unter- bzw. Überordnung der Gebietskörperschaften zueinander nennt man diesen einen *vertikalen Finanzausgleich.*[18] Dieser umfasst die „staatspolitische Entscheidung nach *Zentralisation,*

[8] Vgl. Peffekoven, R. (1988b), S. 608 sowie Zimmermann, H. (1983), S. 4-5.

[9] Vgl. etwa bei Andel, N. (1998), S. 504.

[10] Vgl. Andel, N. (1998), S. 504 sowie Biehl, D. (1983), S. 76.

[11] Vgl. Wittmann, W. (1976a), S. 111.

[12] Vgl. Andel, N. (1998), S. 504.

[13] Vgl. Wittmann, W. (1976a), S. 111.

[14] Vgl. Peffekoven, R. (1988b), S. 608.

[15] So auch Schmölders, G. (1966), S. 359: „Die Maßnahmen des Finanzausgleichs beginnen demnach bereits mit der staatspolitischen Aufgabenverteilung zwischen Bund, Ländern und Gemeinden."

[16] Vgl. Peffekoven, R. (1988b), S. 608.

[17] Zu den Gebietskörperschaften zählen Bund, Länder oder Kantone und Gemeinden bzw. Gemeindeverbände.

[18] Vgl. Zimmermann, H. / Henke, K.-D. (2001), S. 176.

Dezentralisation oder *Dekonzentration* der Verwaltungsaufgaben und Finanzierungsmittel"[19]. Hierbei kann die vertikale Aufgabenzuordnung zu Aufgabenverpflichtungen führen, die nicht mit der Einnahmenverteilung der Gebietskörperschaften korrespondieren. Es kommt somit zu einer Diskrepanz zwischen Finanzbedarf und Finanzkraft, da „das örtliche Aufkommen pro Kopf (Finanzkraft) in den gleichgeordneten Gebietskörperschaften stark streuen"[20] kann. Soll eine Angleichung der Relation Finanzbedarf zu Finanzkraft erfolgen, muss der vertikale durch einen *horizontalen Finanzausgleich* mit Umverteilungsmaßnahmen zwischen Gebietskörperschaften innerhalb einer Ebene ergänzt werden.[21] Lenk spricht in diesem Zusammenhang von einer distributionspolitischen Notwendigkeit des Finanzausgleichs.[22] Dabei kann durch höhere Zuweisungen des Zentralstaates an vergleichsweise finanzschwache Gliedstaaten bzw. von Gliedstaaten an vergleichsweise finanzschwache Gemeinden ein *vertikaler Finanzausgleich mit horizontaler Wirkung* entstehen.[23]

Nach Schmidt hat der Finanzausgleich zum Inhalt, öffentliche Aufgaben und die damit verbundenen öffentlichen Ausgaben sowie die zu deren Finanzierung erforderliche Verteilung der öffentlichen Einnahmen auf die Gebietskörperschaften unterschiedlicher (vertikaler Finanzausgleich) und auch gleicher Ebenen (horizontaler Finanzausgleich) zu gestalten.[24] Dabei ist der Finanzausgleich juristisch betrachtet ein „verfassungsrechtliches Ordnungs- und Verteilungssystem, das die zwischen den Einzelgliedern eines Staatenverbandes bestehenden Finanzbeziehungen regelt, ihre Verpflichtungen, Befugnisse und Finanzquellen gegeneinander abgrenzt und die Grundlagen ihrer Finanzausstattung bestimmt"[25].

In Bezug auf die räumliche Wirkung kann der *nationale Finanzausgleich* vom *internationalen Finanzausgleich* unterschieden werden. Bei ersterem erfolgt der Finanzausgleich innerhalb

---

[19] Pagenkopf, H. (1981), S. 34 (Hervorhebungen im Original).

[20] Peffekoven, R. (1988b), S. 608.

[21] Eine solche Angleichung ergibt sich beispielsweise in der Bundesrepublik Deutschland durch das im Grundgesetz normierte Ziel der „Einheitlichkeit der Lebensverhältnisse im Bundesgebiet", vgl. Art. 106, Abs. 3 GG.

[22] Vgl. Lenk, T. (1993b), S. 57-58.

[23] Vgl. Peffekoven, R. (1988b), S. 608-609.

[24] Vgl. Schmidt, K. (1988), S. 607.

[25] Fischer-Menshausen, H. (1988), S. 637.

nationalstaatlicher Grenzen, während er bei letzterem zwischen unabhängigen Staaten erfolgt.[26] Manche Autoren unterscheiden den internationalen Finanzausgleich noch in einen zwischenstaatlichen und einen supranationalen Finanzausgleich. Beim *zwischenstaatlichen Finanzausgleich* handelt es sich um Finanzbeziehungen zwischen eigenständigen Staaten, während beim *supranationalen Finanzausgleich* von den einzelnen Staaten geschaffene Organisationen, wie beispielsweise im Rahmen der Finanzierung der Vereinten Nationen[27], bestimmte Ausgleichswirkungen verursachen.[28] Biehl nennt dabei ein regierungsübergreifendes System von öffentlichen Einnahmen und Ausgaben eine „Finanzunion“[29].

Darüber hinaus lässt sich der explizite vom impliziten Finanzausgleich abgrenzen. Der *explizite Finanzausgleich* ist ausdrücklich in der Verfassung oder in den Gesetzen des jeweiligen Landes verankert, während der *implizite Finanzausgleich*[30] keine ausdrückliche Regelung mit vorgegebener Ausgleichsorientierung aufweist, sondern sich aus der räumlichen Verteilung der Ausgaben ergibt.[31] Dabei können sich unterschiedliche Ausgabenintensitäten mit Folgen für die Ausgaben- und Einnahmenverteilung abhängig von den gewählten Instrumenten ergeben.[32] So ist der zur Zeit stattfindende Finanzausgleich in der Europäischen Union als implizit zu bezeichnen, da er nicht auf ausdrückliche Regelungen, etwa in den Europäischen Verträgen, sondern auf Zahlungen der Strukturfonds beruht, wie z.B. des Europäischen Fonds für Regionale Entwicklung (EFRE) oder des Kohäsionsfonds. Hingegen ist beispielsweise der Finanzausgleich in der Bundesrepublik Deutschland explizit im Grundgesetz und in einzelnen Gesetzen, wie dem Finanzausgleichsgesetz (FAG), geregelt. Auch der österreichische Finanzausgleich ist in einem

---

26 Eine gute Übersicht über den internationalen Finanzausgleich findet sich bei Biehl, D. (1988), S. 689-713 oder ders. (1995b), S. 293-298.

27 Vgl. Biehl, D. (1995b), S. 295-296.

28 Vgl. Peffekoven, R. (1988b), S. 609.

29 Biehl, D. (1991), S. 357.

30 „Der stille oder auch unsichtbare Finanzausgleich umfasst alle nicht auf Finanzausgleichsgesetzen beruhenden Maßnahmen von Gebietskörperschaften mit finanzausgleichsrechtlichem Inhalt oder entsprechender Wirkung, durch die die finanziellen Grundlagen einer anderen Gebietskörperschaft unmittelbar positiv oder negativ beeinflusst werden.“, Pagenkopf, H. (1981), S. 35. Peffekoven nennt diesen auch *unsichtbaren Finanzausgleich*, vgl. Peffekoven, H. (1988b), S. 618.

31 Vgl. Biehl, D. (1995b), S. 293 sowie ders. (1995c), S. 136.

32 Vgl. Zimmermann, H. (1983), S. 4.

Finanz-Verfassungsgesetz (F-VG) und einem Finanzausgleichsgesetz (FAG) institutionell und somit explizit geregelt.[33]

Abbildung 1 visualisiert die Abhandlung der Theorie des Finanzausgleichs in den Kapiteln 3 und 4 des ersten Teils.

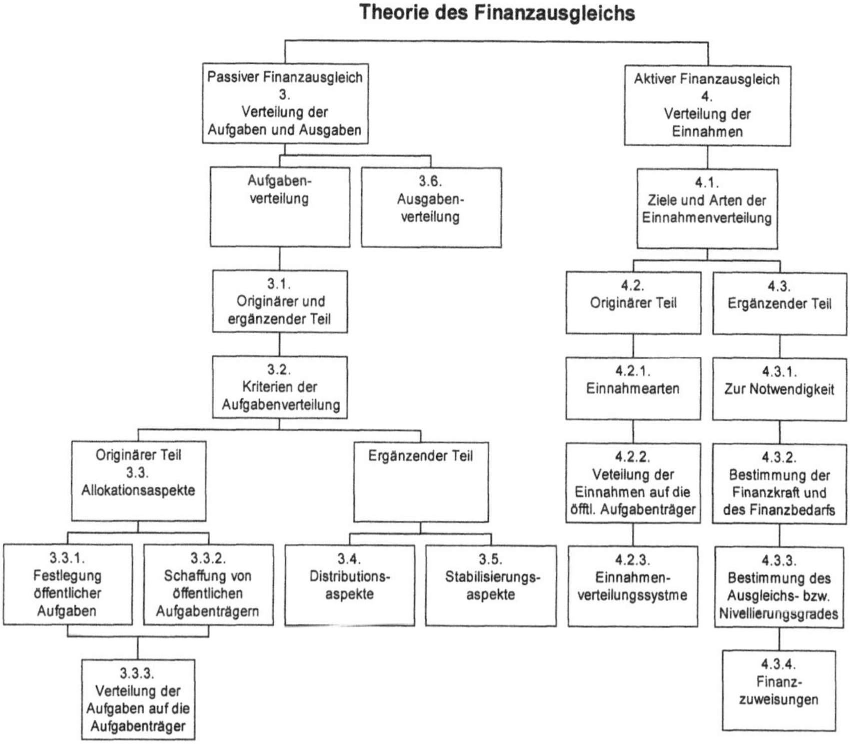

Abb. 1: Übersicht über den methodischen Aufbau der Theorie des Finanzausgleichs

Quelle: Eigene Darstellung.

Sämtliche Fragen des Finanzausgleichs bewegen sich „im Grenzgebiet der Wirtschafts-, Rechts- und Politikwissenschaften"[34]. Deshalb soll einer wirtschaftswissenschaftlichen Analyse des

[33] Zu den gesetzlichen Grundlagen im 2. Teil, Kapitel B.5 und C.5.

[34] Fischer, H. (1984), S. 234.

Finanzausgleichs in den Kapiteln 3 (Verteilung der Ausgaben und Aufgaben) und 4 (Verteilung der Einnahmen) im Kapitel 2 die ökonomische Theorie des Föderalismus vorangestellt werden, um auch politikwissenschaftliche Fragestellungen, die aus der Finanzausgleichs-Problematik nicht wegzudenken sind, untersuchen zu können.[35]

2 ÖKONOMISCHE THEORIE DES FÖDERALISMUS

2.1 Föderalismus als Verfassungsprinzip

Das Wort „Föderalismus" stammt aus dem lateinischen Wortstamm „foedus" (Bündnis, Bund, Verbindung). Es kennzeichnet in seiner weitesten Auslegung „die Verbindung menschlicher Gemeinschaften zu einem größeren sozialen Gebilde, ohne daß jene ihre Eigenart verlieren"[36]. Föderalismus kann dabei als Gegenpol von Unitarismus und Zentralismus aufgefasst werden. Ziel ist es, die politische Macht so zu verteilen, dass kleinere Einheiten ohne Aufgabe ihrer eigenen Identität in einem größeren Staatswesen eingebettet sind.[37] In föderalen Systemen ist die Staatsgewalt zwischen den politischen Ebenen aufgeteilt, „wobei jede Ebene über eine eigene Staatlichkeit, über eigene in Kernbereichen nicht-übertragbare Kompetenzen und über eine eigene unterschiedlich ausgestattete Finanzhoheit verfügt"[38]. Dadurch kann das politische System als Ganzes stabilisiert werden, da politische Identitäten durch kleinere Einheiten leichter zu erreichen sein dürften.[39]

Die ersten föderal organisierten Bundesstaaten waren ab 1787 die Vereinigten Staaten von Amerika und ab 1848 die Schweiz.[40] Der föderale Aufbau der Bundesrepublik Deutschland ist,

[35] „Ob – und wenn ja, inwieweit – eine Verringerung regionaler Disparitäten angestrebt wird, ist eine normativ-politische Frage.", Biehl, D. / Ungar, P. (1995), S. 188.

[36] Rudolf, W. (1981), S. 316.

[37] Einen guten Überblick über unterschiedliche Definitionen des Wortes „Föderalismus" findet sich bei Kirsch, G. (1977), S. 3-7.

[38] Schmuck, O. (2000), S. 214.

[39] So etwa Brümmerhoff, D. (2001), S. 643: „Wo ethnische, kulturelle oder andere Bindungen eine geografische Dimension haben, kann ihnen durch Dezentralisierung Rechnung getragen werden, was zur Stabilität des Systems beitragen kann."

[40] Vgl. Model, O. u.a. (1992), S. 16.

nach den negativen Erfahrungen des von 1933 bis 1945 zentralistisch organisierten Dritten Reiches, von den Verfassungsvätern als so bedeutend eingestuft worden, dass dieser im Grundgesetz von 1949 als unveränderlich festgelegt worden ist.[41] Biehl nennt dieses Bundesstaatsprinzip das „grundlegende Organisationsprinzip der Bundesrepublik“[42]. Auch die österreichische Republik ist nach dem 2. Weltkrieg als Bundesstaat konstituiert worden.[43]

2.2 Fragestellungen der ökonomischen Theorie des Föderalismus

Die ökonomische Theorie des Föderalismus versucht die Frage zu beantworten, „ob es eine ideale föderative Struktur eines Staatswesens gibt“[44]. Dabei werden ökonomische Begründungen für die „Suche nach dem zweckadäquaten Staatsaufbau“[45] gesucht. Zentrale Frage dabei ist, wie die Größe eines staatlichen Gemeinwesens optimiert werden kann.[46] Die traditionelle Ökonomie geht von einer Bevölkerung mit hohem Homogenitätsgrad aus, in der alle Bürger über die gleichen Präferenzen verfügen.[47] Diese Annahme trifft jedoch nicht die Realität in modernen demokratischen Gemeinwesen mit sehr heterogenen Vorstellungen der am politischen Willensbildungsprozess beteiligten Akteure. So hat eine die tatsächlichen Verhältnisse möglichst genau abzubildende ökonomische Theorie des Föderalismus nicht nur die Kosten für die Bereitstellung von öffentlichen Gütern zu erfassen, sondern auch die Kosten, die durch eine falsche oder unzureichende Bereitstellung von öffentlichen Gütern ohne Berücksichtigung der Bedürfnisse der Bevölkerung entstehen.[48] Durch die Schaffung von föderativen Strukturen mit kleineren Selbstverwaltungseinheiten erscheint es zudem wahrscheinlicher, besser auf lokale oder individuelle Präferenzen eingehen zu können als dies bei Entscheidungen eines Zentralstaates möglich wäre, der bei einer heterogen zusammengesetzten Bevölkerung[49] die jeweiligen Präferenzen gar nicht kennen kann.[50] „Die Einrichtung einer Vielzahl und Vielfalt von

[41] Vgl. Art. 20 Abs. 1 GG („Bundesstaat“) i.V.m. Art. 79 Abs. 3 GG.

[42] Biehl, D. (1983), S. 72.

[43] Näheres zu der gesetzlich verankerten föderativen Organisation in Deutschland und Österreich im 2. Teil der Arbeit.

[44] Neumann, M. (1971), S. 493.

[45] Zimmermann, H. (1983), S. 4.

[46] So etwa bei Tullock, G. (1977), S. 27-35.

[47] Vgl. Neumann, M. (1995), S. 266.

[48] Vgl. Zimmermann, H. (1983), S. 11.

[49] Nach Kirsch steigt mit zunehmender Zentralisierung die Heterogenität der Zusammensetzung des Zentralstaates, vgl. Kirsch, G. (1987), S. 20.

[50] Vgl. Neumann, M. (1971), S. 496.

Kollektiven soll die Voraussetzung dafür schaffen, daß die Kollektivguterstellung in kleinen und homogenen Kollektiven erfolgt, also der Abstand zwischen individuellen Mitgliederpräferenzen und Kollektiventscheidungen gering ist."[51]

Synonym für die ökonomische Theorie des Föderalismus werden auch die Begriffe Fiskalföderalismus, Finanzföderalismus und „fiscal federalism" verwendet.[52] Nach Musgrave besteht die Theorie des Fiskalföderalismus aus einer Reihe von Theorien oder Modellen, die jeweils mit verschiedenen Herangehensweisen unterschiedliche Aspekte der Problemstellung behandeln.[53] Im folgenden soll das von Biehl modifizierte Grundmodell einer ökonomischen Theorie des Föderalismus als Grundlage einer darauf aufbauenden Analyse des Finanzausgleichs[54] besprochen werden.

2.3 Grundmodell einer multidimensionalen ökonomischen Theorie des Föderalismus

Das Grundmodell einer ökonomischen Theorie des Föderalismus haben Buchanan/Tullock in ihrem Werk „The Calculus of Consent" 1962 entwickelt.[55] Biehl hat dieses in mehreren Veröffentlichungen zu einer multidimensionalen ökonomischen Theorie des Föderalismus ausgearbeitet.[56]

Der Kostenbegriff wird dabei sehr weit gefasst und den traditionellen Ressourcenkosten[57] eine weitere Kostenkategorie zugefügt. Buchanan/Tullock haben diese neue Kostenart als „expected external costs"[58] beschrieben. Biehl hat in seiner Modifizierung des ursprünglichen Modells von Buchanan/Tullock den Begriff der externen Kosten durch Präferenzen- bzw. Frustrationskosten ersetzt, um Verwechslungen mit dem heute üblichen Verständnis von externen Kosten als zu

[51] Kirsch, G. (1978), S. 15.

[52] Vgl. Zimmermann, H. / Henke, K.-D. (2001), S. 178. Einen guten Überblick über den Finanzföderalismus bietet das Standardwerk von Oates, W.E. (1972).

[53] Vgl. Musgrave, R.A. (1969), S. 521.

[54] Siehe Kapitel 3 (Verteilung der Aufgaben und Ausgaben) und 4 (Verteilung der Einnahmen).

[55] Vgl. Buchanan, J.M. / Tullock, G. (1962).

[56] Einen guten Überblick geben die Aufsätze von Biehl, D. (1994), S. 99-122 und ders. (1995c), S. 109-152.

[57] Buchanan / Tullock sprechen von „expected decision-making-costs", vgl. Buchanan, J.M. / Tullock, G. (1962), S. 68-72.

[58] Buchanan, J.M. / Tullock, G. (1962), S. 63-68.

internalisierende Ressourcenkosten zu vermeiden.[59] Den Begriff „Frustrationskosten“[60] hat Pennock 1959 in einer Analyse demokratischer Mehrheitsentscheidungen geprägt.[61] Durch die Majorisierung der überstimmten Minderheit kommt es bei dieser zur „Frustration“.[62] Somit werden im Grundmodell die Ressourcenkosten als traditionelle ökonomische Kostenkategorie durch die Präferenzen- bzw. Frustrationskosten ergänzt.[63]

Die Ressourcenkosten sind alle aus der Inanspruchnahme von Ressourcen resultierenden tangiblen und quantifizierbaren Kosten. Sie umfassen sowohl Ressourcen im engeren Sinne, wie die Produktionsfaktoren Boden, Arbeit und Kapital, als auch Ressourcen i.w.S., wie die Potentialfaktoren Infrastruktur, wirtschaftsgeografische Lage, Agglomeration und Siedlungsstruktur sowie sektorale Struktur.[64] Die Ressourcenkosten können auch als Entscheidungsfindungskosten[65] interpretiert werden, die durch den Zeitaufwand für eine Diskussion mit Beschlussfassung, der Sammlung und Auswertung von Informationen sowie der Kontrolle von getroffenen Entscheidungen entstehen.[66] Dabei steht das Effizienzkriterium im Vordergrund.

Präferenzen- bzw. Frustrationskosten entstehen in ihrer individuellen Variante durch von Entscheidungen Dritter bei einem Individuum verursachten Werturteilsverletzungen i. S. von Frustrationen. Die Erfassung dieser intangiblen Präferenzenkosten ist jedoch ungleich

59 Vgl. Biehl, D. (1995c), S. 111, FN 1.

60 „frustration“ bei Pennock, J.R. (1959), S. 147.

61 Pennock hat die Wahlen zum US-amerikanischen Präsidenten untersucht und festgestellt, dass durch den meist relativ knappen Wahlausgang annähernd die Hälfte der Wähler vom Ausgang der Wahl frustriert sind. Die Präsidentschaftswahlen vom November 2000 haben dies eindrucksvoll belegt, da in diesem Fall die Mehrheit der Stimmen auf den demokratischen Kandidaten Gore fiel, aber durch das System der Wahlmänner für jeden Bundesstaat der republikanische Kandidat Bush der Sieger wurde.

62 Vgl. Biehl, D. (1979), S. 114-115.

63 Andel verwendet die Begriffe Struktureffizienz für eine Produktion, die den Präferenzen der Bürger entspricht (geringe Präferenzenkosten) und Kosteneffizienz für eine Produktion zu den geringstmöglichen Kosten (geringe Ressourcenkosten), vgl. Andel, N. (1998), S. 504.

64 Näheres zu den Potentialfaktoren in Biehl, D. (1976a), S. 60-65. Zur besonderen Rolle der Infrastruktur vgl. Biehl, D. (1986) und ders. (1995a).

65 Breton und Scott nennen diese Organisationskosten. Sie setzen sich aus Verwaltungskosten (administration costs), Koordinierungskosten (coordination costs), Mobilitätskosten (mobility costs) und Kosten der Präferenzäußerung (signalling costs) zusammen, vgl. Breton, A. / Scott, A. (1977), S. 344-357. Wust erscheint diese Bezeichnung „umfassender und daher sinnvoller als der häufig verwendete Begriff ‚Entscheidungskosten‘ (decision making costs)“, Wust, H.F. (1981), S. 161.

66 Vgl. Biehl, D. (1994), S. 99.

schwieriger als bei obigen Ressourcenkosten, denn die Quantifizierung kann nur darin bestehen „Bewertungen und Reformvorschläge der kritischen Diskussion zu stellen und sich um politische Mehrheiten für ihre Umsetzung zu bemühen“[67].

Jedes Mitglied der Gesellschaft verfügt über eine bestimmte, die Ressourcenkosten determinierende, Ressourcenkapazität und ein individuelles Wertesystem, welches die Präferenzen- bzw. Frustrationskosten festlegt.[68] Alle Kostenkategorien sind hierbei auf den Gegenwartswert diskontierte Werte aus dem Blickwinkel des entscheidenden Akteurs.[69] In der grafischen Darstellung des Grundmodells in Abbildung 2 werden auf der horizontalen Achse N als die Gesamtzahl der Mitglieder einer Gesellschaft oder Körperschaft abgetragen. Die beiden Extreme sind dabei N = 1 im Falle eines Alleinentscheiders und N = alle im Sinne eines Plebiszits aller Bürger mit Einstimmigkeitserfordernis. Die vertikale Achse markiert die oben beschriebenen Kostenkategorien. Dabei ergeben sich durch zwei unterschiedliche Niveaus der Präferenzenkosten auch zwei Gesamtkostenkurven mit je einem Kostenminimum als Grundlage einer rationalen Entscheidung.[70] Bei Buchanan/Tullock findet sich das Grundmodell in drei verschiedenen Grafiken.[71]

---

[67] Biehl, D. (1994), S. 100.

[68] Vgl. Biehl, D. (1995c), S. 117.

[69] Vgl. Biehl, D. (1995c), S. 112.

[70] Vgl. Biehl, D. (1994), S. 100-101.

[71] Die Aggregation der „expected external costs“, Buchanan, J.M. / Tullock, G. (1962), S. 65 mit den „expected decision costs“, dies. (1962), S. 70 ergeben zusammen die „expected costs“, dies. (1962), S. 71.

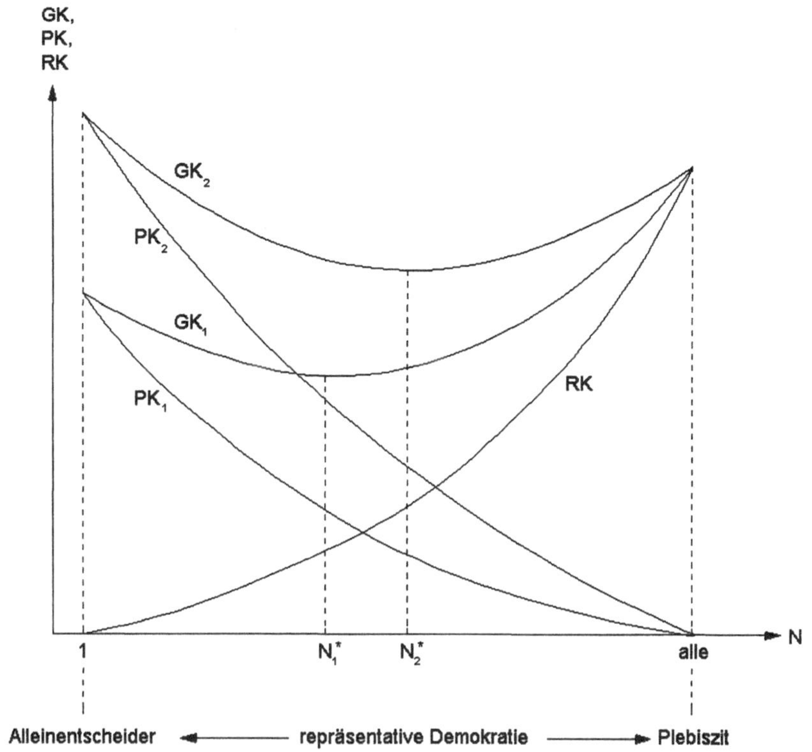

Erläuterungen: GK = Gesamtkosten; PK = Präferenzen- bzw. Frustrationskosten; RK = Ressourcenkosten; N = Gesamtzahl der Mitglieder einer Gesellschaft oder Körperschaft.

Abb. 2: Grundmodell einer multidimensionalen ökonomischen Theorie des Föderalismus

Quelle: in Anlehnung an Biehl, D. (1994), S. 101 und ders. (1995c), S. 112. Ähnlich bei Kirsch, G. / Theiler, J. (1976), S. 37, Wittmann, W. (1976b), S. 69, Kirsch, G. (1978), S. 16 und Wust, H.F. (1981), S. 182.

Die Ressourcenkosten (RK) haben ihr Minimum bei N = 1, da im Falle des Alleinentscheiders alle anderen Gesellschaftsmitglieder ihre Ressourcen individuell nutzen können. Sie steigen jedoch bei einer Zunahme der an der Entscheidungsfindung partizipierenden Personen überproportional an. Das Maximum wird bei N = alle erreicht, da die Bürger bei einer solchen plebiszitären Entscheidung unter Einstimmigkeit durch die intensive politische Mitarbeit belastet werden und ihre vorhandenen Ressourcen nicht anderweitig nutzen können. Eine derart intensive Beteiligung aller Bürger würde durch die maximale Interaktion der Beteiligten zu extrem hohen

Verhandlungskosten und damit zu einem extrem hohen Ressourcenverbrauch für die politische Entscheidungsfindung führen. Der Verlauf der Ressourcenkostenkurve wird dabei als gegeben betrachtet und ändert sich nicht aufgrund von unterschiedlichen Wertvorstellungen der handelnden Personen.[72]

Anders verhält sich dies bei den Präferenzenkosten (PK). Sie sind abhängig vom Heterogenitätsgrad in Bezug auf die vorhandenen Wertvorstellungen der betrachteten Gesellschaft. Je heterogener diese Wertvorstellungen sind, desto höher werden die Befürchtungen der nicht an der Entscheidung Beteiligten sein, dass Ihre Normen und Werte keine Beachtung finden. Dies soll durch die zwei verschiedene Präferenzenkostenkurven zum Ausdruck kommen. Der höheren Präferenzenkostenkurve 2 (PK_2) liegen heterogenere Vorstellungen zugrunde als der niedrigeren Präferenzenkostenkurve 1 (PK_1). Beide Kurven (PK_1 und PK_2) haben ihr Maximum bei $N = 1$, da ein Alleinentscheider im Sinne eines Diktators die Vorstellungen der Mehrheit nicht verwirklichen dürfte.[73] Die Präferenzenkostenkurve sinkt überproportional mit Zunahme der an der Entscheidungsfindung beteiligten Bürger, bis sie bei N = alle ihr Minimum erreicht, da bei einem Plebiszit mit Einstimmigkeitserfordernis jeder Bürger ein Vetorecht gegen eine getroffene Entscheidung hat und somit keine Präferenzenkosten anfallen können.[74]

Die Gesamtkosten ergeben sich aus der Aggregation der Ressourcen- mit den Präferenzenkosten. Der U-förmige Verlauf der Gesamtkostenkurve (GK) impliziert ein eindeutiges Kostenminimum bei N^* als die optimale Anzahl der an der Entscheidung zu beteiligenden Personen. Es ergeben sich zwei Kostenmaxima bei den Extremsituationen Alleinentscheider auf der einen und Plebiszit mit Beteiligung aller auf der anderen Seite. Als kostenminimale Lösung ergibt sich eine repräsentative Demokratie mit Mehrheitsentscheidungen.[75] Im Optimum entsprechen sich „in der Optik des kalkulierenden Individuums der marginale Zuwachs an Möglichkeiten, die eigenen Zielvorstellungen im Kollektiv durchzusetzen, und die marginale Erhöhung der Wahrscheinlichkeit, unbejahte Entscheidungskonsequenzen tragen zu müssen“[76]. Aus der Grafik

---

72 Vgl. Biehl, D. (1995c), S. 113.

73 Es müsste sich um einen „allwissenden Gesellschaftsingenieur“ handeln, den es, wie Neumann zu Recht bemerkt, nicht gibt, vgl. Neumann, M. (1971), S. 496.

74 Vgl. Biehl, D. (1995c), S. 113-114.

75 Vgl. Biehl, D. (1995c), S. 115.

76 Kirsch, G. / Theiler, J. (1976), S. 39.

ist zu entnehmen, dass sich bei heterogeneren Präferenzen (PK_2) das Minimum der GK_2-Kurve (N_2^*) bei einer vergleichsweise höheren Beteiligung von Entscheidern ergibt als bei homogeneren Präferenzen (N_1^* bei GK_1). So ist bei Verfassungsfragen eine höhere Mehrheit erforderlich als bei laufenden Entscheidungen.[77] Dem entspricht etwa die bundesdeutsche Regelung, nach der einfache Gesetzesänderungen lediglich die einfache Mehrheit der abgegebenen Stimmen des Bundestages bedürfen, während Änderungen des Grundgesetzes mit einer Mehrheit von zwei Dritteln der gesetzlichen Mitgliederzahl des Bundestages beschlossen werden müssen und die Zustimmung von zwei Dritteln der Stimmen des Bundesrates benötigen.[78]

Das Grundmodell kann auch für bestehende Entscheidungsregeln im Rahmen der Europäischen Union herangezogen werden. Bei der Anwendung der Einstimmigkeitsregel werden die Präferenzenkosten einer eventuell überstimmten Minderheit so prohibitiv hoch gewichtet, dass auch noch so hohe Ressourcenkosteneinsparungen dies nicht aufzuwiegen vermögen. Bei einstimmigen Entscheidungen sind jedoch die Ressourcenkosten durch Verzögerungen in der Entscheidungsfindung und das Schnüren aufwändiger „Kompromisspakete" für Mitgliedsländer, deren Stimme quasi „erkauft" werden muss, deutlich erhöht. Die Mehrheitsregel verursacht hingegen Präferenzenkosten der überstimmten Mitgliedsländer, die sich in der Minderheitsposition befinden.

Kritisch kann zu dem Grundmodell angefügt werden, dass die empirische Ermittlung der Kostenverläufe mit großen Schwierigkeiten verbunden ist. Insbesondere wegen der intangiblen Präferenzenkosten ist die Präferenzenkostenkurve nicht durch eine kardinale Nutzenmessung bestimmbar.[79] Es wird weiter unterstellt, dass sich diese individuellen Präferenzenkosten aggregieren lassen. Auch die sogenannte „free-rider"-Problematik[80] und die damit

[77] Vgl. Biehl, D. (1995c), S. 115.

[78] Vgl. Art. 79 Abs. 2 GG.

[79] Wittmann kritisiert beispielsweise, dass nichts über die Wirklichkeit ausgesagt werden kann, solange keine plausiblen „Hypothesen über den **tatsächlichen Verlauf der Kurven der Konsensfindungs- und erwarteten externen Kosten vorliegen**". Wittmann, W. (1976b), S. 70 (Hervorhebungen im Original).

[80] Kein potentieller Nutzer ist bereit, seine wahren Präferenzen bekanntzugeben und einen Marktpreis zu zahlen, da er auch als sogenannter „free-rider" (Woll übersetzt den Begriff mit „Trittbrettfahrer", vgl. Woll, A. (2000), S. 227) seine Bedürfnisse befriedigen kann, vgl. Buchanan 1984, S. 51-54. Musgrave/Musgrave/Kullmer bezeichnen diesen Nutzer präziser als „Schwarzfahrer" (Musgrave, R.A. / Musgrave, P.B. / Kullmer, L. (1994), S. 71) da dieser im Gegensatz zum Trittbrettfahrer wie die zahlenden Fahrgäste im Waggon mitfährt und nicht auf dem Trittbrett des Abteils, also mit deutlich verminderten Komfort, befördert wird.

zusammenhängende Frage der Offenlegung von Präferenzen dürfte zu Schwierigkeiten bei der Ermittlung der Präferenzenkosten führen. Kirsch/Theiler befassen sich kritisch mit dem vom Individuum auf die Gesellschaft übertragenen Allgemeinheitsanspruch des Modells.[81]

2.4 Verfassungs- und Bereitstellungsfunktion

Gesetzliche Regelungen können dabei nicht nur nach ihren Mehrheitserfordernissen, sondern auch nach ihrer zeitlichen Wirkung eingeteilt werden. So können die langfristig determinierten Regelungen in der Verfassung bzw. dem Grundgesetz eines Staates von den kurzfristigen laufenden Entscheidungen über konkrete Maßnahmen zur Bereitstellung von öffentlichen Gütern unterschieden werden.[82] Dabei werden langfristig bindende Verfassungsregelungen von den politischen Entscheidungsträgern normiert, ohne dass diese bereits die konkreten Auswirkungen der Entscheidung für sich abzuschätzen vermögen. Somit kann abseits des politischen Streits in grundlegenden Fragen ein Konsens erzielt werden, da die Akteure die für sie entstehenden Vor- und Nachteile nicht im voraus antizipieren können.[83] Durch diesen „Schleier der Unwissenheit"[84] oder der „Ungewissheit"[85] entsprechen Verfassungsentscheidungen eher den langfristigen Präferenzen der Bürger und ihrer Vertreter. Dieses Vorgehen führt zu einer Erleichterung von Verfassungsentscheidungen, da bei diesen nicht vorhersehbar ist, wann diese sich für oder gegen das entscheidende Individuum oder die Gruppe auswirken.[86] So lassen sich in Zeiten größerer Konsensfähigkeit grundlegende Verfassungsentscheidungen treffen, die dann für längere Zeit als Rahmenvorgaben genutzt werden können.[87] Derartige Entscheidungen über den institutionellen Rahmen stellen „eine Art von ‚Investition' dar, mit deren Hilfe eine große Entscheidungskapazität geschaffen wird, die über lange Zeit kostengünstig genutzt werden kann"[88].

---

[81] Vgl. Kirsch, G. / Theiler, J. (1976), S. 35-65.

[82] Vgl. Biehl, D. (1994), S. 102-103.

[83] Vgl. Zimmermann, H. (1983), S. 7.

[84] „veil of ignorance" bei Rawls, J. (1972), S. 136-142.

[85] „uncertainty" bei Buchanan, J.M. / Tullock, G. 1962, S. 37-38.

[86] Vgl. Biehl, D. (1994), S. 102.

[87] Vgl. Zimmermann, H. (1983), S. 7.

[88] Biehl, D. (1994), S. 102.

Mit einer strikten Trennung von langfristigen Verfassungsentscheidungen über Institutionen (Verfassungsfunktion) und laufenden kurzfristigen Entscheidungen über die Bereitstellung von öffentlichen Gütern im engeren Sinne (Bereitstellungsfunktion)[89] sollen abstrakte Kriterien für konkrete Finanzfolgen geschaffen werden. Dabei ist die Verfassungsfunktion als allgemeiner Ordnungsrahmen für die Bereitstellung öffentlicher und privater Güter der Leistungs- oder Bereitstellungsfunktion übergeordnet.[90]

2.5 Erweiterung der Musgraveschen Begriffstrias

Für die Einteilung der Staatstätigkeiten hat sich in der Finanzwissenschaft die von Musgrave vorgenommene Trennung in die Bereiche Allokation, Distribution und Stabilisierung durchgesetzt.[91] Dieser Analyseansatz muss im Rahmen der ökonomischen Theorie des Föderalismus erweitert werden, da die traditionelle Einteilung lediglich die Bereitstellungsfunktion umfasst und die Verfassungsfunktion unberücksichtigt lässt.[92]

Traditionelles Ziel der Allokationsfunktion ist die Verwirklichung einer optimalen Produktionsstruktur i. S. einer effizienten und an den Präferenzen der Bevölkerung orientierten Bereitstellung von privaten Gütern durch den Markt und von öffentlichen Gütern durch den Staat.[93] Bei der *erweiterten Allokationsfunktion* enthält diese darüber hinaus auch die Verfassungsfunktion mit Institutionen und einem Rechtssystem als übergeordneten organisatorisch-institutionellen Rahmen, innerhalb dessen der Markt private Güter und der Staat öffentliche Güter bereitstellen kann.[94]

Die *erweiterte Distributionsfunktion* behandelt nicht nur das traditionelle Problem einer gerechten Einkommens- und Vermögensverteilung, sondern auch Fragen nach einer gerechten Streuung von politischer Macht. Dabei steht das Ziel im Vordergrund, einer zu hohen Ballung

---

89 Biehl nennt diese 1983 noch Leistungsfunktion, vgl. Biehl, D. (1983), S. 75; ab 1991 verwendet er den prägnanteren Begriff Bereitstellungsfunktion, vgl. Biehl, D. (1991), S. 358.

90 Blankart / Stoetzer unterscheiden hierbei den Rechtsstaat mit seinen Institutionen vom Leistungsstaat, der für die Bereitstellung der öffentlichen Güter zuständig ist, vgl. Blankart, C.B. / Stoetzer, M.-W. (1991), S. 165.

91 Vgl. Musgrave, R.A. / Musgrave, P.B. / Kullmer, L. (1994), S. 5-15.

92 Vgl. Biehl, D. / Winter, H. (1990), S. 36.

93 Zur Theorie der öffentlichen Güter etwa die grundlegenden Arbeiten von Wagner, A. (1893), Samuelson, P.A. (1954) und ders. (1955), zusammenfassend bei Krause-Jung, G. (1977).

94 Die ökonomische Rechtfertigung der Staatstätigkeit beschreibt Schmidt, K. (1970).

staatlicher Machtbefugnisse durch eine horizontale Gewaltenteilung mit einer Trennung der staatlichen Macht in Legislative, Exekutive und Judikative entgegenzuwirken. In föderalen Staaten kommt eine vertikale Gewaltenteilung als Aufteilung der Befugnisse auf die verschiedenen Staatsebenen hinzu.[95]

Die Stabilisierungsfunktion umfasst als Bereitstellungsfunktion die traditionelle Glättung von Konjunkturschwankungen.[96] Die *erweiterte Stabilisierungsfunktion* als Verfassungsfunktion zielt darüber hinaus auch auf die Stabilisierung des gesamten gesellschaftlichen, politischen und institutionellen Systems.[97] Zwischen den einzelnen Funktionen können sich Zielkonflikte ergeben. Letztendlich bedarf es dabei einer Abwägung zwischen dem Effizienz- und dem Gerechtigkeitsziel. Als operationalisierbare Größen lassen sich dazu die Ressourcen- und Präferenzenkosten heranziehen, die sich bei der Verwirklichung eines Ziels ergeben. Im folgenden sollen Kriterien für ein föderales Referenzsystem besprochen werden, um diese im Anschluss bei der Analyse der Finanzausgleichsregelungen einbeziehen zu können.

2.6 Ableitbare Kriterien eines föderalen Referenzsystems

Nach Musgrave[98] und Olson[99] spielen bei der Theorie des Fiskalföderalismus das Subsidiaritätsprinzip, das Prinzip der fiskalischen Äquivalenz und das Konnexitätsprinzip eine zentrale Rolle. Das Prinzip der fiskalischen Äquivalenz entspricht dem hier behandelten Kongruenzprinzip. Das Korrespondenzprinzip, das die Einheit von Entscheidern, Nutzern und Zahlern fordert, beinhaltet das Konnexitätsprinzip, nach dem Entscheider und Zahler identisch sein sollen. Je besser es gelingt, diese drei Prinzipien umzusetzen, um so geringer sind die Anforderungen an einen sich anschließenden Finanzausgleich, der verbleibende Disparitäten auf ein akzeptiertes Maß zurückführt (Finanzausgleichsprinzip).[100] Im folgenden sollen das Kongruenzprinzip, das Korrespondenzprinzip, das Subsidiaritätsprinzip und das Finanzaus-

---

95 Vgl. Biehl, D. (1994), S. 103.

96 In der Bundesrepublik Deutschland kommt nach § 1 des Gesetzes zur Förderung der Stabilität und des Wachstums der Wirtschaft (StWG) von 1967 noch die Sicherung der Preisniveaustabilität, des außenwirtschaftlichen Gleichgewichts sowie eines hohen Beschäftigungsstandes hinzu.

97 Vgl. Biehl, D. (1994), S. 103.

98 Vgl. Musgrave, R.A. (1969), S. 521-532.

99 Vgl. Olson, M. (1969), S. S. 479-487.

100 Dieses wurde von Biehl in die finanzwissenschaftliche Literatur eingeführt, vgl. Biehl (1994), S. 110-110 und ders. (1995c), S. 135-137.

gleichsprinzip vorgestellt werden.[101] Dabei weisen diese keine Rangordnung i. S. von zunehmender oder abnehmender Wichtigkeit auf.

2.6.1 Das Kongruenzprinzip

Das Kongruenzprinzip ist ressourcenkostenbezogen und resultiert aus einer wesentlichen Eigenart öffentlicher Güter, ihrer grundsätzlichen räumlichen Unteilbarkeit. Dabei hat jedes Gut einen spezifisch räumlichen Wirkungsbereich. Dieser kann ein positiver Nutzenstreubereich sein (so steigt etwa das Bildungsniveau im Einzugsbereich einer Schule) oder ein negativer Nutzenstreubereich (wie z.B. Schadstoffemissionen im Einzugsbereich einer produzierenden Fabrik). Die Maßeinteilung reicht dabei von kleinräumig lokalen Gütern bis zu internationalen Gütern.[102] Abbildung 3 soll die räumliche Streuung öffentlicher Güter verdeutlichen, wobei vom Individuum in der Mitte ausgehend der Wirkungsbereich zunimmt.[103]

[101] Biehl hat zwölf operationalisierbare Kriterien entwickelt, anhand derer ein föderales Referenzsystem festgemacht werden kann. Die genannten vier Kriterien eignen sich dabei am besten zur Beurteilung von Finanzausgleichsregelungen.

[102] Vgl. ähnliche Einteilungen bei Buchanan, J.M. / Tullock, G. (1962), S. 113-116, Breton, A. (1965), S. 175-187, Neumann, M. (1971), S. 500-501, Buchanan, J.M. / Flowers, M.R. (1980), S. 490-495 sowie Brümmerhoff, D. (2001), S. 624-625.

[103] Im Falle reiner privater Güter liegen keine Externalitäten vor, der Wirkungsbereich des Konsums reicht also nicht über das nutzende Individuum hinaus.

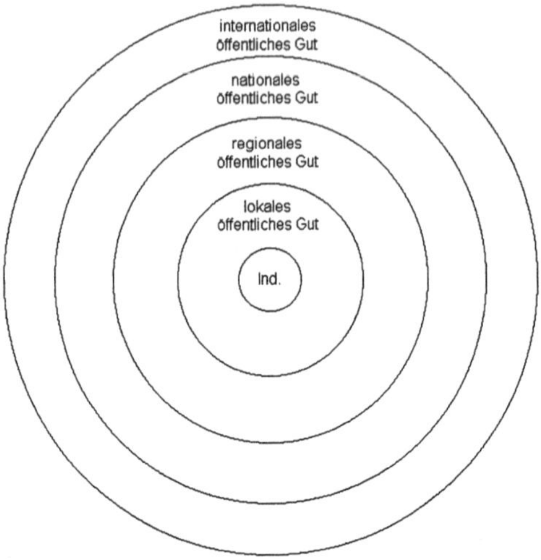

Erläuterungen: Ind. = Individuum.

Abb. 3: Wirkungsbereiche öffentlicher Güter

Quelle: Eigene Darstellung. Ähnlich bei Buchanan, J.M. / Tullock, G. (1962), S. 113, Buchanan, J.M. / Flowers, M.R. (1980), S. 493 und Brümmerhoff, D. (2001), S. 625.

Bei lokalen öffentlichen Gütern, wie z.B. Kindergärten, liegen aufgrund der räumlichen Gebundenheit der Leistung nur geringe „Spillover"-Effekte vor, weshalb sich die Leistungserstellung im kommunalen Bereich anbietet. Regionale öffentliche Güter, wie etwa das Bildungswesen, streuen in ihren Nutzen auf eine gesamte Region und können deshalb nur von größeren Leistungsträgern produziert werden. Meist werden diese Leistungen von den mittleren staatlichen Ebenen, wie Ländern, Kantonen oder Gemeindeverbänden, erbracht.[104] Dabei ist ein „Mischsystem zwischen föderativer Lösung und Zentralstaat zu empfehlen"[105]. Nationale öffentliche Güter sind meist reine öffentliche Güter, wie etwa innere und äußere Sicherheit, von deren Nutzung niemand ausgeschlossen werden kann. Hier empfiehlt sich die Leistungsabgabe durch die zentrale Ebene. Externe Effekte haben oftmals weltweite Auswirkungen, was eine stärkere Zusammenarbeit auf internationaler Ebene erforderlich macht. So kann der Schutz der globalen Umwelt als internationales öffentliches Gut bezeichnet werden, da Umweltschäden

[104] Vgl. Andel, N. (1998), S. 507.

[105] Peffekoven, R. (1988b), S. 615.

nicht vor nationalen Grenzen stoppen, sondern zunehmend globale Dimensionen annehmen.[106] Olson hat diese Übereinstimmung von Streubereich der Kosten und Nutzen eines öffentlichen Gutes mit dem Wirkungsbereich des für dieses Gut zuständigen Kollektives als „fiskalische Äquivalenz“ bezeichnet.[107] Dabei soll eine möglichst große Deckung von Wirkungsbereich einer Maßnahme mit dem Gebiet der zuständigen Körperschaft erreicht werden.[108]

In der Realität dominieren jenseits des theoretischen Ideals Inkongruenzen mit räumlich externen Effekten. Inkongruenz mit räumlichen Überwirkungen (spill-out) liegt vor, wenn der Wirkungsbereich über den Zuständigkeitsbereich einer Körperschaft hinausgeht.[109] So wird beispielsweise die Infrastruktur einer Großstadt, wie kulturelle Einrichtungen, auch von den Bewohnern des Umlandes genutzt. Das Budget wird tendenziell zu klein ausfallen, da es sonst zu einen kostenlosen Leistungsexport kommen würde. Hier könnte sich die Verlagerung auf eine höhere Ebene empfehlen.[110] Ist der Wirkungsbereich kleiner als der Zuständigkeitsbereich, liegt Inkongruenz mit räumlichen Minderwirkungen vor (spill-in). Dabei wird ein Teil des Zuständigkeitsbereichs nicht oder nicht ausreichend von der eigenen Gebietskörperschaft versorgt, sondern von anderen Körperschaften „importiert“.[111] Dies lässt eine Aufgabenverlagerung auf eine untere Ebene sinnvoll erscheinen.

2.6.2 Das Korrespondenzprinzip

Das Korrespondenzprinzip geht auf Breton[112] und Oates[113] zurück. Es enthält die Identität von Entscheidern, Nutzern und Zahlern zur Minimierung der Ressourcenkosten.[114] Bei privaten

---

[106] Die Bemühungen um eine weltweit gerechte Verteilung von CO_2-Emissionen auf den Klimagipfeln 1992 in Rio de Janeiro, 1997 in Kyoto und 2000 in Den Haag können als eine Übereinkunft über das internationale öffentliche Gut Klimaschutz eingeordnet werden.

[107] Vgl. Olson, M. (1969), S. 479-487.

[108] „Als Indiz für die Eignung eines Verbandes zur Wahrnehmung einer bestimmten Aufgabe gilt insbesondere die Kongruenz seines räumlichen Zuständigkeitsbereichs mit dem räumlichen Streubereich der Wirkungen seiner Maßnahmen und Leistungen („fiscal equivalence“)“, Fischer-Menshausen, H. (1988), S. 640.

[109] Vgl. Biehl, D. (1988), S. 690.

[110] Nach Tiebout können auch höhere Ebenen angerufen werden, einen Schiedsspruch über die Bereitstellung öffentlicher Güter der unteren Ebenen zu fällen, was meistens zur Festlegung von minimalen Angebotsstandards führt, vgl. Tiebout, Ch.M. (1977), S. 49.

[111] Vgl. Biehl, D. (1988), S. 690.

[112] Vgl. Breton, A. (1965), S. 175-187.

[113] Vgl. Oates, W.E. (1972), S. 33-38.

[114] Vgl. auch Recktenwald, H.C. (1983), S. 3.

Gütern ist das Individuum gleichzeitig für alle drei Funktionen verantwortlich. Bei öffentlichen Gütern ergeben sich hingegen eine große Anzahl von Entscheidern, Nutzern und Zahlern, die nicht zwangsweise identisch sein müssen. Das Korrespondenzprinzip kann dabei auch als „'funktionales' Kongruenzprinzip"[115] interpretiert werden, das die räumliche Kongruenz voraussetzt.[116]

Wenn die Zahler bei der Entscheidungsfindung überwiegen, wird tendenziell ein zu geringes Budget veranschlagt werden. Bei einer Dominanz der Nutzer wird das Budget zu groß werden, da diese ein Überangebot an öffentlichen Leistungen beschließen werden, ohne dafür in gleichem Maße für die Finanzierung aufkommen zu müssen. Zur Behebung von Verletzungen des Korrespondenzprinzips empfehlen sich je nach konkreter Problemlage Änderungen im Wahlsystem oder im Repräsentativitätsgrad, modifizierte Ausgaben- und Besteuerungskompetenzen, Finanzausgleichsregelungen oder Privatisierungen bei ausreichend hohem Privatgutcharakter.[117]

2.6.3 Das Subsidiaritätsprinzip

Der Grundgedanke der Subsidiarität kann bis auf Aristoteles zurückverfolgt werden.[118] Die klassische Definition des Subsidiaritätsprinzips findet sich erstmals in der von Papst Pius XI. herausgegebenen Enzyklika „Quadragesimo Anno" vom 15. Mai 1931.[119] Die katholische Kirche hatte damit versucht, angesichts von Kapitalismus und Sozialismus ein Prinzip zu formulieren, das dem bedürftigen Individuum Unterstützung garantieren sollte, ohne den Einzelnen einem

---

[115] Biehl, D. (1995c), S. 127-128.

[116] „Aufgabe der räumlichen Gliederung eines Staates muß es sein, diesen Verbund von Nutzer, Zahler und Entscheider regional zu verwirklichen", Wust, H.F. (1981), S. 6 (Unterstreichungen im Original).

[117] Vgl. Biehl, D. (1995c), S. 128.

[118] Aristoteles drückt dies 322 v. Chr. relativ unbestimmt aus: „Die meisten Leute meinen, ein Staat, der die Menschen glücklich machen könne, müsse groß sein. Aber selbst wenn sie recht haben sollten, wissen sie doch nicht, was eigentlich ‚groß' und ‚klein' bei Staaten bedeuten soll. (...) Auch für die Größe von Staaten gibt es eine Grenze, so wie für jedes andere Ding, für Pflanzen, Tiere und für Handwerkzeuge. Denn diese Dinge verlieren ihre natürliche Wirksamkeit, wenn sie zu groß oder zu klein sind.", zitiert nach Wust, H.F. (1981), S. V.

[119] „Es muß allzeit unverrückbar jener oberste sozialphilosophische Grundsatz festgehalten werden, an dem nicht zu rütteln noch zu deuteln ist: wie dasjenige, was der Einzelne aus eigener Initiative und mit seinen eigenen Kräften leisten kann, ihm nicht entzogen und der Gesellschaftstätigkeit zugewiesen werden darf, so verstößt es gegen die Gerechtigkeit, das, was die kleineren und untergeordneten Gemeinwesen leisten und zum guten Ende führen können, für die weitere und übergeordnete Gemeinschaft in Anspruch zu nehmen; zugleich ist es überaus nachteilig und verwirrt die ganze Gesellschaftsordnung. Jedwege Gesellschaftstätigkeit ist ja ihrem Wesen und Begriff nach subsidiär; sie soll die Glieder des Sozialkörpers unterstützen, darf sie aber niemals zerschlagen oder aufsaugen.", amtliche römische Übersetzung, zitiert nach Isensee, J. (1968), S. 19, FN 2.

verabsolutierten Staat auszuliefern. Die größere Gemeinschaft solle erst dann subsidiär einspringen, wenn die je kleinere, angefangen mit Familie, Verein und Kirche, ihre Aufgabe nicht mehr bewältigen könne. Der Staat käme dann erst als letzter Akteur zum Einsatz.[120]

Beim Subsidiaritätsprinzip lässt sich eine personenbezogene und eine gemeinschaftsbezogene Variante unterscheiden.[121] Bei der personenbezogenen Variante geht es um den Schutz und den Vorrang des Individuums bzw. der Familie vor der Gesellschaft. Die gemeinschaftsbezogene Variante kennzeichnet hingegen den Schutz und den Vorrang der kleineren vor der größeren Einheit. Mit diesem Vorrang der jeweils kleineren Gebietskörperschaft bei der Erfüllung von öffentlichen Aufgaben dürfte eine bessere Übereinstimmung mit den jeweiligen Präferenzen der lokalen Bevölkerung verbunden sein.[122] Damit ist das Subsidiaritätsprinzip eindeutig präferenzenkostenorientiert. Bei einer sehr hohen Gewichtung der Präferenzenkosten verbleiben auch Kompetenzen, die effizienter von einer größeren Einheit wahrgenommen werden könnten, bei der kleineren Einheit. Die Einbuße an Souveränität durch eine Zentralisierung (und der damit verbundene Anstieg der Präferenzenkosten) kann also auch durch hohe Effizienzgewinne infolge sinkender Ressourcenkosten nicht kompensiert werden. Der Extremfall einer prohibitiv hohen Gewichtung der Präferenzenkosten kann als Kompetenzverlagerungssperre interpretiert werden.[123] In der Regel dürften aber dann Kompetenzverlagerungen zulässig sein, wenn substantielle Netto-Effizienzgewinne vorliegen, also deutlich höhere Einsparungen an Ressourcenkosten zu erzielen sind als Präferenzenkosten durch die Verletzung der Wertesysteme der Betroffenen verursacht werden. Die endgültige Entscheidung über eine Verlagerung liegt bei den zuständigen Verfassungsorganen.[124]

[120] Der katholischen Kirche dürfte es 1931 vor allem darum gegangen sein, die Würde des Einzelnen im Hinblick auf den sowjetischen Totalitarismus dieser Zeit zu schützen.

[121] Einen guten Überblick über das Subsidiaritätsprinzip findet sich bei Nell-Breuning, O. (1962), S. 826-833.

[122] So stellte Breton 1974 fest: „the respect for individual preferences is greater in federal structures“, Breton, A. (1974), S. 115.

[123] In diesem Fall dürfte es z.B. keine konkurrierenden Kompetenzen im Sinne des Art. 72 GG geben.

[124] Vgl. Biehl, D. (1995c), S. 130-131.

2.6.4 Das Finanzausgleichsprinzip

Die unterschiedliche Ressourcenausstattung[125] der Gliedstaaten, Regionen und Gemeinden würde ohne einen Finanzausgleich für die Bevölkerung zu inakzeptabel großen Unterschieden in der Versorgung mit öffentlichen Leistungen führen. Der Finanzausgleich versucht solche Unterschiede auf ein annehmbares Maß zu reduzieren und minimiert damit die Präferenzenkosten. Die steuerliche Leistungsfähigkeit von Gruppen oder Körperschaften wird dabei als Steuerkraft bezeichnet. Die Differenz zwischen Finanzbedarf und Steuerkraft wird in föderalen Staaten durch einen expliziten Finanzausgleich durch ungebundene Zuweisungen mehr oder weniger stark angeglichen.[126] Dabei hängt die Umverteilungsintensität und damit der Grad der Angleichung von der Homogenität der Bevölkerung und der damit verbundenen Intensität der Bevölkerung für Solidarität ab.[127]

In unitarischen Staaten kommt über die Verteilungswirkungen des zentralstaatlichen Haushalts ein impliziter Finanzausgleich zustande, indem die Steuereinnahmen je Einwohner in wirtschaftsstärkeren und deshalb steuerkräftigeren Regionen teilweise in die wirtschaftsschwächeren Regionen transferiert werden. Ein solcher impliziter Ausgleich lässt sich auch in Föderationen feststellen, wobei dieser wegen des geringeren Haushaltsvolumens im Vergleich zu unitarischen Staaten[128] mit nur einem zentralstaatlichen Haushalt weniger stark ausgeprägt ist. Impliziter und expliziter Finanzausgleich führen meist dazu, dass reichere Regionen Nettozahler, ärmere Regionen hingegen Nettoempfänger von Finanzausgleichs-Leistungen sind. Dabei sind die vergleichsweise besser ausgestatteten Regionen i.d.R. Nettoexporteure und ärmere Regionen normalerweise Nettoimporteure von Waren und Dienstleistungen. Durch einen Finanzausgleich findet also ein teilweiser Rücktransfer der Exportvorteile an die wirtschaftsschwächeren Regionen statt. So lässt sich beispielsweise der Finanzausgleich zwischen den Ländern der Europäischen Union als partiell implizit

---

[125] Als Ressourcen werden hier gemäß dem von Biehl geprägten Potentialfaktoransatz die Infrastruktur, die Agglomeration, die sektorale Wirtschaftsstruktur und die wirtschaftsgeografische Lage verstanden, vgl. Biehl, D. (1976a), S. 60-65 und ders. (1976b), S. 71-99.

[126] Näheres zur technischen Ausgestaltung von Finanzausgleichs-Regelungen in Kapitel 4.

[127] Vgl. Biehl, D. (1994), S. 110.

[128] Das geringere Haushaltsvolumen des zentralstaatlichen Haushalts in Föderationen resultiert aus der Tatsache, dass in föderalen Staaten zusätzlich noch die Budgets der Gliedstaaten existieren.

kennzeichnen.[129] Dieser kommt durch die überproportionalen Ausgaben der Strukturfonds und des Kohäsionsfonds in den weniger entwickelten Gebieten der Gemeinschaft zustande. Wegen der durch die heterogen zusammengesetzte Bevölkerung verursachten hohen Präferenzenkosten eines expliziten Finanzausgleichs ist bislang ein solcher nicht innerhalb der Europäischen Union verwirklicht worden.[130]

In den folgenden Kapiteln 3 und 4 soll nun die Theorie des Finanzausgleichs analysiert und mit den aus der ökonomischen Theorie des Föderalismus gewonnenen Erkenntnissen in Verbindung gebracht werden.

3 VERTEILUNG DER AUFGABEN UND AUSGABEN

3.1 Originärer und ergänzender Teil des passiven Finanzausgleichs

Die Verteilung der Aufgaben und Ausgaben wird üblicherweise als passiver Finanzausgleich bezeichnet.[131] Eine in der Literatur eher seltene Unterscheidung ist die Trennung des passiven Finanzausgleichs in einen *originären* und *ergänzenden* Teil.[132] Dadurch wird jedoch die Logik des passiven Finanzausgleichs deutlicher, zumal beim aktiven Finanzausgleich eine derartige Aufteilung gemeinhin getroffen wird.[133] Der originäre passive Finanzausgleich versucht die Frage zu klären, welche öffentlichen Aufgaben anfallen und wie diese auf die Aufgabenträger verteilt werden sollen. Im Rahmen des ergänzenden passiven Finanzausgleichs wird die unter Allokationsaspekten vorgenommene originäre Verteilung anhand von Distributions- und Stabilisierungsaspekten ergänzt oder modifiziert. Nur vergleichsweise wenig ökonomische Literatur beschäftigt sich intensiver mit den passiven Finanzausgleich. Meist wird die Aufgabenverteilung als von der Verfassung des Landes vorgegebenes Datum hingenommen,

[129] Siehe auch oben in Kapitel 1.

[130] Vgl. Biehl, D. (1995c), S. 135-137.

[131] Vgl. Peffekoven, R. (1988b), S. 608.

[132] So etwa Kops, M. (1984a), S. 239. Zur Verdeutlichung siehe Abbildung 1.

[133] Siehe Kapitel 4.

ohne nach der ökonomisch optimalen Verteilung zu fragen.[134] Zunächst sollen einige Kriterien der Aufgabenverteilung (3.2) diskutiert werden, um anschließend die Allokationsaspekte (3.3) des originären aktiven Finanzausgleichs sowie Distributions- (3.4) und Stabilisierungsaspekte (3.5) des ergänzenden passiven Finanzausgleichs beurteilen zu können.[135] Abschließend soll kurz auf die Ausgabenverteilung (3.6) eingegangen werden.

3.2 Kriterien der Aufgabenverteilung

Wittmann[136] unterscheidet bei den Kriterien für die Aufgabenverteilung zwischen staatspolitischen, finanzwirtschaftlichen und institutionell-technischen sowie ökonomischen Kriterien.[137]

Das *staatspolitische Kriterium* beinhaltet das Subsidiaritätsprinzip[138], das aber lediglich als ein „allgemeiner Grundsatz für den Staatsaufbau"[139] bezeichnet wird, weil es schwierig zu operationalisieren ist.[140] Die kommunale Selbstverwaltung und Selbstversorgung soll zu größerer Transparenz und Kontrolle der Bürger über getroffene Entscheidungen führen, weil die Distanz zu den Entscheidungsträgern in Kommunen geringer ist. Die Realisierung nationaler Ziele, wie z.B. äußere Sicherheit, wird meist vom Zentralstaat verfolgt, da sich hier der Nutzenstreubereich entsprechend dem Kongruenzprinzip[141] über das ganze Land erstreckt. Das staatspolitische Kriterium des Gleichgewichts zwischen den Regionen ist insbesondere für größere Länder von Bedeutung, um eine Identifizierung mit dem eigenen Gemeinwesen zu ermöglichen. Das Recht

[134] Vgl. Peffekoven, R. (1988b), S. 609.

[135] Dabei kommt der Allokation im Vergleich zur Distribution und Stabilisierung eine herausragende Bedeutung zu, da „die Allokationsaktivität des Staates in aller Regel zugleich distributive Wirkungen auslöst", Timm, H. (1981), S. 136. Zudem bestehen Interdependenzen zwischen der Allokations, Distributions- und Stabilisierungsaufgabe. Siehe auch Schmidt, K. (1980), S. 135-171.

[136] Vgl. Wittmann, W. (1973), S. 157-165, analog in ders. (1976a), S. 122-127.

[137] Ähnliche Kriterien sind bei Forte in seinem Beitrag des MacDougall-Berichts über die Rolle der öffentlichen Finanzen bei der Europäischen Integration zu finden. Er nennt dabei im einzelnen (1) Externalitäten, (2) Unteilbarkeit und Fixkostendegression bei der Bereitstellung von öffentlichen Gütern, (3) Vereinheitlichung und Koordinierung bei der Bereitstellung von öffentlichen Gütern, (4) demokratische Kontrolle und Flexibilität, (5) Innovation, Vergleich und Wettbewerb und (6) politische Homogenität, vgl. Forte, F. (1977), S. 340.

[138] Siehe oben unter 2.6.3.

[139] Wittmann, W. (1973), S. 159.

[140] Hedtkamp hingegen nennt das Subsidiaritätsprinzip als das dominierende Kriterium der Aufgabenverteilung in föderalen Staaten, vgl. Hedtkamp, G. (1977), S. 57.

[141] Siehe unter 2.6.1.

auf gleiche Versorgung mit öffentlichen Gütern und Leistungen bezeichnet Wittmann insofern als problematisch, wenn es auf lokale und regionale Nutzenunterschiede angewandt wird, denn die Nachfrage nach Staatsleistungen kann von Region zu Region verschieden sein.[142]

Beim *finanzwirtschaftlichen und institutionell-technischen Kriterium* wird zunächst die finanzielle Möglichkeit einer Körperschaft genannt, ihr zugewiesene Aufgaben zu finanzieren. So hat in der Vergangenheit oftmals der Zentralstaat finanziell aufwändige Aufgaben getragen, weil kleinere Einheiten nicht über die erforderlichen Mittel verfügten. Dabei könnten die finanziellen Mittel an die Gliedstaaten oder Kommunen transferiert werden, wenn die technische und administrative Eignung für die Lösung einer öffentlichen Aufgabe bei der empfangenden Ebene vorhanden ist. Für zahlreiche öffentliche Aufgaben, wie z.B. das Bildungswesen, ist eine örtliche Dezentralisierung nötig, damit die Bürger die Einrichtungen adäquat nutzen können. Wittmann nennt noch die Flexibilität einer Körperschaft, denn kleinere Einheiten dürften besser über regionale und lokale Besonderheiten informiert sein.[143]

Bei den *ökonomischen Kriterien* fällt das Augenmerk auf Aspekte der Größendegression und der externen Effekte. Bei der Größendegression geht es um die Ausnützung von Skalenerträgen (economies of scale). Diese sind um so höher, je größer die Bereitstellungsorganisation ist. Dabei nimmt bei steigender Ausbringungsmenge die Wirtschaftlichkeit zu.[144] Externe Effekte führen zu räumlichen Überwirkungen oder räumlichen Minderwirkungen gemäß dem Kongruenzprinzip.[145] Dabei spielt die Mobilität der Bevölkerung dann eine Rolle, wenn Bürger in Regionen ziehen, um von deren Leistungen zu profitieren.[146] Bei den genannten staatspolitischen Kriterien (v.a. Subsidiaritätsprinzip, Selbstverwaltung, Gleichgewicht der Regionen, Einheitlichkeit der Lebensverhältnisse) spielen Abwägungen der Präferenzenkosten eine dominierende Rolle, während es sich bei den ökonomischen Kriterien um eine Betrachtung der traditionellen ökonomischen Kostenkategorie, der Ressourcenkosten, handelt.[147] Für die finanzwirtschaftlichen

[142] Vgl. Wittmann, W. (1973), S. 159-161.

[143] Vgl. Wittmann, W. (1973), S. 162-163.

[144] Vgl. Blankart, C.B. (2001), S. 550-552.

[145] Siehe oben unter 2.6.1.

[146] Zur Diskussion der Mobilitätsaspekte unten in 3.3.2.

[147] Zu den Kostenkategorien siehe unter 2.3.

und institutionell-technischen Kriterien kann keine eindeutige Einteilung zwischen den beiden Kostenkategorien getroffen werden.[148]

Die Problematik dieser Einteilung unterstreicht Peffekoven, der insbesondere die mangelnde Unterscheidung zwischen Aufgabenkompetenz und Aufgabenerfüllung sowie die Abgrenzbarkeit der Kriterien moniert.[149] Letztlich steht der Finanzausgleich „im Spannungsfeld zwischen politischen und ökonomischen Zielsetzungen"[150] und somit im Zielbereich mehrerer Wissenschaften. So sind oftmals gewachsene historische Strukturen determinierend für die vorgefundene Aufgabenverteilung.[151] Diese lassen sich wegen dem „Beharrungsvermögen einmal institutionalisierter Aufgabenteilungen"[152] auch bei Vorliegen von offensichtlichen Mängeln in der Verteilung der öffentlichen Aufgaben meist nur mit großem Widerstand ändern. Auch juristische Interpretationen spielen bei der Aufgabenverteilung eine nicht zu unterschätzende Rolle, so lässt sich beispielsweise das Subsidiaritätsprinzip wie oben beschrieben auf unterschiedliche Weise interpretieren.[153] Schließlich gehen auch soziologische und kulturelle Aspekte in die Entscheidung über eine optimale Aufgabenverteilung mit ein. Musgrave, dessen Ansatz aus den fünfziger Jahren sich in der Finanzwissenschaft weitgehend als „Theorie des Marktversagens" durchgesetzt hat, sieht drei Hauptfunktionen des Staates: die Allokations-, Distributions- und Stabilisierungsfunktion.[154]

3.3 Allokationsaspekte des originären passiven Finanzausgleichs

Unter Allokation versteht man allgemein die Verteilung der volkswirtschaftlichen Ressourcen. Ziel aller ökonomischen Aktivitäten ist dabei die optimale Allokation der Produktionsfaktoren. Dies geschieht durch die Wahl desjenigen Faktoreinsatzes, bei dem eine maximale Produktion von Gütern und Dienstleistungen erfolgt, die bestmöglich auf die Bedürfnisstruktur der Wirtschaftssubjekte einer Volkswirtschaft abgestimmt ist. Insbesondere unter den Prämissen

148 Vgl. Wittmann, W. (1973), S. 163-165.

149 Vgl. Peffekoven, R. (1988b), S. 610-611.

150 Peffekoven, R. (1988b), S. 611.

151 Zur Historie öffentlicher Aufgabenerfüllung siehe Kapitel 3.3.1.1.

152 Wittmann, W. (1973), S. 157.

153 Als Beispiele juristischer Abhandlungen zu Fragen des Finanzausgleichs Fischer-Menshausen, H. (1978), S. 135-164, ders. (1988), S. 636-662 sowie Hidien, J.W. (1999a) und ders. (1999b).

154 Vgl. Musgrave, R.A. (1956/7), S. 333-343 und ders. (1959), S. 5-32. Zu Allokations- und Distributionsproblemen von öffentlichen Gütern vgl. Bödecker (1972).

eines vollkommenen Marktes[155] und der Abwesenheit externer Effekte[156] wird die optimale Allokation durch den Markt über den Preismechanismus gewährleistet.[157] Wegen des partiellen Versagens des Marktmechanismus stellt der Staat bestimmte öffentliche Güter bereit. Im folgenden soll zunächst besprochen werden, warum öffentliche Aufgaben anfallen (3.3.1). Im Anschluss daran wird den Fragen nachgegangen, wie öffentliche Aufgabenträger geschaffen (3.3.2) und die Aufgaben auf diese verteilt werden sollen (3.3.3).

3.3.1 Festlegung öffentlicher Aufgaben

Die Aufgaben des Staates sind historisch gewachsen und eng mit der jeweiligen Wirtschafts- und Gesellschaftsordnung verknüpft. Während in einer Zentralverwaltungswirtschaft die öffentliche Wirtschaft nahezu identisch ist mit der gesamten Wirtschaftstätigkeit, dominiert in einer ausgeprägten dezentralen Marktwirtschaft die private Wirtschaftsaktivität. Dabei ist die Frage hinsichtlich der Rolle des Staates im Zeitablauf unterschiedlich beantwortet worden.

Nach Ansicht der Klassiker koordinieren die Märkte die einzelwirtschaftlichen Angebots- und Nachfragepläne über Preisvariationen so optimal, dass sich gesamtwirtschaftlich die bestmöglichen Ergebnisse einstellen, die Märkte sich somit selbst regulieren. Die Klassiker vertrauten auf das Say'sche Theorem, nach dem jedes Angebot sich seine eigene Nachfrage schafft. Sie unterstellten damit, dass die gesamtwirtschaftliche Produktion immer abgesetzt wird und dass Störungen des gesamtwirtschaftlichen Gleichgewichts stets temporärer Art seien, weil der Preismechanismus für ein stabiles Gleichgewicht auf allen Märkten sorgt.[158] Mit der Stabilität des marktwirtschaftlichen Systems wurde die wirtschaftspolitische Passivität des Staates begründet. Der Staat sei zum einen für die Schaffung und Sicherung der Rahmenbedingungen für das optimale Funktionieren des Marktsystems zuständig, zum anderen müsse er aufgrund der

[155] Der Begriff des vollkommenen Marktes geht auf Jevons zurück, vgl. Jevons, W.S. (1970), S. 90. Die wichtigsten Bedingungen sind dabei Homogenität der Güter, keine persönlichen und räumlichen Präferenzen sowie keine zeitlichen Differenzen.

[156] Externe Effekte sind von Pigou schon 1920 darüber definiert worden, „daß eine Person A, indem sie einer zweiten Person B gegen Bezahlung einen Dienst leistet, zugleich anderen Personen Vor- und Nachteile verschafft, die so geartet sind, daß den begünstigten Parteien keine Zahlung auferlegt oder von seiten der geschädigten Parteien keine Kompensationen erzwungen werden kann", Pigou, A.C. (1979), S. 25, zitiert nach Feess, E. (1997), S. 503.

[157] Vgl. Woll, A. (2000), S. 23.

[158] Vgl. Hoffmann, J. (1996), S. 51-52.

totalen bzw. partiellen Unfähigkeit des Marktmechanismus, öffentliche Güter in allokationsoptimalem Umfang zur Verfügung stellen.[159]

Das Vertrauen der Markttheoretiker in die Stabilität des marktwirtschaftlichen Systems wurde durch die Weltwirtschaftskrise 1929-1932 nachhaltig erschüttert. Damals setzte sich die Einsicht durch, dass die Selbstheilungskräfte des Marktes unter Umständen zur Überwindung von Wirtschaftskrisen nicht ausreichen und dass die Wirtschaft auch im Unterbeschäftigungszustand bei unterausgelasteten Kapazitäten verharren kann.[160] Da die Arbeitslosigkeit dabei aus einer zu geringen Nachfrage resultiere, ist nach der keynesianischen Lehre die Steigerung der Gesamtnachfrage mittels expansiver Finanzpolitik angezeigt, um die Arbeitslosigkeit abzubauen.[161] Auch zur Korrektur der sich als Ergebnis der Marktkräfte einstellenden Verteilung der Einkommen und Vermögen ist der Staat gefordert, wenn er den gesellschaftlichen Postulaten der sozialen Gerechtigkeit und sozialen Sicherheit entsprechen will.[162] Generell lässt sich somit die Notwendigkeit staatlicher Eingriffe aus dem Marktversagen ableiten.[163] Wenn der Marktmechanismus versagt oder wenn die Marktergebnisse von der Gesellschaft nicht akzeptiert werden, muss der Staat lenkend in den Wirtschaftsprozess eingreifen.

3.3.2 Schaffung von öffentlichen Aufgabenträgern

Das Angebot an öffentlichen Leistungen soll zum einen die bestmögliche Berücksichtigung der individuellen Präferenzen der Bürger (Struktureffizienz) und zum anderen ein Maximum in der Produktion von Gütern und Dienstleistungen (Kosteneffizienz) ermöglichen.[164] Sind beide Bedingungen erfüllt, ist das Ziel der optimalen Allokation der Ressourcen erreicht. Betrachtet man die im zweiten Kapitel eingeführten Kostenkategorien, entspricht die Struktureffizienz einer Minimierung der Präferenzenkosten, während die Kosteneffizienz einer Minimierung der Ressourcenkosten gleichkommt.

---

[159] Vgl. Kurz, H.D. (1996), S. 34.

[160] Vgl. Zank, W. (1996), S. 160-161.

[161] Siehe Punkt 3.5.

[162] Siehe Punkt 3.4.

[163] Vgl. Andel, N. (1998), S. 16.

[164] Vgl. Andel, N. (1998), S. 504-505.

Öffentliche Güter müssen dabei nicht unbedingt vom Staat, sondern können auch von Gruppen, sogenannten „Clubs“ oder „Kollektiven“, effizient bereitgestellt werden.[165] Die „Economic Theory of Clubs“ von J. M. Buchanan befasst sich mit den „consumption ownership-membership arrangements“ für das ganze Spektrum von Gütern, von vollständigen öffentlichen bis zu vollständigen privaten Gütern.[166] Ihre zentrale Frage ist die nach der optimalen Menge eines bestimmten Gutes, die von einem Club optimaler Größe, d.h. mit der optimalen Anzahl von Individuen, bereitgestellt wird.[167] Entscheidend ist lediglich die Anwendbarkeit des Ausschlussprinzips, d.h. dass Individuen, die nicht zur Finanzierung des betreffenden Gutes bereit sind, von dessen Konsum ausgeschlossen werden können.[168] Mit zunehmender Anzahl von Mitgliedern steigt die Gefahr strategischen Schwarzfahrerverhaltens.[169] Daraus folgt, „**dass bei größeren Gruppen im allgemeinen Zwang ausgeübt werden muss, damit die Produktion und Finanzierung von Kollektivgütern zustande kommt.**“[170] Durch Zwangsorganisationen[171] kann dies zwar vermieden werden, allerdings sind dabei die mit jedem Zwang steigenden Präferenzenkosten zu berücksichtigen. Internationale Zusammenschlüsse von Staaten in Form etwa der NATO[172] oder der Europäischen Union können dabei als Staatenclubs interpretiert werden.[173]

Den kleineren Gebietskörperschaften werden die Präferenzen der Bürger eher bekannt sein als den größeren Einheiten, so dass in einem dezentralen föderalen Staatswesen die Berücksichtigung der individuellen Präferenzen aufgaben- und einzugsbereichsspezifisch leichter möglich erscheint als in einem unitarisch verwalteten Staat. In den verschiedenen Regionen kann

---

165 Neumann nennt als Beispiele für solche Gruppen „private Vereinigungen wie Vereine, Verbände und Kirchen“, Neumann, M. (1971), S. 494.

166 Vgl. Buchanan, J.M. (1965), S. 1-14.

167 Clubs im Sinne dieser Theorie sind rein ökonomisch determinierte Zweckbündnisse. „In so far as individuals join clubs for camaraderie, as such, the theory does not apply.“, Buchanan, J.M. (1965), S. 2, FN 1.

168 „Hence, the theory of clubs is, in one sense, a theory of optimal exclusion, as well as one of inclusion.“, Buchanan, J.M. (1965), S. 13.

169 Dabei gilt, dass „the larger the group, the farther it will fall short of providing an optimal amount of collective good“, Olson, M. (1965), S. 35.

170 Wittmann, W. (1976b), S. 69 (Hervorhebungen im Original).

171 So weisen etwa berufsständische Organisationen wie z.B. die Steuerberaterkammern eine obligatorische Mitgliedschaft für die jeweiligen Berufsangehörigen auf.

172 North Atlantic Treaty Organization.

173 Vgl. Biehl, D. (1994), S. 105.

es zu einer unterschiedlichen Nettobelastung oder Nettobegünstigung bestimmter Bevölkerungsgruppen kommen. Die räumliche Mobilität der Bürger führt bei Nichtberücksichtigung der Präferenzen zu Wanderungsbewegungen der enttäuschten Bürger in diejenigen Regionen, die ihnen das gewünschte Angebot an öffentlichen Leistungen bereithalten.[174] Tiebout nennt dies eine „Abstimmung mit den Füßen".[175] Die bessere Möglichkeit der Berücksichtigung der Bürgerpräferenzen spricht also eher für eine dezentrale Aufgabenverteilung mit mehreren Ebenen von Gebietskörperschaften. Im Extremfall würde eine Bereitstellungsorganisation pro öffentlichem Gut zu einer Maximierung der Ressourcenkosten führen, da für jedes einzelne Gut eine institutionelle Entscheidungskapazität geschaffen werden muss. Bei *n* öffentlichen Gütern würden sich also *n* monofunktionale Bereitstellungsorganisationen ergeben. „Im Extrem wird es so viele Kollektive geben, wie in einer Gesellschaft Bedürfnisse durch Kollektivgüter befriedigt werden sollen."[176] In Anwendung des räumlichen Kongruenzprinzips sind „alle monofunktionalen Entscheidungsorganisationen, bei denen Wirkungs- und Zuständigkeitsbereiche weitgehend übereinstimmen, zu multifunktionalen Gebietskörperschaften zu fusionieren"[177].

Beim Vorliegen von räumlich externen Effekten (Spillover-Effekten) hat das Angebot von öffentlichen Leistungen einer Region nicht nur Auswirkungen auf die Wohlfahrt der eigenen Bürger, sondern darüber hinaus auch Wohlfahrtseffekte auf andere Regionen. Die Regionen, die positive externe Effekte erhalten, haben keinen Anreiz, die von ihren Bürgern gewünschten Leistungen selbst zu erbringen, während die anbietende Region die Präferenzen der benachbarten Region nicht berücksichtigt, da sich diese nicht oder nur teilweise an den entstandenen Kosten beteiligt. Damit wird gemäß dem Korrespondenzprinzip das Budget der anbietenden Region unterhalb der optimalen Summe liegen, da diese sonst einen kostenlosen Leistungsexport finanzieren würde.[178] So könnte es gesamtwirtschaftlich zu einer Unterversorgung mit öffentlichen Leistungen kommen, wenn diese nicht von übergeordneten Einheiten angeboten werden.[179] Die bessere Möglichkeit der Internalisierung von externen Effekten spricht also

[174] Vgl. Buchanan, J.M. / Goetz, Ch.J. (1972), S. 25-43 und Buchanan, J.M. (1984).

[175] Vgl. Tiebout, Ch.M. (1956), S. 416-424.

[176] Kirsch, G. (1978), S. 12.

[177] Biehl, D. (1994), S. 106-107. Biehl bezeichnet dies als das Fusionsprinzip.

[178] Siehe unter 2.6.2.

[179] Vgl. Zimmermann, H. (1983), S. 33.

solange für eine weitergehende Zentralisierung, bis die externen Effekte beseitigt sind. Dies entspricht dem oben beschriebenen Kongruenzprinzip.[180]

Nach Andel muss eine Internalisierung von externen Effekten nicht zwangsläufig zu einer Erhöhung des Zentralisierungsgrades führen. So sind auch dezentrale Lösungen, wie eine freiwillige oder zwangsweise Kooperation der unteren Gebietskörperschaften, möglich.[181] Auch eine zentrale Rahmenplanung mit dezentraler Ausführung[182] oder die Schaffung von finanziellen Anreizen wie etwa zweckgebundenen Finanzzuweisungen mit Lenkungswirkung[183] kann einer Zentralisierung entgegenwirken.[184]

Abbildung 4 soll dies grafisch verdeutlichen. Auf der Abszisse sind von links nach rechts der steigende Zentralisierungsgrad und von rechts nach links die Anzahl der öffentlichen Aufgabenträger abgetragen. Die Ordinate stellt Kostengrößen in Form von Wohlstandsverlusten dar. Die Kostenkurve X repräsentiert die Wohlstandsverluste durch Dezentralisierung, während die Kostenkurve Y die Wohlstandsverluste durch Zentralisierung markiert. Die Summe der beiden Kostenkurven X+Y ergibt ein eindeutiges Minimum als optimalen Zentralisierungsgrad bei der Anzahl von n^* Körperschaften. Der optimale Zentralisierungsgrad liegt dort, wo der zusätzliche Verlust der Zentralisierung exakt dem zusätzlichen Gewinn der Zentralisierung entspricht. Peffekoven betont zu Recht die lediglich theoretische Relevanz des Modells, da die Nutzenfunktionen der Volkswirtschaft nicht bekannt und somit nicht kardinal messbar sind.[185] Außerdem würde es für verschiedene öffentliche Güter unterschiedliche optimale Zentralisierungsgrade geben, da der Kostenverlauf für einzelne Staatsleistungen nicht identisch ist.[186]

180 Siehe unter 2.6.1.

181 Allerdings ist hierbei fraglich, ob eine erzwungene Kooperation mit dem Konzept von autonomen Gebietskörperschaften zu vereinbaren ist.

182 Auch eine zentrale Rahmenplanung schränkt die Autonomie der ausführenden Körperschaft u.U. sehr stark ein.

183 Zur Diskussion der Finanzzuweisungen siehe unter 4.3.4.

184 Vgl. Andel, N. (1998), S. 506.

185 Vgl. Peffekoven, R. (1988b), S. 614.

186 Dies entspricht dem Kongruenzprinzip, das die unterschiedliche räumliche Reichweite der öffentlichen Güter berücksichtigt. Somit reicht die Skala von kleinräumigen lokalen Gütern bis zu großräumigen internationalen Gütern, siehe 2.6.1.

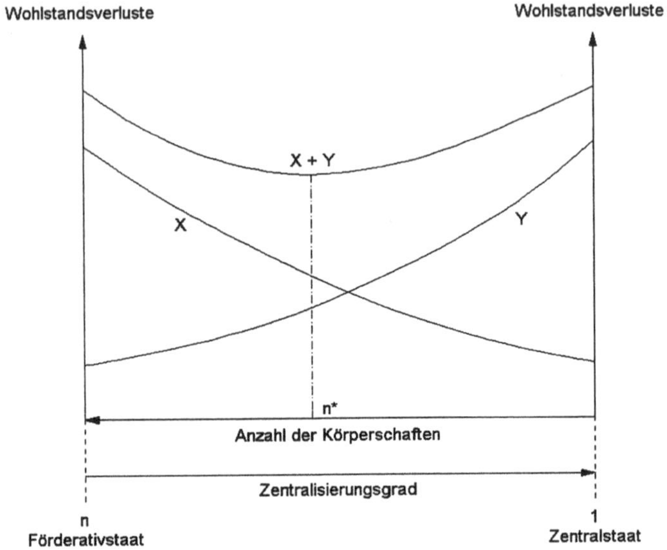

Erläuterungen: X = Wohlstandsverluste durch Dezentralisierung; Y = Wohlstandsverluste durch Zentralisierung; n = Anzahl von Körperschaften.

Abb. 4: Optimaler Dezentralisierungsgrad und Anzahl von Aufgabenträgern

Quelle: In Anlehnung an Frey, R.L. (1977), S. 41 und Peffekoven, R. (1988), S. 614.

3.3.3 Die Verteilung der Aufgaben auf die Aufgabenträger

Bei der Frage der optimalen Verteilung der Aufgaben auf die öffentlichen Aufgabenträger[187] können Vollkompetenzen in verschiedene Teilkompetenzen aufgeteilt werden. Bei der Zuteilung einer Vollkompetenz ist die jeweilige Ebene bei der Aufgabenerfüllung autonom von anderen Körperschaften. Eine Vollkompetenz kann auch in Teilkompetenzen zerlegt und diese unterschiedlichen Entscheidungsträgern zugewiesen werden. Biehl unterscheidet hier etwa zwischen Gesetzgebungs-, Planungs-, Verwaltungs- und Ausgabenhoheit.[188] Hansmeyer und Kops kritisieren die Einteilung von Biehl als lediglich juristische Abgrenzung, die sich für eine

[187] Auch im Rahmen der Europäischen Integration sind Untersuchungen über eine Zuordnung öffentlicher Funktionen auf bestehende Gebietskörperschaften durchgeführt worden, vgl. Forte, F. (1977), S. 333-376.

[188] Vgl. Biehl, D. (1983), S. 79-81. Eine ähnliche Einteilung findet sich bei Thöni, E. (1986), S. 56.

ökonomische Analyse nur bedingt eignet.[189] Sie schlagen die Unterscheidung von drei Teilkompetenzen vor: Entscheidungs-, Durchführungs- und Finanzierungskompetenz.[190]

3.3.3.1 Die Verteilung der Entscheidungskompetenz

Die Entscheidungskompetenz ist das Recht, über die Art der Aufgabenerfüllung in qualitativer und quantitativer Hinsicht zu bestimmen. Sie umfasst die Planungs-, Gesetzgebungs- und Kontrollkompetenz. Grundsätzlich sind auch bei der Verteilung der Entscheidungskompetenz die oben angeführten Kriterien maßgebend, die bei der optimalen Anzahl von öffentlichen Auftraggebern herangezogen worden sind. So sollen die durch die externen Effekte einer Entscheidung verursachten Dezentralisierungskosten minimiert werden, was für eine zentrale Aufgabenerfüllung spricht. Gleichzeitig sollen bestehende Präferenzunterschiede der Bevölkerung Berücksichtigung finden. Bei der Entscheidung durch eine zentrale Einheit werden bei heterogenen Präferenzen höhere Frustrationskosten bei den einzelnen Bürgern entstehen als bei Entscheidungen dezentraler Einheiten. Damit sind die Zentralisierungskosten umso höher, je größer der Zuständigkeitsbereich des Entscheidungsträgers ist.[191]

Grundsätzlich sollte jede Aufgabe genau einem Aufgabenträger zugewiesen werden. Damit würden sich Kompetenzstreitigkeiten zwischen den Aufgabenträgern, mangelnde Transparenz und Kontrolle sowie die Legitimation der getroffenen Entscheidungen für die betroffenen Bürger vermeiden lassen.[192] Durch die Anwendung eines derartigen monofunktionalen Organisationsprinzip würden sich jedoch eine große Anzahl öffentlicher Körperschaften mit dementsprechend hohen Ressourcenkosten ergeben. Nur durch das Zusammenlegen mehrerer Aufgabenträger zu einer multifunktionalen Bereitstellungsorganisation kann eine Verminderung der Ressourcenkosten erreicht werden.[193]

[189] Vgl. Hansmeyer, K.-H. / Kops, M. (1984), S. 128, FN 5.

[190] Vgl. Hansmeyer, K.-H. / Kops, M. (1984), S. 128-135 sowie Kops, M. (1984a), S. 241-243. Im Ergebnis dürfte der Unterschied zwischen der Abgrenzung von Biehl und Hansmeyer/Kops marginal sein. Letztere fassen lediglich den Begriff der Entscheidungskompetenz weiter, der die Planungs-, Gesetzgebungs- und Kontrollkompetenz enthält. Die Durchführungskompetenz entspricht hingegen der juristischen Verwaltungskompetenz, während Ausgabenhoheit und Finanzierungskompetenz Synonyme für die gleiche Kompetenzart sind, wobei der Unterschied lediglich in der Betrachtung der Ausgaben- bzw. Einnahmenseite liegt. Im folgenden soll der weiteren Begriffsdefinition von Hansmeyer/Kops gefolgt werden.

[191] Vgl. Hansmeyer, K.-H. / Kops, M. (1984), S. 129.

[192] Vgl. Kops, M. (1984a), S. 241.

[193] Vgl. Biehl, D. (1995c), S. 128.

3.3.3.2 Die Verteilung der Durchführungskompetenz

Die Durchführungskompetenz ist das Recht zur Erfüllung einer öffentlichen Aufgabe.[194] Die Verteilung der Durchführungskompetenz sollte anhand der für eine öffentliche Aufgabe anfallenden Vollzugskosten entschieden werden. Dabei spielen produktionstechnische Faktoren eine entscheidende Rolle. Bei Vorliegen von economies of scale sollten größere zentrale Durchführungseinheiten gewählt werden, um den Vorteil der Kostendegression nutzen zu können. Umgekehrt liegt es bei diseconomies of scale nahe, dezentrale Aufgabenträger mit der Durchführung zu betrauen.[195]

Fallen Entscheidungs- und Durchführungskompetenz auseinander, erhöhen sich die Abstimmungsbedürfnisse der Kompetenzträger und es kommt zu einer Vermischung der Aufgabenzuständigkeit, was die Beurteilung von politischen Entscheidungen durch die Bürger erschwert.[196] Ähnlich dem oben beschriebenen Kongruenzprinzip[197] erhöhen sich die Ressourcenkosten bei einem Auseinanderfallen der Entscheidungs- und der Durchführungskompetenz.

3.3.3.3 Die Verteilung der Finanzierungskompetenz

Die Finanzierungskompetenz ist die Pflicht, die durch eine öffentliche Aufgabe verursachten Ausgaben zu tragen. Dabei lassen sich drei Fälle unterscheiden:

(1) Die Entscheidungs- und Durchführungskompetenz liegen beim gleichen Aufgabenträger. In diesem Fall kann die Finanzierungskompetenz entsprechend dem Grundsatz der Konnexität[198] erfolgen, nach dem die Ausgabenverteilung (Finanzierungskompetenz) der Aufgaben-verteilung (Entscheidungs- und Durchführungskompetenz) folgt.

(2) Fallen Entscheidungs- und Durchführungskompetenz auseinander, dann sollte die Finanzierungskompetenz dem Aufgabenträger obliegen, der die Entscheidungskompetenz

[194] Diese entspricht der juristischen Verwaltungskompetenz.

[195] Vgl. Kops, M. (1984a), S. 242.

[196] Vgl. Hansmeyer, K.-H. / Kops, M. (1984), S. 131.

[197] Bei diesem geht es explizit um die Kongruenz von Zuständigkeits- und Wirkungsbereich einer Körperschaft, vgl. 2.6.1.

[198] Vgl. Zimmermann, H. / Henke, K.-D. (2001), S. 186.

inne hat. Ansonsten würde die Finanzierungskompetenz an einen Aufgabenträger fallen, der die Höhe der entstehenden Ausgaben nicht beeinflussen kann.

(3) Bei einer Aufteilung der Entscheidungskompetenz auf mehrere Aufgabenträger sollte grundsätzlich die Finanzierungskompetenz im Verhältnis des Anteils an der Entscheidungskompetenz aufgeteilt werden. Da dies jedoch zu Kompetenz- und Finanzierungsstreitigkeiten und zu höheren Verwaltungskosten führen würde, plädieren Hansmeyer/Kops für eine Zuteilung der vollen Finanzierungskompetenz an denjenigen Auftraggeber, dessen Entscheidungsanteil überwiegt. Lediglich bei Aufgaben, bei denen der Entscheidungsanteil in etwa gleichen Teilen auf die Aufgabenträger verteilt ist, sollte auch die Finanzierungszuständigkeit entsprechend aufgeteilt werden.[199]

Das Ergebnis von Hansmeyer/Kops entspricht im Ansatz dem oben besprochenen Korrespondenzprinzip[200], nach dem die Einheit von Nutzern, Zahlern und Entscheidern zur Kostenminimierung im Sinne eines optimalen Budgets führt, wobei hier lediglich die Entscheider durch die Entscheidungskompetenz und die Zahler durch die Finanzierungskompetenz angesprochen sind. Dabei könnte man in einer repräsentativen Demokratie die direkten Nutzer auch weglassen, da diese durch die Entscheider vertreten werden.[201] Damit verbleiben die gewählten Entscheider und die Kostenträger als möglichst deckungsgleiche Einheit.

3.3.3.4 Kompetitiver versus kooperativer Föderalismus

Je nach Art der Kompetenzaufteilung ergeben sich nun verschiede Ausprägungsformen des Föderalismus. Werden alle für die Bereitstellung eines öffentlichen Gutes erforderlichen Zuständigkeiten einer Gebietskörperschaft oder Staatsebene zugeordnet, liegt eine Vollkompetenz vor. Ein derart aufgebautes Trennsystem kann als Voraussetzung für einen *kompetitiven* Föderalismus angesehen werden. Dabei kann jede Einheit ohne Rücksicht auf andere Entscheidungsträger eigene Lösungsansätze entwickeln und auch realisieren. Dies führt zu einen höheren Wettbewerb und steigenden Innovationstempo zwischen den einzelnen

199 Vgl. Hansmeyer, K.-H. / Kops, M. (1984), S. 134.

200 Siehe unter 2.6.2.

201 So wird z.B. der Bau einer kommunalen Straße nicht von allen Nutzern in der Kommune entschieden, sondern von den gewählten Repräsentanten im Gemeinde- oder Stadtrat.

Gebietskörperschaften.[202] Allerdings ergeben sich durch ein solches Trennsystem bei großer Heterogenität der einzelnen Ebenen stark differierende Versorgungsgrade mit öffentlichen Leistungen.

Bei der Zerlegung einer Vollkompetenz in die oben diskutierten Teilkompetenzen entsteht ein Mischsystem in Form eines *kooperativen* Föderalismus. Dieser ist etwa in der Bundesrepublik Deutschland wegen dem Ziel der „Einheitlichkeit der Lebensverhältnisse"[203] dominierend. Dabei verursachen zu viele Teilkompetenzen ein System der „Politikverflechtung"[204], bei dem die Zuständigkeiten der einzelnen Ebenen verwischt werden und gegenseitige Schuldzuweisungen dominieren.[205] Ein Optimum dürfte zwischen einem extremen Trennsystem mit ausschließlicher Zuteilung von Vollkompetenzen und einem extremen Mischsystem mit vollständiger Zerlegung in Teilkompetenzen liegen, da beide Systeme sowohl spezifische Vorteile als auch Nachteile aufweisen.[206]

Unter dem Allokationsaspekt kann somit keine eindeutige Entscheidung zwischen dezentraler und zentraler Zuständigkeit getroffen werden. Zudem müsste für jedes öffentliche Gut mit verschiedenen Wirkungsbereichen eine eigene monofunktionale Organisation geschaffen werden. Dies würde zu einer großen Zahl von Bereitstellungsorganisationen führen, die jeweils für ein einzelnes Gut oder eine gleichartige Gruppe öffentlicher Güter zuständig wären.

3.4 Distributionsaspekte des ergänzenden passiven Finanzausgleichs

Die sich am Markt ergebende Primärverteilung hängt im wesentlichen von der Faktorausstattung der Wirtschaftssubjekte, den sich ergebenden Faktorpreisen, der Fähigkeit Einnahmen zu erzielen sowie von der Verteilung vererbten Vermögens ab. Durch staatliche Maßnahmen wird diese vorgefundene Primärverteilung in eine den Gerechtigkeitsvorstellungen der Gesellschaft entsprechende Sekundärverteilung transferiert.[207]

---

[202] Vgl. Andel, N. (1998), S. 506.

[203] Art. 106 Abs. 3 GG.

[204] Scharpf, F.W. (1985), S. 323.

[205] Beispielsweise ist es in der Bundesrepublik Deutschland unabhängig von der konkreten Zusammensetzung der Regierung an der politischen Tagesordnung, dass die jeweilige Regierung die jeweilige Opposition beschuldigt, Mehrheitsentscheidungen des Bundestages bei zustimmungspflichtigen Gesetzen im Bundesrat zu blockieren.

[206] Vgl. Kops, M. (1984a), S. 243.

[207] Vgl. Musgrave, R.A. / Musgrave, P.B. / Kullmer, L. (1994), S. 10.

Das Ziel der Distributionspolitik ist meist eine Angleichung sowohl der personellen als auch der regionalen Einkommensverteilung zur Verwirklichung des Gerechtigkeitsziels. Es stellt sich auch hier die Frage, ob die dazu erforderlichen Maßnahmen sinnvollerweise vom Zentralstaat getroffen werden können oder dezentralen Körperschaften zu übertragen sind. Nach allgemein akzeptierter Auffassung soll es hier zu einer zentralstaatlichen Ausführung der Umverteilungsmaßnahmen kommen.[208] Dies vor allem deshalb, weil bei einer dezentralen Lösung das jeweilige Umverteilungspotential vom regionalen Wohlstand abhängt und somit sehr unterschiedlich wäre.[209]

Für eine dezentrale Ausführung sprechen nach Zimmermann die räumliche und soziale Nähe, so dass dadurch „eine gewisse freiwillige Umverteilung stattfinden würde“[210]. Dabei ergeben sich allerdings als Folge des ungleich verteilten Wohlstandes regional unterschiedliche Umverteilungsintensitäten. Diese können zu unerwünschten Wanderungsbewegungen führen, welche die regionalen Disparitäten noch verstärken.[211] Hier lässt sich noch plastischer die von Tiebout oben erwähnte Metapher der „Abstimmung mit den Füßen“ anführen.[212] Die Möglichkeit, distributive Maßnahmen zu dezentralisieren, hängt somit entscheidend von der Mobilität der Wirtschaftssubjekte ab. Führt eine hohe Mobilität zu signifikanten Wohnort- und Produktionsortverlagerungen, sind die dadurch verursachten regionalen Ungleichheiten nur durch einen überregionalen, mithin zentralisierten Finanzausgleich zu glätten, will man innerhalb eines Landes z.B. aufgrund des Gebotes der Einheitlichkeit der Lebensverhältnisse keine großen Disparitäten der Einkommens- und Vermögensverteilung zulassen. So würde schließlich auch bei grundsätzlich dezentraler Erfüllung der Distributionsaufgabe die Angleichung der regionalen Disparitäten in einem Staatswesen nur zentral auszuführen sein. Insgesamt liegt somit eine Übertragung der Distributionsaufgabe auf eine zentrale Ebene nahe.[213]

---

208 So etwa Peffekoven, R. (1988b), S. 616.

209 Vgl. Andel, N. (1998), S. 507.

210 Zimmermann, H. (1983), S. 26.

211 Vgl. Peffekoven, R. (1988b), S. 615.

212 Als anschauliches Beispiel sei hier die Situation der Stadt New York in den 1960er Jahren genannt. Durch eine Erhöhung sowohl der Transferzahlungen an ärmere Bevölkerungsschichten als auch der Steuerverpflichtungen wohlhabenderer Bevölkerungskreise kam es zu einer überproportional hohen Abwanderung von Steuerpflichtigen und zu einer hohen Zuwanderung von Leistungsempfängern. Das dadurch verursachte Haushaltsdefizit hätte beinahe zu einem Bankrott der Stadt geführt. Zitiert nach Biehl, D. (1987), S. 373 (FN 27).

213 Vgl. Peffekoven, R. (1988b), S. 616.

Zielkonflikte bestehen zwischen der Verwirklichung des Effizienzziels mittels der Allokationsfunktion und des Gerechtigkeitsziels durch die Distributionsfunktion. Die politischen Entscheidungsträger haben dabei die Aufgabe, einen Ausgleich zwischen den konfligierenden Effizienz- und Gerechtigkeitszielsetzungen herzustellen.[214]

3.5 Stabilisierungsaspekte des ergänzenden passiven Finanzausgleichs

Zur Stabilisierung des gesellschaftlichen, wirtschaftlichen und politischen Systems werden ebenfalls überwiegend Argumente für eine zentrale Lösung vorgebracht. So führt Andel stabilitätspolitische externe Effekte an, die wie oben bei der Allokation für das Tätigwerden einer zentralen Ebene sprechen.[215] Peffekoven nennt ebenfalls Argumente für die Zentralebene, da nachgeordnete Körperschaften meist nicht über das für die Stabilisierungsaufgabe benötigte Instrumentarium verfügen. Darüber hinaus bestehen durch externe Effekte der konjunkturellen Maßnahmen wenig Anreize, eine solche Politik auch konsequent durchzuführen. Eine expansive Politik würde teilweise in anderen Regionen wirksam und steht damit nur teilweise der sie initiierenden Kommune zur Verfügung. Der Nutzen der Stabilisierungsmaßnahme kann damit nicht vollständig internalisiert werden. Zudem ist eine für die Durchführung der Stabilisierung regelmäßig notwendige Verschuldung auf regionaler Ebene problematisch, da diese zu einer Inflation führen könne, die auch die Bürger anderer Gebietskörperschaften treffen würde.[216]

Biehl vertritt hier insofern eine Mindermeinung, da er eine dezentrale Stabilisierungspolitik befürwortet, solange die Haushaltspolitik nicht diskretionär, sondern dauerhaft durchgeführt wird. Er begründet dies vor allem mit regional unterschiedlichen Auswirkungen eines Booms oder einer Rezession, zumal in großen Volkswirtschaften, wie etwa der deutschen.[217] Dieses Argument dürfte durch die Europäische Integration, v.a. nach dem Inkrafttreten der Europäischen Wirtschafts- und Währungsunion zum 1. Januar 1999, noch an Gewicht gewonnen haben.[218]

---

214 Vgl. Musgrave, R.A. / Musgrave, P.B. / Kullmer, L. (1994), S. 13.

215 Vgl. Andel, N. (1998), S. 508.

216 Vgl. Peffekoven, R. (1988b), S. 616. Ähnlich bei Zimmermann 1983, S. 31.

217 Vgl. Biehl, D. (1987), S. 364.

218 So wird die bisherige Ablehnung Großbritanniens zur Teilnahme an der Wirtschafts- und Währungsunion u.a. damit begründet, der Konjunkturzyklus der Insel sei weniger kontinentaleuropäisch ausgerichtet als vielmehr durch den Zyklus in den Vereinigten Staaten geprägt, was einer einheitlichen Europäischen Geld- und Finanzpolitik widerspreche. Die sogenannte „special relationship" mit den USA erstreckt sich damit nicht nur auf den politischen, sondern auch auf den wirtschaftlichen Bereich.

Lediglich in Zeiten von größeren politischen Instabilitäten, die etwa durch Massenarbeitslosigkeit hervorgerufen werden, plädiert auch Biehl für eine zentralisierte Politik, da hier übergeordnete Ziele der Verfassungsfunktion[219] verletzt werden.[220]

Untersucht man die Stabilisierungspolitik im Verhältnis zur Allokations- und Distributionspolitik, so lassen sich zum einen unterschiedliche Zeithorizonte und zum anderen unterschiedliche Zentralisierungsgrade konstatieren. Beim Zeithorizont ist sowohl die Allokationsaufgabe (Bereitstellung öffentlicher Güter) als auch die Distributionsaufgabe (Herstellung von Verteilungsgerechtigkeit) als langfristig einzustufen, während die Stabilisierung durch die meist drei- bis fünfjährigen Schwankungen im Auslastungsgrad des Produktionspotentials eher kurz- bis mittelfristig angelegt ist. Somit konfligieren also die langfristigen allokativen und distributiven Ziele mit den kurzfristigen Stabilisierungsmaßnahmen, wobei die Stabilisierungspolitik im Idealfall allokativ und distributiv neutral wirkt.[221] Auch aus dem Zentralisierungsgrad können Zielkonflikte entstehen. Wie oben erläutert, empfiehlt sich bei der Distributionsaufgabe ein hoher Zentralisierungsgrad, nicht jedoch bei der auf die Versorgung der Bevölkerung mit öffentlichen Leistungen zielenden Allokationsfunktion.[222]

Zur Implementierung einer dezentralen Stabilisierungspolitik schlägt Biehl etwa im Rahmen des kommunalen Finanzausgleichs vor, den Anteil der allgemeinen Finanzzuweisungen zu erhöhen, um den Gemeinden auch in Rezessionsphasen die Aufrechterhaltung ihrer geplanten Ausgabentätigkeit zu ermöglichen.[223] Zur Verstetigung der den Gemeinden vom Land zufließenden Mittel könnte ein Gemeindeinvestitionsfonds geschaffen werden.[224] In die gleiche Richtung zielen pauschalierte Konjunkturzuweisungen, die antizyklisch variiert werden können.[225] Die Vorschläge dürften auch deswegen nicht umgesetzt und kaum diskutiert worden sein, weil seit den achtziger Jahren des letzten Jahrhunderts, hervorgerufen durch die

219 Siehe unter 2.4.

220 Vgl. Biehl, D. (1987), S. 365-366.

221 Vgl. Biehl, D. (1987), S. 370-371.

222 Vgl. Biehl, D. (1987), S. 373.

223 Ähnlich, wenn auch weniger dezentral orientiert, Zimmermann, H. (1983), S. 31.

224 So wurde etwa im Frühjahr 2003 in Deutschland zur Steigerung der Investitionskraft der Gemeinden diskutiert, ob die staatliche Kreditanstalt für Wiederaufbau den Kommunen verbilligte Kredite in Höhe von 15 Mrd. € gewähren soll, vgl. Die Zeit vom 20.03.2003, Nr. 13, S. 22.

225 Vgl. Biehl, D. (1987), S. 390-391.

„monetaristische Gegenrevolution", als Antwort auf die keynesianische deficit-spending-policy der sechziger und siebziger Jahre des 20. Jahrhunderts, die Stabilisierungspolitik keynesianischer Prägung deutlich an praktischer Relevanz eingebüßt hat.[226]

Zusammenfassend kann festgestellt werden, dass mit Hilfe der von Musgrave geprägten Trias Allokation, Distribution und Stabilisierung keine zweifelsfreie und eindeutige Entscheidung zwischen föderalen und zentralstaatlichen Lösungen getroffen werden kann. Dies mag auch erklären, warum politische und historische Aspekte bei der Aufgabenverteilung eine so dominierende Rolle spielen.

3.6 Ausgabenverteilung

Die Aufgabenverteilung impliziert weitgehend auch die Verteilung der Ausgaben, weshalb beide oft gleichgesetzt werden.[227] Nach Lenk wird der Finanzbedarf einer Gebietskörperschaft „entscheidend durch die ihr übertragenen Aufgaben bestimmt"[228]. Dies entspricht dem *Prinzip der Konnexität*, nach der sich die Ausgabenverteilung aus der Aufgabenverteilung ergibt.[229] Dabei entsprechen sich Aufgaben und Ausgaben aber nur dann, wenn der Staat keine rechtlichen Instrumente zur Aufgabenerfüllung einsetzt. Ge- und Verbote verursachen lediglich Verwaltungs- und Kontrollkosten, weshalb sich große Unterschiede in der Ausgabenintensität von finanziellen und rechtlichen Instrumenten ergeben. Daneben können bestimmte Aufgaben auch durch eine bestimmte Ausgestaltung der Besteuerung erfüllt werden. Auch bei einem Auseinanderfallen von Aufgabenkompetenz und Aufgabenerfüllung entspricht die Ausgaben- nicht der Aufgabenverteilung.[230] Abweichungen zwischen Aufgaben und Ausgaben ergeben sich auch beim sogenannten *unsichtbaren Finanzausgleich*, bei dem eine Körperschaft bei der Wahrnehmung ihrer Aufgabenkompetenz andere Körperschaften belastet.[231] Beispiele dafür sind

---

226 Als Beispiel für ein Modell keynesianischer Stabilitätspolitik vgl. Wenzel, H.-D. / Wiegard, W. (1978).

227 Vgl. Zimmermann, H. (1983), S. 35. Zur historischen Ausgabenverteilung vgl. Colm, G. (1927). Generell zur Theorie der öffentlichen Ausgaben vgl. Samuelson, P.A. (1969).

228 Lenk, T. (1993b), S. 59.

229 Vgl. Andel, N. (1998), S. 509.

230 So kann etwa die übergeordnete Körperschaft im Rahmen ihrer Aufgabenkompetenz eine Rahmengesetzgebung vorgeben, wobei dann die Aufgabenerfüllung und damit auch die Ausgaben bei den nachgeordneten Körperschaften anfallen. Näheres zur Ausgabenintensität der öffentlichen Aufgabenerfüllung bei Zimmermann, H. (1974).

231 Vgl. Zimmermann, H. (1999), S. 88.

die von übergeordneten Gebietskörperschaften (z.B. Bundesländer) beschlossene Verlängerung der Schulpflicht mit der Folge von finanziellen Belastungen für die ausführenden Kommunen[232] oder die Sozialhilfeausgaben in Deutschland, die durch ein Bundesgesetz geregelt werden, aber von den Kommunen aufzubringen sind[233].

Zimmermann plädiert im Sinne der Konnexität für ein Prinzip der ungeteilten Verantwortung der Entscheidungs-, Durchführungs- und Finanzierungskompetenzen. Nur dadurch wird die Verlockung umgangen, einer anderen Gebietskörperschaft die Kosten zur Erfüllung einer Aufgabe aufzubürden, über die diese nicht selbst zu bestimmen vermag.[234] Allerdings lässt sich dieses Prinzip der ungeteilten Verantwortung nicht in jedem Bereich durchführen. So würde etwa eine ungeteilte Kompetenz im Bereich der Schulpflicht bedeuten, dass finanzschwächere Gliedstaaten diese niedriger ansetzen würden als finanzstärkere, was im Sinne von einheitlichen Bildungschancen nicht erwünscht sein dürfte.

4 VERTEILUNG DER EINNAHMEN

4.1 Ziele und Arten der Einnahmenverteilung

Die Verteilung der Einnahmen vollzieht sich nach abgeschlossener Aufgabenverteilung, da sie grundsätzlich der aus dieser resultierenden Ausgabenbelastung der einzelnen Körperschaften entsprechen muss.[235] Dabei soll die Frage beantwortet werden, wie die von verschiedenen föderalen Einheiten bereitgestellten Güter finanziert werden.[236] Bei der Einnahmenverteilung können nach Wittmann finanzwirtschaftlich-technische, staatspolitische und ökonomische Ziele unterschieden werden.[237]

[232] Vgl. Peffekoven, R. (1988b), S. 617-618.

[233] Vgl. Zimmermann, H. (1999), S. 88.

[234] Vgl. Zimmermann, H. (1999), S. 90.

[235] Dies ist zumindest der theoretische Anspruch.

[236] Vgl. Thöni, E. (1986), S. 56.

[237] Vgl. Wittmann, W. (1973), S. 158.

Bei den *finanzwirtschaftlich-technischen Zielen* ist jede einzelne Körperschaft aus den gesamten Einnahmen so auszustatten, dass die mit den zugeordneten Aufgaben verbundenen Ausgaben finanziert werden können. Problematisch dabei ist die mitunter unterschiedliche Entwicklung der Einnahmen und Ausgaben der einzelnen Aufgabenträger im Zeitablauf. Finanzwirtschaftliches Ziel ist es nun, ein Einnahmenverteilungssystem zu implementieren, das eine langfristig sinnvolle Haushaltsplanung ermöglicht und eventuellen Divergenzen in der Einnahmen- und Ausgabenentwicklung Rechnung tragen kann. Eine Ordnung, die diesen Anforderungen entspricht, muss einerseits durch ein gewisses Maß an Stabilität charakterisiert sein, andererseits aber auch eine ausreichende Flexibilität aufweisen.[238] Schließlich sollten mit der Einnahmenbeschaffung minimale Erhebungskosten für den Staat und minimale Entrichtungskosten für die Steuerpflichtigen verbunden sein.[239]

Staatspolitische Ziele der Einnahmenverteilung beziehen sich hauptsächlich auf die Gewährleistung einer Autonomie der jeweiligen Ebene. So dürfte sich keine Unabhängigkeit bei der Ausgabenentscheidung ohne einer gleichzeitigen Autonomie bei der Einnahmenbeschaffung verwirklichen lassen. Dabei konfligieren allerdings das Ziel der Einheitlichkeit der Lebensverhältnisse mit dem Ziel einer weitgehenden Autonomie auf der Einnahmenseite.[240]

Hinsichtlich *ökonomischer Ziele* ist die Einnahmenverteilung so zu regeln, dass die einzelnen Gebietskörperschaften bei der Erfüllung ihrer jeweiligen Aufgaben unterstützt werden. Sind auf der Ausgabenseite die externen Effekte durch Wahl des entsprechenden Zentralisierungsgrades internalisiert[241], müssen unter Allokationsgesichtspunkten auch auf der Einnahmenseite vorliegende externe Effekte beseitigt werden. Zuständigkeitsbereich der Körperschaft und Wirkungsbereich der Steuererhebung stimmen dann gemäß dem Kongruenzprinzip[242] überein. Ist der Zuständigkeitsbereich einer Gebietskörperschaft kleiner als der Wirkungsbereich der Steuererhebung, kann es zu einer Mehrfachbesteuerung kommen. Wenn Distributionsaufgaben

[238] Hedtkamp spricht in diesen Zusammenhang von *Revisionsklauseln*, die eine kurzfristige Änderung der Einnahmenverteilung entsprechend der Entwicklung in den einzelnen Haushalten der Gebietskörperschaften ermöglichen sollen, vgl. Hedtkamp, G. (1977), S. 58.

[239] Vgl. Peffekoven, R. (1988b), S. 618.

[240] Vgl. Peffekoven, R. (1988b), S. 618.

[241] Siehe oben unter 3.3.2.

[242] Siehe oben unter 2.6.1.

wie oben beschrieben dem Zentralstaat übertragen worden sind, um etwa die Einheitlichkeit der Lebensverhältnisse im gesamten Staatsgebiet zu wahren, sind diesem auch Steuerquellen in entsprechenden Umfang zuzuteilen. Auch für die Stabilisierungsaufgabe gilt die Äquivalenz von Aufgaben- und Einnahmenzuteilung. So sollten Steuern mit hoher Konjunkturreagibilität der Ebene zugewiesen werden, die für die Konjunkturstabilisierung zuständig ist.[243]

Entsprechend dem passiven Finanzausgleich lässt sich auch der aktive Finanzausgleich in einen originären und einen ergänzenden Teil trennen.[244] Dabei sollen zunächst die öffentlichen Einnahmenarten klassifiziert werden (4.2.1). Der originäre Teil umfasst die Verteilung der Einnahmequellen auf die einzelnen Körperschaftsebenen (4.2.2) und die Untersuchung verschiedener Einnahmenverteilungssysteme (4.2.3). Der ergänzende aktive Finanzausgleich (4.3) korrigiert diese Verteilung aus noch zu behandelnden Gründen, es kommt also zu einer Umverteilung der öffentlichen Einnahmen zwischen den Gebietskörperschaften. Dabei kann sowohl beim originären als auch beim ergänzenden Teil ein vertikaler und ein horizontaler Abschnitt unterschieden werden. Der vertikale aktive Finanzausgleich behandelt die Einnahmenverteilung zwischen Körperschaften verschiedenen Ranges, während sich der horizontale Finanzausgleich mit der Einnahmenverteilung zwischen Körperschaften gleichen Ranges befasst.[245]

4.2 Der originäre aktive Finanzausgleich

4.2.1 Einnahmearten

Für die Klassifizierung der öffentlichen Einnahmen sind zahlreiche Vorschläge in der Literatur zu finden.[246] Nach Neumark[247] lassen sich drei Gruppen unterteilen:

(1) Einnahmen durch unmittelbare Beteiligung am Marktprozess (Erwerbseinkünfte, Kredite),

[243] Vgl. Peffekoven, R. (1988b), S. 618.

[244] Für den originären aktiven Finanzausgleich vgl. Kops 1984b, S. 289-293, für den ergänzenden aktiven Finanzausgleich vgl. Kops, M. (1984c), S. 341-345.

[245] Vgl. Peffekoven, R. (1988b), S. 618-619.

[246] So ordnet etwa Hedtkamp die Einnahmen nach zunehmenden Zwangscharakter, vgl. Hedtkamp, G. (1977), S. 268. Reding/Postlep unterscheiden zwischen ordentlichen und außerordentlichen Einnahmen, vgl. Reding, K. / Postlep, R.D. (1977), S. 16-18. Ausführlich bei Hedtkamp (1980), S. 63-80.

[247] Vgl. Neumark, F. (1961), S. 323-334.

(2) Einnahmen durch hoheitliche Zwangseingriffe (Steuern[248], Gebühren, Beiträge, Zölle) und

(3) Einnahmen aus anderen Bereichen der öffentlichen Wirtschaft (Einnahmen aus einen nationalen Finanzausgleich, Einnahmen von öffentlichen Wirtschaften im Ausland).[249]

Quantitativ sind Steuereinnahmen die bei weitem wichtigste Einnahmequelle des Staates.[250] Steuern sind definiert als „hoheitliche, ohne korrespondierende Gegenleistung, also einseitig auferlegte Zwangsabgaben zur Finanzierung öffentlicher Aufgaben“[251]. Damit findet ein „zwangsweiser Werttransfer vom privaten an den öffentlichen Bereich ohne (spezielle oder generelle) Gegenleistung“[252] statt.

In der Literatur wird bei der Diskussion des Finanzausgleichs hauptsächlich die Steuerverteilung näher untersucht, da Erwerbseinkünfte, Gebühren und Beiträge[253] nur im vergleichsweise geringen Umfang zur Staatsfinanzierung beitragen und meist bestimmten Aufgaben direkt zurechenbar sind.[254] Dieser Argumentation soll auch hier gefolgt werden.

4.2.2 Verteilung der Einnahmen auf die öffentlichen Aufgabenträger

Analog zu den öffentlichen Aufgaben müssen auch die Einnahmen auf die Aufgabenträger verteilt werden. Die Vollkompetenz der Einnahmenverteilung (wegen der beschriebenen Dominanz der Steuereinnahmen auch als Steuerhoheit bezeichnet) kann dabei in die Teilkompetenzen Entscheidungs-, Durchführungs- und Ertragskompetenz[255] untergliedert werden.[256]

---

248 Zur Klassifizierung der Steuern vgl. Musgrave, R.A. / Musgrave, P.B. / Kullmer, L. (1993), S. 4-5.

249 Auf die einzelnen Einnahmearten soll hier nicht näher eingegangen werden. Näher dazu Andel, N. (1998), S. 28-30.

250 Zur quantitativen Darstellung der Steuereinnahmen der betrachteten Länder siehe Teil 2 der Arbeit.

251 Fischer-Menshausen, H. (1988), S. 645.

252 Hedtkamp, G. (1977), S. 289.

253 Zur Abgrenzung zwischen Gebühren und Beiträgen Bohley, P. (1977).

254 So etwa Hedtkamp, G. (1977), S. 58.

255 Fischer-Menshausen und Wittmann unterscheiden zwischen Gesetzgebungs-, Verwaltungs- und Ertragshoheit, vgl. Fischer-Menshausen, H. (1988), S. 646 und Wittmann, W. (1976a), S. 132. Ebenso Peffekoven, der lediglich die Gesetzgebungshoheit als Objekthoheit bezeichnet, vgl. Peffekoven, R. (1988b), S. 619. Kops merkt hierzu an, dass der Begriff der Gesetzgebungskompetenz diese Teilkompetenz nur unzureichend abbildet, da sich die Entscheidungsspielräume nicht auf die Gesetzgebung beschränken, vgl. Kops, M. (1984b), S. 290.

256 Für die folgenden Ausführungen der Kompetenzen vgl. Kops, M. (1984b), S. 290-291, Fischer-Menshausen, H. (1988), S. 646-647 sowie Wittmann, W. (1976a), S. 132.

4.2.2.1 Die Verteilung der Entscheidungskompetenz

Die Entscheidungskompetenz ist das Recht, einen steuerlich fassbaren Gegenstand oder Vorgang mit einer Abgabe zu belegen und diese im einzelnen auszugestalten. Sie umfasst dabei die Objekthoheit (Wahl der Einnahmequelle) und die Gestaltungshoheit (Konkretisierung der Steuerpflicht, wie z.B. Festlegung der Bemessungsgrundlage und der Tarifstruktur). Dabei „gehört die Zuordnung der steuerlichen Gesetzgebungsbefugnisse zu den wichtigsten Entscheidungen der Finanzverfassung eines dezentralisierten Staats"[257]. Bei der Verteilung der Entscheidungskompetenz sind grundsätzlich die gleichen Kriterien zu berücksichtigen wie bei der Verteilung der Entscheidungskompetenz bei öffentlichen Aufgaben.[258] Zum einen sind externe Effekte zu minimieren und zum anderen sind Präferenzunterschiede der Bevölkerung zu beachten.

Zur Minimierung der externen Effekte der Besteuerung sind die Steuerquellen möglichst der Körperschaft zuzuweisen, deren Zuständigkeitsbereich mit dem Wirkungsbereich der Steuer weitgehend deckungsgleich ist. Das entspricht dem oben besprochenen Kongruenzprinzip.[259] Die Entscheidung über Steuern mit regional engem Wirkungsbereich sollte demnach dezentralen Aufgabenträgern übertragen werden, breit streuende Steuerquellen hingegen zentralen Körperschaften. Wegen der zentralen Aufgabenerfüllung der Distributionsabteilung sollten zudem Steuern, die verteilungspolitischen Zwecken dienen, der zentralen Ebene zugeteilt werden.[260]

Um Präferenzunterschiede in einer heterogen zusammengesetzten Bevölkerung zu berücksichtigen, muss über Steuerquellen dezentral entschieden werden können. Bei Steuern, die distributiven Zielen dienen, könnte als Kompromiss zwischen den beiden Extrempunkten dezentrale Entscheidung (um die Präferenzunterschiede berücksichtigen zu können) und zentrale Entscheidung (um das Ziel der Einheitlichkeit der Lebensverhältnisse verwirklichen zu können) eine Aufteilung der Entscheidungszuständigkeit vereinbart werden. So lässt sich etwa der Steuertarif zentral festlegen, während lokale Gebietskörperschaften über einen Hebesatz

[257] Fischer-Menshausen, H. (1988), S. 646.

[258] Siehe unter 3.3.3.1.

[259] Siehe unter 2.6.1.

[260] Vgl. Musgrave, R.A. / Musgrave, P.B. / Kullmer, L. (1992), S. 20.

versuchen, die Präferenzen der eigenen Bevölkerung zu beachten. Allerdings sind die mit einer solchen Aufteilung verbundenen Nachteile zu berücksichtigen. Durch die Abstimmung der verschiedenen Ebenen entstehen Transaktionskosten[261], während die Transparenz bezüglich der Verantwortung für eine Abgabe für den Bürger verloren gehen kann. In der Praxis der untersuchten Länder Österreich und Deutschland wird deshalb weitestgehend versucht, auf eine Aufteilung der Entscheidungskompetenzen zu verzichten und damit verbundene Nachteile vorwiegend in einem ergänzenden aktiven Finanzausgleich zu korrigieren.[262]

4.2.2.2 Die Verteilung der Durchführungskompetenz

Die Durchführungskompetenz gewährt das Recht der Steuerveranlagung und Steuereinziehung. Dabei sind analog zum originären passiven Finanzausgleich produktionstechnische Faktoren entscheidend für die Wahl des Aufgabenträgers.[263] Die Steuer soll von der öffentlichen Gebietskörperschaft erhoben werden, bei der sich die Summe der Erhebungskosten für den öffentlichen Bereich und der Entrichtungskosten für den privaten Bereich minimiert.

Dabei kann die Entscheidungskompetenz einen anderen Aufgabenträger zugewiesen sein, wenn durch „zentralstaatliches Weisungsrecht die Einheitlichkeit des Erhebungsverfahrens"[264] sichergestellt wird. Liegt die Finanzierungskompetenz bei einem anderen Aufgabenträger, können diesen die Steuererträge, eventuell unter Abzug von Erhebungskosten, zugeleitet werden. Durch das Auseinanderfallen der Kompetenzen erhöhen sich entsprechend dem originären passiven Finanzausgleich die Ressourcenkosten durch Abstimmungserfordernisse der verschiedenen Kompetenzträger bzw. zu vereinbarende Regelungsmechanismen.[265]

4.2.2.3 Die Verteilung der Ertragskompetenz

Die Ertragskompetenz ist das Recht, die Steuererträge für den eigenen Haushalt zu verwenden. Grundsätzlich sollte entsprechend der Finanzierungskompetenz aus dem passiven originären Finanzausgleich die Ertragskompetenz dem Aufgabenträger zugewiesen werden, der auch über

---

261 Zur näheren Betrachtung der Transaktionskosten vgl. Brümmerhoff, D. (1999).

262 Vgl. Kops, M. (1984b), S. 290-291.

263 Siehe unter 3.3.3.2.

264 Fischer-Menshausen, H. (1988), S. 647.

265 Vgl. Kops, M. (1984b), S. 291.

die Entscheidungskompetenz verfügt.[266] Durch die Übereinstimmung der Entscheidungskompetenz mit der Ertragskompetenz entsprechen die Entscheider den Nutzern. Kommt die Finanzierungskompetenz aus dem passiven originären Finanzhoheit hinzu, ist die Einheit von Entscheidern, Nutzern und Zahlern gegeben und damit das Korrespondenzprinzip[267] verwirklicht. Dies entspricht auch dem *Prinzip der Konnexität*, nach der die Erfüllung einer öffentlichen Aufgabe mit deren Kostenübernahme verbunden ist.[268] Dadurch wird den Aufgabenträgern ermöglicht, die „Ausgaben und Einnahmen gemäß den Präferenzen ihrer Bürger aufeinander abzustimmen“[269].

Somit sollten bei der Verteilung der Ertragskompetenz die gleichen Prinzipien wie bei der Verteilung der Entscheidungskompetenz zu Grunde gelegt werden. Zusätzlich kann noch der Grundsatz der Verteilung nach dem örtlichen Aufkommen[270] genannt werden, um die Gebietskörperschaften zur Pflege und Stärkung Ihrer eigenen Steuerquellen anzuhalten.

Lassen sich die oben genannten Prinzipien nicht berücksichtigen, weil etwa die Steuererträge eines Aufgabenträgers nicht zur Erfüllung der ihm übertragenen Aufgaben ausreichen und damit das Einnahmesystem nicht bedarfsgerecht wäre, wird dies meist im Rahmen eines ergänzenden aktiven Finanzausgleichs[271] zu korrigieren versucht.

4.2.3 Einnahmenverteilungssysteme

Je nach unterschiedlicher Ausgestaltung der Kompetenzverteilung können grundsätzlich drei verschiedene Systeme des vertikalen Einnahmenausgleichs unterschieden werden: das Trennsystem, das Verbundsystem und eine Kombination der beiden, das sogenannte Mischsystem.[272]

[266] Siehe unter 3.3.3.3.

[267] Siehe unter 2.6.2.

[268] Vgl. Andel, N. (1998), S. 509.

[269] Kops, M. (1984b), S. 291.

[270] Vgl. Andel, N. (1998), S. 523.

[271] Siehe unter 4.3.

[272] So etwa Fischer-Menshausen, H. (1988), S. 648-654. In der Literatur finden sich zahlreiche Abgrenzungen: Peffekoven unterscheidet z.B. (1) Zuweisungssystem mit Umlagen, (2) freies Trennsystem, (3) gebundenes Trennsystem, (4) Zuschlagssystem, (5) Verbundsystem, (6) Zuweisungssystem mit Überweisungen, vgl. Peffekoven, R. (1988b), S. 620. Andel gliedert in (1) Trennsystem, (2) System der Rahmenregelung, (3) Zuschlagsystem und (4) Verbundsystem, vgl. Andel, N. (1998), S. 510.

4.2.3.1 Trennsysteme

Das *Trennsystem* ist durch weitgehende Autonomie der einzelnen Ebenen bei der für die Aufgabenerfüllung notwendigen Steuerbeschaffung gekennzeichnet. Jede Körperschaftsebene ist mit Vollkompetenzen in bezug auf die Entscheidungskompetenz, die Durchführungskompetenz[273] und die Ertragskompetenz ausgestattet.[274] Dies kann in Form eines freien Trennsystems, auch Konkurrenzsystem genannt, geschehen, oder durch ein gebundenes Trennsystem, bei welchen vier verschiedene Ausgestaltungsmöglichkeiten denkbar sind. Dazu gehören das gebundene Trennsystem mit voller Gestaltungskompetenz, das Anrechnungssystem, das Zuschlagsystem und das gebundene Trennsystem ohne Gestaltungskompetenz.[275]

Dabei ist das *freie Trennsystem* bei der Wahl, Ausgestaltung und Ausschöpfung der Steuerquellen völlig frei und damit durch eine uneingeschränkte Steuerautonomie gekennzeichnet. Die Gebietskörperschaft muss weder bestimmte Steuerobjekte, Bemessungsgrundlagen noch die Höhe der Steuersätze von anderen Hoheitsgebieten berücksichtigen. Demzufolge würde zwischen den Gebieten keine „Koordination bzgl. allokativer, distributiver und stabilisierungspolitischer Ziele des Gesamteinnahmesystems“[276] erfolgen. Mögliche Nachteile eines freien Trennsystems können sich aus regional unterschiedlichen Steuersätzen, der Behinderung einer einheitlichen Wirtschafts- und Finanzpolitik sowie der Gefahr einer Mehrfachbesteuerung einzelner Steuerobjekte ergeben. Die Zuteilung von Vollkompetenzen führt tendenziell zu einem kompetitiven Föderalismus, da jede Körperschaft autonom handeln kann. Als Vorteil eines freien Trennsystems ist die Anpassungsflexibilität bei einer Änderung der Ausgabeverpflichtungen zu nennen.[277]

Dem freien Trennsystem und damit unkoordinierten Konkurrenzsystem stehen mehrere gebundene Trennsysteme gegenüber, die verschieden hohe Koordinationsgrade aufweisen. Das

[273] Dabei kommt der Durchführungskompetenz (oder Verwaltungshoheit) für die ökonomischen Fragestellungen des Finanzausgleichs nur eine nachrangige Bedeutung zu, vgl. Peffekoven, R. (1988b), S. 619.

[274] Wegen der in der Bundesrepublik Deutschland zu einer drastischen Einschränkung der Länderautonomie führenden ungleichmäßigen Verteilung der Teilkompetenzen auf die Gebietskörperschaften plädieren beispielsweise Lenk/Schneider für ein Trennsystem zur Stärkung der Länderautonomie, vgl. Lenk, T. / Schneider, F. (1999), S. 409-437.

[275] Vgl. Lenk, T. (1993b), S. 73-75.

[276] Lenk, T. (1993b), S. 73.

[277] Vgl. Biehl, D. (1994), S. 109.

gebundene Trennsystem mit voller Gestaltungskompetenz weist dabei den geringsten Koordinationsgrad auf. Hier ist dem Entscheidungsträger die Objektkompetenz für einzelne Steuern vorgegeben. Dadurch kann zwar die Mehrfachbelastung einer Steuerquelle vermieden werden, die übrigen unter dem freien Trennsystem genannten Nachteile bleiben jedoch bestehen.

Das *Anrechnungssystem* ist höher koordiniert und dadurch gekennzeichnet, dass eine „Steueranrechnung oder -abzugsmöglichkeit eingeräumt wird“[278]. Die Steueranrechnung ist mit einem Steuerkredit gleichzusetzen, bei dem die von einem Aufgabenträger erhobene Steuer auf die von einem anderen Aufgabenträger erhobene Steuer angerechnet wird. Die Steuerabzugsfähigkeit liegt dann vor, wenn die von einer Hoheitsebene erhobene Steuer bei der Bemessung der Steuer einer anderen Ebene abgezogen werden kann.[279] Dabei wird sowohl die Gestaltungs- als auch die Ertragskompetenz begrenzt. Bei Inanspruchnahme des Anrechnungssystems kann zwar eine Mehrfachbesteuerung vermieden werden, alle übrigen genannten Nachteile bleiben jedoch bestehen.

Diese werden beim *Zuschlagsystem*[280] zu eliminieren versucht. Hierbei konzentriert sich die Objekt- und Entscheidungskompetenz bei einem Aufgabenträger. Damit die Allokations-, Distributions- und Stabilisierungsziele für das gesamte föderale System Berücksichtigung finden, müssen diese Kompetenzarten von einer zentralen Gebietskörperschaft übernommen werden. Die dezentralen Entscheidungsträger haben dabei aber das Recht, auf die von der zentralen Entscheidungseinheit festgesetzte Steuerschuld Zuschläge zu erheben. Sind diese durch einen Höchstsatz begrenzt, liegt ein gebundenes Zuschlagsystem vor, das die Ertragskompetenz der dezentralen Gebietskörperschaften einschränkt. Ohne Vorgabe einer maximalen Zuschlagshöhe spricht man von einem ungebundenen Zuschlagsystem mit unbegrenzter Ertragskompetenz.[281] Mit dem Zuschlagsystem können fast alle Nachteile eines Trennsystems umgangen werden, allerdings nur durch Aufgabe der Flexibilität.

[278] Kops, M. (1984b), S. 292.

[279] Dies ist etwa bei der Körperschaftssteuer in den Vereinigten Staaten der Fall, vgl. Herber, B.P. (1983), S. 810.

[280] In der Literatur sind Zuschlagsysteme auch als eigenständige Kategorie neben Trenn- und Verbundsystemen zu finden, so etwa bei Andel, N. (1998), S. 510.

[281] Vgl. Kops, M. (1984b), S. 292 sowie Lenk, T. (1993b), S. 74.

Als letztes kann noch das *gebundene Trennsystem ohne Gestaltungskompetenz* genannt werden. Dieses System baut auf dem Zuschlagsystem auf, die Zuschlagssätze werden jedoch exakt in ihrer Höhe vorgegeben. Damit wird den dezentralen Entscheidungsträgern jegliche Gestaltungskompetenz genommen. Sie besitzen wenig Autonomie und somit ein geringes Maß an Flexibilität. Im gleichen Zuge kann aber der zentrale Aufgabenträger das Gesamteinnahmesystem gut koordinieren.

4.2.3.2 Verbundsysteme

Im Gegensatz zum Trennsystem führt das Verbundsystem tendenziell zu einem kooperativen Föderalismus[282], weil jede Ebene bei der Aufgabenerfüllung auf die Zusammenarbeit mit den anderen Kompetenzträgern angewiesen ist.[283] Bestimmte Nachteile der Trennsysteme können vermieden werden, indem für wichtige Steuern ein Verbund eingerichtet wird. Bei Verbundsystemen teilen sich mehrere Gebietskörperschaften die Erträge der Steuern über Anteilssätze. Ein solcher Steuerverbund kann in Form eines Einzelverbundes oder eines Gesamtverbundes vorliegen. Beim Einzelverbund werden die Gesamteinnahmen einer Steuerquelle, beim Gesamtverbund von mehreren Steuerquellen als Anteilssätze zwischen mehreren Aufgabenträgern aufgeteilt.[284] Die Ertragskompetenz liegt damit nicht in einer Hand, sondern wird auf Körperschaften unterschiedlicher Ebenen verteilt. Die Entscheidungskompetenz verbleibt dabei meist beim zentralen Aufgabenträger, da dieser ansonsten von Entscheidungen dezentraler Einheiten[285] abhängig wäre.[286] Die Durchführungskompetenz sollte dabei nach Effizienzaspekten der Ebene mit den geringsten Erhebungskosten zugesprochen werden. Bei einer dezentralen Aufteilung ist allerdings ein einheitliches Erhebungsverfahren nötig, um die Steuergerechtigkeit innerhalb eines Staatsgebiets zu wahren.[287] Zahlungen von zentrale an dezentrale Gebietskörperschaften werden als Steuerüberweisungen bezeichnet, bei Zahlungen von dezentrale an zentrale Einheiten liegen Umlagen oder Beiträge vor.[288]

---

[282] Siehe unter 3.3.3.4.

[283] Vgl. Biehl, D. (1994), S. 109.

[284] Vgl. Zimmermann, H. / Henke, K.-D. (2001), S. 188-189.

[285] Diese haben aber etwa in der Bundesrepublik Deutschland ein Mitspracherecht über den Bundesrat.

[286] Vgl. Fischer-Menshausen, H. (1988), S, 650.

[287] Vgl. Lenk, T. (1993b), S. 75.

[288] Vgl. Fischer-Menshausen, H. (1988), S, 650-651.

Durch den Steuerverbund kann eine gute Koordination unter allokations- und distributionspolitischen Gesichtspunkten gewährleistet werden, wobei keine Mehrfachbelastungen vorliegen. Beim Verbundsystem sind die Steueranteile nicht auf Dauer festgesetzt. Dies hat den Vorteil, bei unterschiedlichen Entwicklungen des Finanzbedarfs eine flexible Anpassung bei der Verteilung der Finanzmasse durchführen zu können. Als Nachteil kann die Möglichkeit einer Quotenrevision Anreize schaffen, „durch kräftige Ausgabenexpansion oder Zurückhaltung bei der Ausschöpfung der eigenen Finanzquellen der Forderung nach einer Erhöhung des eigenen Anteils Nachdruck zu verleihen“[289]. Dabei kann es auch zu Widerständen bei den Aufgabenträgern kommen, deren Quote sich zu Gunsten eines anderen Aufgabenträgers verschlechtert. Dies kann behoben werden, indem den betroffenen Aufgabenträgern bei der Neugestaltung der Anteilssätze gesetzlich eine Zuschlagserhebung gewährt wird, wodurch der durch die gesunkene Quote entstehende zusätzliche Deckungsbedarf ausgeglichen werden kann.[290] An diesem Punkt bewegt sich das Verbundsystem in Richtung Mischsystem, das im folgenden kurz erläutert werden soll.[291]

4.2.3.3 Mischsysteme

Da die oben vorgestellten Steuerverteilungssysteme sowohl Vor- als auch Nachteile aufweisen, werden sie in der Praxis meist kombiniert. Man spricht dann von sogenannten Mischsystemen als Kombinationen von Elementen des Trenn- und Verbundsystems. Typisch für diese sind die Aufteilung der ergiebigen, d.h. ertragreichen Steuern, auf die Gebietskörperschaften nach Maßgabe des Verbundsystems, während kleinere ertragsschwache Steuern gemäß dem Trennsystem auf die einzelnen Ebenen im Staat verteilt werden.[292]

---

[289] Andel, N. (1998), S. 511.

[290] Lenk nennt als Beispiel den deutschen Solidaritätszuschlag zur Einkommensteuer, vgl. Lenk, T. (1993b), S. 76, FN 138.

[291] Andel unterscheidet noch das System der Rahmenregelung und das Zuschlagsystem. Das *System der Rahmenregelung* beschränkt die Autonomie durch mehr oder weniger einschneidende Vorgaben. Im Extremfall ist der Spielraum der Kommune auf die Wahl des Steuersatzes begrenzt. Als Beispiel sei die deutsche Gewerbesteuer genannt, bei der die Kommune lediglich den Hebesatz autonom festlegen kann. Beim *Zuschlagsystem* kann eine Ebene meist prozentuale Zuschläge auf die Steuer einer anderen Ebene erheben. So bedeutet beispielsweise die Autonomie bei einem Gemeindezuschlag zur Einkommenssteuer lediglich die Wahl des Zuschlagssatzes, vgl. Andel, N. (1998), S. 510.

[292] Vgl. Fischer-Menshausen, H. (1988), S, 654.

Hauptkriterien für die Wahl eines geeigneten Steuerverteilungssystems sollten die *Flexibilität*, der *Grad der Einnahmenautonomie* und das *Koordinationsvermögen* des Gesamteinnahmensystems im Hinblick auf Allokations-, Distributions- und Stabilisierungsaspekte sein. Es wird also ein System gesucht, welches sowohl *flexibel* wie auch *koordinationsfähig* ist und der Körperschaft genügend Spielraum für *autonome* Einnahmeentscheidungen belässt.[293]

4.3 Der ergänzende aktive Finanzausgleich

4.3.1 Zur Notwendigkeit eines ergänzenden aktiven Finanzausgleichs

Der ergänzende aktive Finanzausgleich hat die Aufgabe, Unzulänglichkeiten[294] der Aufgabenverteilung und des primären aktiven Finanzausgleichs durch innerstaatliche Zuweisungen zu beseitigen. Diese können unterschiedliche Gründe haben. Zum einen kann es zu nicht befriedigenden Entscheidungen hinsichtlich der Aufgabenverteilung kommen, wenn „infolge von miteinander rivalisierenden Zielen ‚suboptimale' Zuordnungen der Aufgabenzuständigkeiten in Einzelfällen unvermeidbar sind"[295]. So sind etwa einige Aufgaben zwischen den verschiedenen Ebenen so verteilt, dass der Wirkungsbereich der zu erfüllenden öffentlichen Aufgaben über die Grenzen des jeweiligen Hoheitsgebietes hinausgeht und durch diese Inkongruenzen mit räumlichen Überwirkungen Spillover-Effekte entstehen, die das Kongruenzprinzip[296] verletzen. Rein theoretisch könnte man hier eine Änderung der primären Aufgabenverteilung oder eine Änderung der Hoheitsgrenzen als Lösung vorschlagen.[297] Derartige Lösungsansätze sind aber meist mit hohen Kosten verbunden (Ressourcen- und Präferenzenkosten) und deshalb politisch nicht durchsetzbar. Auch traditionelle historische Gründe können einer rein ökonomischen Lösung entgegenstehen.[298] Mit weniger Aufwand ist

---

[293] Da hier typische Zielkonflikte vorliegen, kann keines der genannten Kriterium optimal erfüllt werden, ohne ein anderes zu vernachlässigen.

[294] Unzulänglichkeiten entstehen durch die Nicht-Erfüllung des staatlichen Prinzips der Autonomie, des Prinzips der fiskalischen Äquivalenz und des Prinzips der Konnexität, vgl. Peffekoven, R. (1993), S. 14.

[295] Kops, M. (1984c), S. 341.

[296] Siehe unter 2.6.1.

[297] Vgl. Fischer-Menshausen, H. (1988), S. 656-657.

[298] Die Änderung von Hoheitsgrenzen wird meist am Protest der betroffenen Bevölkerung scheitern, da historisch gewachsene Strukturen nicht beliebig änderbar sind. So wurde etwa die Zusammenlegung von Berlin und Brandenburg zu einem Bundesland von der Mehrheit der Bevölkerung abgelehnt. Hier sind also die durch eine Fusion entstehenden Frustrationen in Form von Präferenzenkosten höher gewichtet worden als die aus der Fusion resultierenden Einsparungen mit niedrigeren Ressourcenkosten.

dagegen eine Lösung durch innerstaatliche Zuweisungen verbunden, welche allerdings ein gewisses Maß an Solidarität und Kooperationsbereitschaft voraussetzt.[299] Durch innerstaatliche Zuweisungen[300] können suboptimale Aufgabenverteilungen korrigiert werden. Grundsätzlich entsteht der Korrekturbedarf dadurch, dass der optimale bundesstaatliche Zentralisierungsgrad auf der Finanzierungsseite höher ist als der optimale Zentralisierungsgrad auf der Aufgaben- und Ausgabenseite.

Zum anderen kann es zu Unzulänglichkeiten des vertikalen Finanzausgleichs bei der Einnahmenverteilung kommen. Denn durch die vertikale Verteilung der Steuereinnahmen kann nicht immer sichergestellt werden, dass der durch die Aufgabenverteilung benötigte Finanzbedarf der jeweiligen Gebietskörperschaften auch gedeckt wird. Es treten demnach unterschiedliche Relationen von Finanzbedarf und Finanzkraft bei den Gebietskörperschaften gleicher Ebene auf, wodurch eine Einheitlichkeit der Lebensverhältnisse nicht mehr garantiert werden kann. Neben der Verringerung der Differenz von Finanzkraft und Finanzbedarf versucht der horizontale Finanzausgleich v.a. die Deckungsrelationen[301] zwischen den einzelnen Körperschaften gleicher Ebene annähernd anzugleichen.[302] Dabei erhalten diejenigen Aufgabenträger Zuweisungen, deren Deckungsrelation kleiner eins ist, während Aufgabenträger mit der Deckungsrelation größer eins Zahlungen zu leisten haben.[303] Dadurch werden leistungsschwächere Gebietskörperschaften durch Ausgleichszahlungen gestärkt und damit deren Deckungsrelation dem allgemeinen Niveau angenähert, wodurch insgesamt eine annähernd gleiche Erfüllung der öffentlichen Aufgaben und somit vergleichsweise einheitliche Lebensverhältnisse erreicht werden können.

Mit der Berechnung von Ausgleichszuweisungen zur Erreichung der fiskalischen Gleichheit sind drei Aufgaben verbunden. Erstens die Erfassung der Finanzkraft der einzelnen Gebietskörperschaften und zweitens die Ermittlung des Finanzbedarfs (4.3.2), denn zur Bestimmung der erforderlichen Transfers sind die Abweichungen der beiden Größen in den

[299] Peffekoven schreibt zutreffend, dass man die Internalisierung von Spillover-Effekten in Kauf nehmen muss, wenn man sich einmal für eine dezentrale Aufgabenverteilung entschieden hat, vgl. Peffekoven, R. (1993), S. 16.

[300] Kops unterscheidet dabei zwischen innerstaatlichen Erstattungen, Internalisierungszuweisungen und Meritorisierungszuweisungen, vgl. Kops, M. (1984c), S. 341.

[301] Dabei ist die Deckungsrelation das Verhältnis von Finanzkraft und Finanzbedarf einer Gebietskörperschaft, vgl. Lenk, T. (1993b), S. 79.

[302] Vgl. Lenk, T. (1993b), S. 79.

[303] Vgl. Lenk, T. (1993b), S. 82.

einzelnen Gebietskörperschaften von Bedeutung.[304] Als dritte Aufgabe ist eine Entscheidung über das Maß des Ausgleichs (4.3.3) erforderlich, mit dem bestimmt wird, in welcher Höhe eine Differenz zwischen Finanzbedarf und Finanzkraft ausgeglichen wird.[305] Als technisches Instrument des Ausgleichs dienen dabei Finanzzuweisungen (4.3.4).

4.3.2 Bestimmung der Finanzkraft und des Finanzbedarfs

Die *Finanzkraft* (fiscal capacity) soll zum Ausdruck bringen, „inwieweit eine Körperschaft in der Lage ist, Einnahmen selbst zu erzielen“[306]. Bei der Messung der Finanzkraft ist zunächst zu entscheiden, welche Einnahmearten einbezogen werden sollen.[307] Da man zur späteren Bestimmung des Ausgleichsniveaus die Deckungsrelationen zwischen den öffentlichen Aufgabenträgern vergleichen will, sollte im gesamten Staatsgebiet zur Messung der Finanzkraft ein einheitliches Erhebungsverfahren angewandt werden. Dazu beschränkt man sich praktisch auf die Erfassung der Steuern, da i.d.R. in einem Staat ein einheitliches Steuerrecht[308] gilt. Andere Einnahmearten wie etwa Gebühren und Beiträge werden bei der Messung der Finanzkraft vernachlässigt, da diese meist nach dem Äquivalenzprinzip erhoben werden und von der Höhe nicht ins Gewicht fallen.[309] Daher verwendet man für den Begriff der Finanzkraft als Synonym auch oft den Begriff der Steuerkraft (tax capacity).

Unterschiede bei der Steuererhebung bzw. Einnahmenerzielung sind in der unterschiedlichen Intensität zu suchen, mit der öffentliche Aufgabenträger die ihnen zugewiesenen Steuern ausschöpfen.[310] In der Literatur wird dieser Sachverhalt mit dem Begriff des unterschiedlichen Steueranspannungsgrades bezeichnet, der sich aufgrund unterschiedlicher Hebesätze oder Steuerzuschläge ergibt.[311] Um nun eine einheitliche Bemessungsgrundlage herbeizuführen, damit die Finanzkraft der einzelnen Körperschaften zur Festlegung eines adäquaten Ausgleichsniveaus vergleichbar ist, müssen die durch den unterschiedlichen Anpassungsgrad entstehenden

---

304 Vgl. Andel, N. (1998), S. 513.

305 Vgl. Zimmermann, H. / Henke, K.-D. (2001), S. 199.

306 Peffekoven, R. (1988b), S. 632.

307 Sehr ausführlich bei Achatz, M. (1990), S. 22-35.

308 Ein einheitliches Steuerrecht mit einheitlichem Erhebungsverfahren ist also Voraussetzung für die Verwendung der Steuereinnahmen in der Ausgleichsrechnung, vgl. Fischer-Menshausen, H. (1988), S. 658.

309 Siehe oben unter 4.2.1.

310 Vgl. Andel, N. (1998), S. 513.

311 Vgl. Lenk, T. (1993b), S. 82.

Unterschiede in der Steuerhöhe eliminiert und „die Aufkommensbeträge auf einen einheitlichen (durchschnittlichen oder als zumutbar erachteten) Steuersatz umgerechnet werden“[312]. Auf diese Weise kann für jede einzelne Körperschaft „eine Finanzkraft angesetzt werden, die sich bei durchgängig gleicher Ausschöpfung der möglichen Steuerkraft ergäbe“[313]. Dadurch wird verhindert, dass die öffentlichen Aufgabenträger mit Hilfe von steuerpolitischen Maßnahmen die Höhe der Ausgleichszuweisungen zu ihren Gunsten beeinflussen können. Es stellt sich abschließend die Frage, welcher Ausschöpfungsgrad der Steuer einer Finanzkraftmessung zugrunde gelegt werden soll. In der Regel werden Durchschnittswerte bzw. als zumutbar erscheinende Werte gewählt.[314] Dabei ist zu beachten, dass mit steigendem Ausschöpfungsgrad genauso wie mit steigendem Steuersatz finanzschwächeren Körperschaften beim späteren Ausgleich eine zunehmende Begünstigung zu Gute kommt, da ihre Finanzkraftmesszahl dann vergleichsweise geringer ist als diejenige von finanzstarken Körperschaften.

Die Höhe des *Finanzbedarfs* (fiscal need) soll den Ausgaben entsprechen, die eine Gebietskörperschaft zur Erfüllung ihrer Aufgaben zu leisten hat.[315] Dieser ist allerdings objektiv nicht zu ermitteln, da die Dringlichkeit und Größe eines bestimmten Finanzbedarfs nicht messbar sind.[316] Es stellt sich z.B. die Frage, wo ein Mindestniveau öffentlicher Leistungen als Untergrenze der Finanzausstattung liegt und welche Qualität deren Bereitstellung haben sollte.[317] Da die Bestimmung des Versorgungsniveaus v.a. auch von den Entscheidungsträgern der unteren Ebene vorgenommen wird, ist der Finanzbedarf eine Größe, die weitgehend durch heterogene politische Zielvorstellungen und Entscheidungen bestimmt wird. Es sollten daher Hilfsgrößen bzw. Indikatoren für die Messung des Finanzbedarfs herangezogen werden, die auf „sozio-ökonomischen, geographischen natürlichen Fakten beruhen“[318], um einen weitgehend objektiven Vergleich beim späteren Ausgleichsverfahren zu gestatten.

[312] Fischer-Menshausen, H. (1988), S. 658.

[313] Lenk, T. (1993b), S. 82.

[314] Vgl. Fischer-Menshausen, H. (1988), S. 658.

[315] Dazu näher bei Achatz, M. (1990), S. 174-198.

[316] Vgl. Lenk, T. (1993b), S. 83. Fischer-Menshausen merkt dazu an: „Die quantitative Bestimmung des Finanzbedarfs begegnet allerdings der Schwierigkeit, daß Nutzenbewertungen auf subjektiven Entscheidungen beruhen und objektive Maßstäbe der Dringlichkeit und der Größe eines bestimmten Bedarfs nicht verfügbar sind.“, Fischer-Menshausen, H. (1988), S. 656.

[317] Vgl. Pagenkopf, H. (1981), S. 55.

[318] Lenk, T. (1993b), S. 83.

Somit sind Indikatoren für die Messung des Finanzbedarfs notwendig. Insbesondere die Einwohnerzahlen der Gebietskörperschaften werden hier als Kriterium herangezogen. Dem liegt die Vorstellung zu Grunde, dass eine positive Korrelation zwischen Bevölkerungsdichte und Ausgaben pro Kopf der Bevölkerung besteht. Dieses Phänomen ist in der Literatur als das Brecht'sche „Gesetz der progressiven Parallelität von Ausgaben und Bevölkerungsmassierung"[319] bekannt. In der Praxis werden dabei die Einwohnerzahlen „veredelt", indem z.B. die Bevölkerungszahl einer Großstadt mit einem höheren Faktor gewichtet wird. Dieses System enthält aber auch die Gefahr, dass die Nachteile eines erhöhten Agglomerationsgrades in Ballungsräumen von den anderen weniger agglomerierten Körperschaften mitgetragen werden und somit für zuziehungswillige Bürger keine Signalwirkung besteht, die eine weitere Agglomeration verhindert. Es wird im Gegenteil sogar eine Tendenz zur räumlichen Konzentration geschaffen, da gerade in Ballungsgebieten ein sehr hohes Angebot an öffentlichen Leistungen besteht.[320] Dieser Entwicklung könnte durch eine höhere Steuererhebung und/oder einem geringem Angebot an öffentlichen Leistungen entgegengewirkt werden.[321]

Zur Ermittlung des „richtigen" Finanzbedarfs sind noch andere ausgabenspezifische Faktoren, insbesondere sozio-ökonomisch bedingte Bedarfskriterien, wie z.B. die Zahl der Sozialhilfeempfänger oder die nicht erwerbstätige Wohnbevölkerung, denkbar. Da mehrere Faktoren die Höhe des Finanzbedarfs bestimmen, sollte für dessen Ermittlung ein mehrdimensionaler Index herangezogen werden.[322]

4.3.3 Bestimmung des Ausgleichs- bzw. Nivellierungsgrades

Bei der Entscheidung über den optimalen Ausgleichs- bzw. Nivellierungsgrad zwischen der Finanzkraft und dem Finanzbedarf ist der Zielkonflikt zwischen allokationspolitischen und distributionspolitischen Zielen zu beachten. Bei einer allokationspolitisch motivierten Sichtweise

[319] Vgl. Brecht, A. (1932), zitiert nach Andel, N. (1998), S. 196-197. Gleichlautend hat Popitz die Thesen aufgestellt, „je höher die Einwohnerzahl einer Gemeinde ist, desto höher der Bedarf ansteigt" und „obgleich mit der Einwohnerzahl die Einnahmen aus allgemeinen Deckungsmitteln (Betriebseinnahmen und eigene Steuern) ansteigen, trotzdem der Bedarf an Finanzzuweisungen zunimmt", Popitz, J. (1932), S, 266.

[320] So sind kulturelle Einrichtungen wie Theater und Opernhäuser meist nur in größeren Verdichtungsräumen zu finden.

[321] Biehl / Münzer schlagen zur Vermeidung einer Überagglomeration von Ballungsräumen eine sogenannte „Agglomerationssteuer" vor, vgl. Biehl, D. / Münzer, U.A. (1980), S. 113-150.

[322] Vgl. Peffekoven, R. (1988b), S. 632.

wird der Ausgleichsgrad auf Kosten der Einheitlichkeit der Lebensverhältnisse tendenziell niedriger sein als bei einer distributionsorientierten Sicht, die auf Kosten von Leistungsanreizen tendenziell einen höheren Nivellierungsgrad fordern wird.[323] „Der Ausgleich ist daher in der Regel das Ergebnis eines Kompromisses, dessen Inhalt im wesentlichen von den Vorstellungen und Interessen der jeweils herrschenden politischen Klasse bestimmt wird."[324] In der Literatur besteht weitgehend die herrschende Meinung, dass es nicht zu einer vollständigen Angleichung der Finanzausstattungen zwischen den Gebietskörperschaften kommen soll, da ansonsten allokative Verzerrungen durch fehlende Anreize zum Erhalt der eigenen Steuerquellen die Folge wären.[325] Die meisten Finanzausgleichssysteme nehmen deshalb nur eine teilweise Schließung von finanziellen Lücken vor. Zimmermann/Henke nennen dies einen sogenannten „Spitzenausgleich"[326]. Letztlich muss die Frage des optimalen Ausgleichs- bzw. Nivellierungsgrades von den demokratisch dazu legitimierten politischen Entscheidungsträgern beantwortet werden.[327] Auch hier kann die Ökonomie nur Empfehlungen geben, aber keine politisch bindenden Festlegungen treffen.

4.3.4 Finanzzuweisungen

4.3.4.1 Arten

Unter Finanzzuweisungen (intergovernmental grants) versteht man „direkte monetäre Transfers, also Geldleistungen zwischen Gebietskörperschaften ohne Anspruch auf eine direkte Gegenleistung"[328]. Smekal bezieht auch indirekte Leistungen mit ein, die entstehen, „wenn eine Gebietskörperschaft (gebietskörperschaftliche Ebene) für eine andere (hierfür zuständige) Gebietskörperschaft (gebietskörperschaftliche Ebene) Aufgaben real erfüllt, ohne eine Kostenerstattung zu erhalten"[329]. Im folgenden soll der ersten Definition gefolgt werden, nach der

---

[323] Vgl. Andel, N. (1998), S. 525.

[324] Fischer-Menshausen, H. (1988), S. 656.

[325] Vgl. Fischer, H. (1988), S. 118.

[326] Zimmermann, H. / Henke, K.-D. (2001), S. 201.

[327] Vgl. Fischer, H. (1988), S. 119.

[328] Fischer, H. (1988), S. 24.

[329] Smekal, C. (1980), S. 156.

sich ein Zuweisungssystem dadurch charakterisieren lässt, „dass eine Ebene von Gebietskörperschaften aus ihrer Finanzmasse eine andere Ebene ‚alimentiert' "[330].

Grundsätzlich lassen sich horizontale und vertikale Finanzzuweisungen unterscheiden.[331] Mit der Zahlung von horizontalen Finanzzuweisungen unterstützen die leistungsstarken Körperschaften einer Ebene die leistungsschwachen Körperschaften derselben Ebene durch Zuweisungen, um die Deckungsrelationen zwischen den Aufgabenträgern einer Ebene annähernd anzugleichen. Bei vertikalen Finanzzuweisungen wird bei der Verteilung der Einnahmequellen auf die verschiedenen Ebenen die Angleichung der Deckungsquoten der Körperschaften innerhalb einer Ebene nicht automatisch in Gang gesetzt, damit die „interregionale Streuung der Steuereinnahmen auch mit dem jeweiligen Finanzbedarf korrespondiert"[332]. Dazu muss sichergestellt werden, dass die Körperschaften, deren Deckungsrelation kleiner eins ist, von den Körperschaften mit Deckungsrelation größer eins Zuweisungen erhalten. Dadurch üben die vertikalen Zuweisungen einen nivellierenden Effekt auf die Finanzausstattung der unteren Ebenen aus. Man spricht deshalb von einem „vertikalen Finanzausgleich mit horizontalem Effekt"[333].

Finanzzuweisungen können mit Hilfe verschiedener Kriterien klassifiziert werden.[334] Bei einer *allgemeinen Finanzzuweisung* (general purpose grant) stehen die Mittel der empfangenden Körperschaft zur freien Verfügung, während sie bei einer *zweckgebundenen Finanzzuweisung* (special purpose grant) nur für einen vom Zahlungsgeber festgelegten Zweck verwendet werden darf. Eine solche Verwendungsauflage liegt vor, wenn die erhaltene Zuweisung an vom Zuweisungsgeber im voraus festgelegte Zwecke gebunden ist. Man spricht deshalb auch von gebundenen Zuweisungen.[335] Dabei reichen die Möglichkeiten der Zweckbindung von einer eher weit gefassten bis zu einer detaillierten Verwendungsauflage für den Zahlungsempfänger.

[330] Zimmermann, H. / Henke, K.-D. (2001), S. 192.

[331] Vgl. Kops, M. (1984c), S. 342.

[332] Lenk, T. (1993b), S. 81.

[333] Zimmermann, H. / Henke, K.-D. (2001), S. 199.

[334] Fischer unterscheidet je nach Verwendungs- und Empfangsauflagen vier Arten von Finanzzuweisungen: Typ 1: ohne Verwendungs- und Empfangsauflage, Typ 2: ohne Verwendungs-, mit Empfangsauflage, Typ 3: mit Verwendungs-, ohne Empfangsauflage und Typ 4: mit Verwendungs- und Empfangsauflage, vgl. Fischer, H. (1988), S. 25-28. Dieser sehr differenzierten Unterscheidung soll hier nicht gefolgt werden.

[335] Vgl. Brümmerhoff, D. (2001), S. 639.

Finanzzuweisungen können auch mit *Empfangsauflagen* verbunden sein (conditional grant), wobei die Zahlung einer Zulage von bestimmten Voraussetzungen des Empfängerhaushalts abhängig gemacht wird und somit zu einer Einschränkung des Empfängerkreises führt.[336] Diese werden an geografische, demografische, politische, funktionale oder ökonomische Indikatoren[337] geknüpft. Bei einer *Zweckzuweisung mit Eigenbeteiligung* (matching grant) beteiligt sich die empfangende Gebietskörperschaft mit eigenen Haushaltsmitteln an der Finanzierung.[338]

4.3.4.2 Ziele

Ziele von Finanzzuweisungen können politischer oder ökonomischer Natur sein. Zu den politischen Zielen zählen die Aufrechterhaltung eines dezentralen Systems, die Beeinflussung des Wählerverhaltens und die Förderung der Konsensbildung.[339] Im folgenden sollen die ökonomischen Ziele näher untersucht werden.[340] Dabei soll der von Musgrave vorgenommenen Aufteilung in die Bereiche Allokation, Distribution und Stabilisierung gefolgt werden.[341]

4.3.4.2.1 Allokation

Wie wir oben festgestellt haben, lässt sich der optimale Zentralisierungsgrad eines föderalen Staates mit der entsprechenden Zahl von Aufgabenträgern ableiten.[342] Hierbei sind v.a. Spillover-Effekte zu berücksichtigen. Eine Möglichkeit der Internalisierung solcher innerstaatlicher räumlicher externer Effekte stellen Finanzzuweisungen dar (Internalisierungszuweisungen).[343] Dabei erfolgen Zahlungen zwischen den Gebietskörperschaften, um beispielsweise die Nutzung von überregionalen Einrichtungen, wie Krankenhäuser oder Universitäten, zu finanzieren.[344] Gemäß dem Korrespondenzprinzip[345] sollen Nutzer, Zahler und Entscheider übereinstimmen. In

336 Vgl. Fischer, H. (1988), S. 25.

337 Ein ökonomischer Indikator ist z.B. die Förderung von Regionen innerhalb der Europäischen Union im Rahmen der sogenannten Ziel 1-Förderung, deren Pro-Kopf-BIP unter 75% des Unionsdurchschnitts liegt, vgl. Europäische Kommission (1997), S. 22-23.

338 Vgl. Petersen, H.-G. (1988), S. 120.

339 Vgl. Fischer, H. (1988), S. 142-147.

340 Sehr ausführlich beschreibt dies Fischer, H. (1988), S. 52-141.

341 Vgl. Musgrave, R.A. / Musgrave, P.B. / Kullmer, L. (1994), S. 5-15.

342 Siehe Kapitel 3.3.2.

343 Andere Möglichkeiten wären etwa Kooperationen zwischen den Gebietskörperschaften oder eine zentrale Rahmenplanung mit dezentraler Ausführung, siehe auch unter Kapitel 3.3.2.

344 Vgl. Lenk, T. (1993b), S. 67.

345 Siehe unter Kapitel 2.6.2.

der Praxis ist dieses allerdings nicht zu verwirklichen, denn es müsste „praktisch für jede öffentliche Leistung eine anders abgegrenzte eigenständige Körperschaft gebildet werden“[346]. Tatsächlich müssen Gebietskörperschaften zusammengefasst werden, um nicht eine unüberschaubare Anzahl von Aufgabenträger zu erhalten.

Da externe Effekte[347] von bestimmten öffentlichen Gütern ausgehen, ist zu deren Internalisierung eine Finanzzuweisung mit Zweckbindung am besten geeignet. Entsprechend dem Korrespondenzprinzip sollte diese mit einer Eigenbeteiligung ausgestattet sein, die der Relation der internen Nutzen zum Gesamtnutzen entspricht.[348] Damit kann sichergestellt werden, dass die empfangende Körperschaft entsprechend dem aus der öffentlichen Leistung gezogenen Nutzen an der Finanzierung beteiligt wird. Problematisch dabei dürfte indes sein, die Nutzen kardinal messbar zu machen und damit interföderative Nutzenvergleiche zu ermöglichen.[349] In der Praxis werden deshalb die Eigenbeteiligungsquoten nicht entsprechend von Nutzenquantifizierungen, sondern pauschal, etwa 50 v.H., durch politische Verhandlungen, in denen sich die Kräfteverhältnisse der beteiligten Aufgabenträger widerspiegeln, festgelegt.[350]

Finanzzuweisungen können unter allokationspolitischen Aspekten auch zur Beeinflussung von Präferenzen der Bürger eingesetzt werden, die vom Oberverband als besonders wünschenswert angesehen werden (Meritorisierungszuweisungen). Dazu werden Zweckzuweisungen mit Eigenbeteiligung als besonders wirksam erachtet.[351] So dienen Finanzzuweisungen etwa zur Finanzierung von öffentlichen Leistungen im Gesundheits-, Bildungs- und Wohnungswesen.[352]

4.3.4.2.2 Distribution

Über die Internalisierung von externen Effekten hinaus soll mit Hilfe von Finanzzuweisungen die geografische fiskalische Gleichheit (fiscal equity) innerhalb einer Föderation verwirklicht werden

[346] Fischer, H. (1984), S. 230.

[347] Zur Definition von externen Effekten vgl. Pigou, A.C. (1979), S. 25.

[348] Vgl. Fischer, H. (1988), S. 66.

[349] Vgl. Petersen, H.-G. (1988), S. 122-123.

[350] „Wer die Schwierigkeiten kennt, Nutzen zu messen oder allein Indikatoren hierfür festzulegen, wird nicht überrascht sein, daß die in der Praxis zur Neutralisierung externer Effekte vergebenen FZ nicht aufgrund irgendwelcher Nutzenquantifizierungen zustande gekommen sind.“, Fischer, H. (1988), S. 69.

[351] Vgl. Fischer, H. (1988), S. 71-73.

[352] Vgl. Fischer, H. (1984), S. 230.

(Ausgleichszuweisungen). Dabei ist nach Buchanan die fiskalische Gleichheit erreicht, wenn für alle Wirtschaftssubjekte in gleicher ökonomischer Lage, d.h. mit dem selben Einkommen, der gleiche fiskalische Restwert (fiscal residuum) gilt, wobei sich dieser als Differenz zwischen der einem Wirtschaftssubjekt aus den Staatsausgaben zufließenden Nutzen und der von ihm zu tragenden Steuerbelastung ergibt. Dabei soll eine zentrale Instanz (central fisc) zu einer Angleichung der fiskalischen Restwerte führen, um unerwünschte Wanderungsbewegungen zu vermeiden.[353] Der Ansatz von Buchanan setzt die Kenntnis der exakten Restwerte voraus, dazu müssen aber der Nutzen der Staatsausgaben und die Inzidenz der Besteuerung bekannt sein, wovon in der Regel nicht auszugehen sein wird. Somit hat sich sein Ansatz als nicht praktikabel zur Ausgestaltung von Finanzausgleichsregelungen erwiesen.[354]

Ausgleichszuweisungen dürfen keine Verwendungsauflage enthalten, sondern müssen mit einer Empfangsauflage versehen sein.[355] Dadurch soll dem eingeschränkten Empfängerkreis Rechnung getragen werden. In der Literatur ist eine Vielzahl von Ausgleichsmodellen diskutiert worden, wobei theoretisch drei mögliche Konzepte denkbar sind: Reiner Finanzkraftausgleich, reiner Finanzbedarfsausgleich und ein kombinierter Finanzkraft-/Finanzbedarfsausgleich.[356] Problematisch bei den reinen Modellen ist jedoch, dass „immer nur eine Seite der Medaille betrachtet wird“[357].

Allgemein akzeptiert sind hingegen folgende bereits besprochene Aufgaben zur Berechnung der Ausgleichszuweisungen.[358] Erstens die Ermittlung der Finanzkraft der einzelnen Gebietskörperschaften[359], zweitens die Erfassung des Finanzbedarfs[360] und drittens die Entscheidung über das Ausgleichsmaß zwischen den beiden Größen[361].

[353] Vgl. Buchanan, J.M. (1950), S. 588-589 sowie Tiebout, Ch.M. (1956), S. 416-426.

[354] Vgl. Musgrave, R.A. (1961), S. 119 sowie Fischer, H. (1988), S. 82.

[355] Vgl. Fischer, H. (1984), S. 231.

[356] Einen guten Überblick über die Konzepte bei Fischer, H. (1988), S. 84-97.

[357] Fischer, H. (1984), S. 231.

[358] Vgl. Zimmermann, H. / Henke, K.-D. (2001), S. 199.

[359] Siehe oben unter 4.3.2.

[360] Siehe oben unter 4.3.2.

[361] Siehe oben unter 4.3.3.

4.3.4.2.3 Stabilisierung

Finanzzuweisungen können auch zur Konjunkturstabilisierung eingesetzt werden. Unstrittig üben kommunale Haushalte durch ihren hohen Anteil an öffentlichen Investitionsausgaben eine hohe Wirkung auf die konjunkturelle Entwicklung aus. Durch Verstetigungszuweisungen könnte versucht werden, die Investitionstätigkeit auch in Rezessionsphasen auf ein hohes Niveau zu belassen. Diese müssten antizyklisch zu den Einnahmen dotiert werden. Kops schlägt hier den Einsatz von antizyklisch wirkenden innerstaatlichen Stabilisierungszuweisungen vor. Mit diesen soll in Rezessionsphasen die staatliche Nachfrage ausgeweitet und in Boomphasen eingeschränkt werden.[362] Problematisch ist hier jedoch, dass die Schwankungen auf der Einnahmenseite, die die eigentliche Ursache darstellen, nicht angegangen werden. Darüber hinaus wirken Konjunkturzuweisungen asymmetrisch, da lediglich in der Rezession eine wirksame Einflussnahme auf den Konjunkturverlauf besteht.[363]

Musgrave/Musgrave/Kullmer systematisieren die Ziele von Finanzzuweisungen nach Ausstattung mit Eigenleistung und der Zweckbindung. Weder mit Eigenleistung verbundene noch zweckgebundene Finanzzuweisungen halten sie für geeignet, wenn Einkommen aus Bundessteuerquellen den nachgeordneten Gebietskörperschaften zufließen und die Ungleichheit der Pro-Kopf-Einkommen in diesen reduziert werden soll. Für die Erhöhung des allgemeinen Niveaus der öffentlichen Leistungen in den Gliedstaaten und Kommunen empfiehlt sich eine nicht zweckgebundene, aber an Eigenleistung geknüpfte Zuweisung. Für folgende Ziele sind Finanzzuweisungen geeignet, die sowohl zweckgebunden als auch mit Eigenleistungsauflage ausgestattet sind: Zur Angleichung der Bedingungen beim Angebot allgemeiner und spezieller öffentlicher Leistungen, zur Erhöhung des Bereitstellungsniveaus spezieller Leistungen und zur Korrektur von Nutzen-Spillovers.[364]

4.3.4.3 Wirkungen

Bei der Untersuchung der Wirkungen von Finanzzuweisungen wird die Theorie des Haushalts auf den öffentlichen Sektor übertragen.[365] Probleme ergeben sich aus dem Fehlen eines

[362] Vgl. Kops, M. (1984c), S. 344.

[363] Vgl. Fischer, H. (1984), S. 232.

[364] Vgl. Musgrave, R.A. / Musgrave, P.B. / Kullmer, L. (1992), S. 32.

[365] Vgl. Fischer, H. (1988), S. 31.

unipersonellen Haushaltvorstands, es lässt sich nur eine mehr oder weniger „repräsentative" Indifferenzkurve der Gesellschaft ableiten.[366] Da keine bewerteten Marktpreise vorliegen, erfolgt die Bewertung zu Kosten.[367]

4.3.4.3.1 Wirkung einer allgemeinen Finanzzuweisung

Abbildung 5 stellt zunächst die Wirkung einer allgemeinen Finanzzuweisung dar. Dabei erfolgt die Messung der öffentlichen Güter auf der horizontalen Achse und der privaten Güter auf der vertikalen Achse. AB ist die Budgetgerade der Gesellschaft, die verschiedene Kombinationen aus privaten und öffentlichen Gütern erlaubt. I_0 ist die Indifferenzkurve, die die Präferenzen der Gemeinschaft widerspiegelt. Dabei ergibt sich der Punkt P_0 als das höchstmögliche Nutzenniveau auf der Budgetgerade AB. Es werden damit 0C private Güter und 0D öffentliche Güter konsumiert. Die Gesellschaft muss also, um 0D öffentliche Güter konsumieren zu können, auf CA private Güter verzichten. Der Steuersatz zur Finanzierung der öffentlichen Güter beträgt demnach CA/0A. Nun kommt der Gemeinschaft eine allgemeine Finanzzuweisung in Höhe von AA‘ (gemessen in privaten Gütern) zu Gute. Die Budgetgerade verschiebt sich parallel von AB nach A‘B‘. Das neue Gleichgewicht liegt beim Tangentialpunkt P_1 der neuen Budgetgerade mit der Indifferenzkurve I_1. Durch die Finanzzuweisung kann die Gesellschaft 0D‘ öffentliche Güter und 0C‘ private Güter konsumieren. Dieser Mehrkonsum an privaten Gütern kann als eine Steuersenkung interpretiert werden, denn verglichen mit der Ursprungssituation müssen die Bürger nur noch auf die Menge C’A an privaten Gütern zu verzichten, der Steuersatz hat sich also von CA/0A auf C‘A/0A reduziert, die Steuersenkung beträgt CC‘.

[366] Zur Herleitung der Indifferenzkurvenanalyse sei insbesondere auf Oates, W.E. (1972), S. 65-78 und Smekal, C. (1980), S. 176-185 verwiesen. Sehr differenziert bei Fischer, H. (1988), S. 31-51.

[367] Vgl. Fischer, H. (1990a), S. 293.

Abb. 5: Wirkungsanalyse für eine allgemeine Finanzzuweisung

Quelle: In Anlehnung an Fischer, H. (1990a), S. 294. Ähnlich bei Musgrave, R. A. / Musgrave, P. B. / Kullmer, L. (1992), S. 25 und Smekal, C. (1980), S. 178.

Unerheblich in unserem Modell ist hierbei, ob die Finanzzuweisung unmittelbar den Konsumenten gewährt wird oder der Gemeinschaft als Gruppe zur Verfügung steht.[368]

4.3.4.3.2 Allgemeine und zweckgebundene Finanzzuweisungen

Der Vergleich einer allgemeinen mit einer zweckgebundenen Finanzzuweisung soll zeigen, für welche Fälle eine zweckgebundene Finanzzuweisung geeigneter erscheint. In Abbildung 6 wird auf der horizontalen Achse das öffentliche Gut X und auf der vertikalen Achse das öffentliche Gut Y gemessen. AB ist die Budgetgerade der Gemeinschaft vor der Zuweisung mit dem Gleichgewicht bei P_0. Eine allgemeine Zuweisung verschiebt analog zur Abbildung 6 die Budgetgerade nach A'B' und das Gleichgewicht nach P_1. Die Menge des öffentlichen Gutes X steigt von 0D nach 0F und die Kosten der Zuweisung betragen BB' (gemessen in X). Gewährt

[368] Vgl. Fischer, H. (1990a), S. 294. Musgrave/Musgrave/Kullmer merken hierzu an, dass unter realistischen Bedingungen beide Verfahrensweisen zu unterschiedlichen Ergebnissen führen können, vgl. Musgrave, R.A. / Musgrave, P.B. / Kullmer, L. (1992), S. 25-26, FN 3. Für unsere Modellbetrachtung spielt dies jedoch keine Rolle. Näheres dazu unter 4.3.4.4.3.

der Oberverband eine gleich hohe zweckgebundene Zuweisung[369], ist nur der Abschnitt RB‘ für die empfangende Körperschaft verfügbar, denn die Zweckbindung an das öffentliche Gut X verhindert eine Erhöhung des Angebots des öffentlichen Gutes Y über die bisher maximale Menge 0A.[370] Das Gleichgewicht ergibt sich somit wieder bei P_1, da die Indifferenzkurve I_1 der Gesellschaft die Budgetgerade im Bereich RB‘ tangiert. Sowohl die allgemeine als auch die zweckgebundene Zuweisung bewirken damit die gleiche Erhöhung der Bereitstellung des öffentlichen Gutes X.

Mit dem Umfang der Finanzzuweisungen über die Menge 0F hinaus ändert sich die Lage grundlegend. Entschließt sich der Oberverband z.B. zur Bereitstellung der Menge 0G durch eine allgemeine Zuweisung, so wird die Budgetgerade dadurch nach A‘‘‘B‘‘‘ mit dem neuen Gleichgewicht bei P_2 verschoben, was Kosten in Höhe von BB‘‘‘ verursacht. Bei einer zweckgebundenen Zuweisung, die zu einer entsprechenden Erhöhung des öffentlichen Gutes X führt, verschiebt sich die Budgetgerade nach A‘‘B‘‘. Der empfangenden Körperschaft steht hierbei lediglich der Abschnitt SB‘‘ zur Verfügung, denn auch hier verhindert die Zweckbindung an das öffentliche Gut X eine Erhöhung des Angebots des öffentlichen Gutes Y über die bisher maximale Menge 0A. Die Feststellung, dass eine zweckgebundene Zuweisung effizienter ist als eine allgemeine Zuweisung, berücksichtigt dabei lediglich die Sichtweise des Zuweisungsgebers. Aus allgemeiner Sicht ist jedoch lediglich der Tangentialpunkt P2, nicht jedoch der Schnittpunkt S, paretooptimal.[371] „Wenn die Zuweisungen einen möglichst hohen Nutzen in den empfangenen Körperschaften bewirken sollen, ist eine ungebundene der zweckgebundenen Zuweisungen überlegen.“[372]

[369] Durch eine zweckgebundene Zuweisung wird die Verwendung auf das öffentliche Gut X beschränkt.

[370] Die Restriktionsgerade AW verdeutlicht diese Beschränkung auf die ursprüngliche Menge 0A.

[371] Der Schnittpunkt S repräsentiert ein niedrigeres Nutzenniveau für die empfangende Körperschaft als der Tangentialpunkt P_2, da $I_2<I_3$.

[372] Brümmerhoff, D. (2001), S. 640.

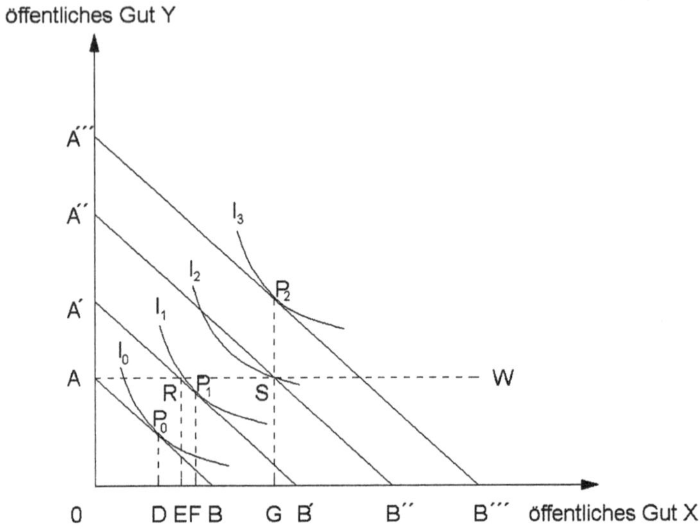

Abb. 6: Allgemeine versus zweckgebundene Finanzzuweisungen

Quelle: In Anlehnung an Musgrave, R. A. / Musgrave, P. B. / Kullmer, L. (1992), S. 30. Ähnlich bei Smekal, C. (1980), S. 181-183.

4.3.4.3.3 Zuweisungen mit und ohne Eigenbeteiligung

Abbildung 7 vergleicht nun Zuweisungen mit und ohne Eigenbeteiligung der empfangenden Körperschaft. Der Punkt P_0 stellt das Ursprungsgleichgewicht ohne Zuweisungen auf der Budgetgeraden AB dar. Durch eine an Eigenleistung gebundene Zuweisung dreht sich die Budgetgerade auf AB" mit dem neuen Gleichgewicht P_1.[373] Die Kosten für den Zuweisungsgeber betragen hierbei P_1E (gemessen in privaten Gütern). Um dieselbe Versorgung mit öffentlichen Gütern 0D' zu erreichen, ist eine nicht an Eigenleistung gebundene Zuweisung in Höhe von P_2E erforderlich, die die Budgetgerade auf A'B' verschiebt. Somit kann die Versorgung mit öffentlichen Gütern in Höhe von 0D' mit um P_2P_1 geringeren Kosten erreicht werden, wenn die Gewährung einer Zuweisung an eine Eigenleistung der empfangenden Körperschaft gebunden ist. Dieses Ergebnis entsteht dadurch, dass bei einer Zuweisung mit

[373] Diese Drehung der Budgetgeraden führt zu einer Änderung des Preisverhältnisses von privaten und öffentlichen Gütern und damit zu einer Änderung der relativen Preise.

Eigenbeteiligung nur die Versorgung mit öffentlichen Gütern unterstützt wird, während eine nicht an Eigenleistung gebundene Zuweisung durch die damit verursachte Steuersenkung auch den Kauf zusätzlicher privater Güter fördert. Auch hier lässt sich analog zum obigen Vergleich von allgemeinen und zweckgebundenen Zuweisungen die Effizienz der Zuweisung nur abhängig vom verfolgten Ziel definieren. Wenn aus Sicht des Zuweisungsgebers ein bestimmtes Versorgungsniveau an öffentlichen Gütern sichergestellt werden soll (in unserem Modell: 0D‘), ist eine Zuweisung mit Eigenbeteiligung am effizientesten, die der empfangenden Gesellschaft den Konsum von privaten Gütern in Höhe von 0C‘ auf der Indifferenzkurve I_1 ermöglicht. Sollen die Zuweisungen einen möglichst hohen Nutzen für den Zuweisungsempfänger stiften, ist eine Zuweisung ohne Eigenbeteiligung geeigneter, da sie der empfangenden Körperschaft zusätzlich den Konsum von privaten Gütern in Höhe von 0C‘‘ und damit auf der höheren Indifferenzkurve I_2 ermöglicht.

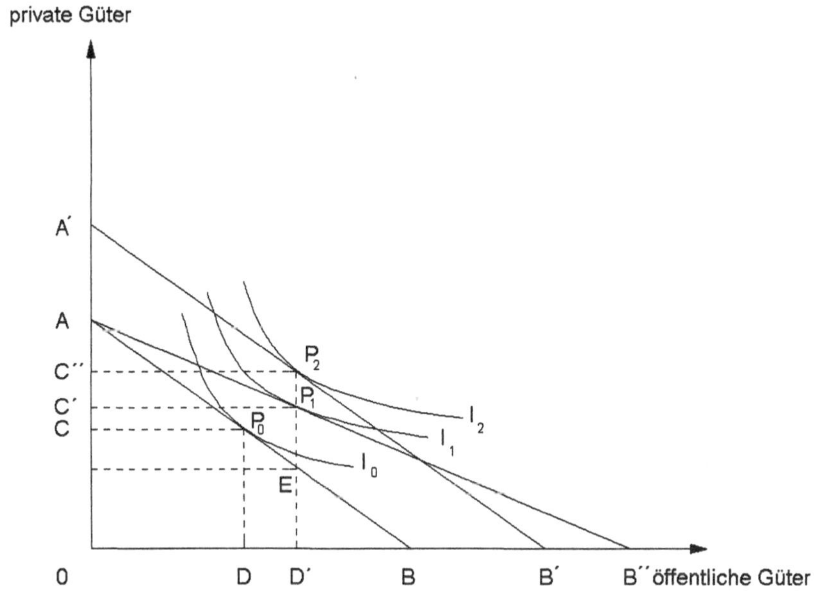

Abb. 7: Vergleich von Zuweisungen mit und ohne Eigenbeteiligung

Quelle: In Anlehnung an Musgrave, R. A. / Musgrave, P. B. / Kullmer, L. (1992), S. 28. Ähnlich bei Smekal, C. (1980), S. 184 und Blankart, C.B. (2001), S. 560.

4.3.4.4 Probleme

Durch die Gewährung von Finanzzuweisungen können verschiedenartige Probleme entstehen. Die wichtigsten sind im folgenden unter den Begriffen Effizienz (4.3.4.4.1), Komplexität und Praktikabilität (4.3.4.4.2), Fliegenpapier-Effekt (4.3.4.4.3) sowie föderale Autonomie (4.3.4.4.4) angeführt.

4.3.4.4.1 Effizienz

Die Frage der Effizienz von Finanzzuweisungen ist maßgeblich bedingt durch die Reaktionen der empfangenden Körperschaft. Dabei kann der Empfänger seine eigenen Einnahmen vermindern (Einnahmen-Substitutionseffekt) oder bisher für diese Verwendung eingesetzte Gelder anderen Zwecken zukommen lassen (Leakage-Effekt)[374]. Durch die Indifferenzkurvenanalyse kann dabei gezeigt werden, „daß das Ausmaß der Verhaltensanpassungen im wesentlichen von den Einkommens- und Preiselastizitäten der Nachfrage nach öffentlichen Leistungen abhängt"[375]. Bei einer Zweckzuweisung mit Eigenbeteiligung kann der Einnahmen-Substitutionseffekt und auch der Leakage-Effekt begrenzt werden, weshalb in der Praxis häufig diese Form der Zuweisung gewählt wird.[376]

Ein weiterer Aspekt ist die Behandlung einer Finanzzuweisung durch die empfangende Körperschaft als Geschenk, was zu einer großzügigen Vergabe und damit unwirtschaftlichem Verhalten einlädt.[377] Zimmermann nennt noch den Mitnahmeeffekt, der entsteht, wenn der Adressat einer finanziellen Anreizmaßnahme die Ausgabe auch ohne die Zuweisung des Gebers getätigt hätte.[378] Des weiteren kann es zu einer Präferenzenverzerrung bei der empfangenden Körperschaft kommen, wenn diese einen Bedarf „erst durch die Ausschreibung der finanziellen

[374] Auch Sickerverluste genannt, vgl. Musgrave, R.A. / Musgrave, P.B. / Kullmer, L. (1992), S. 33.

[375] Petersen, H.-G. (1988), S. 123.

[376] Vgl. Fischer, H. (1984), S. 232-233.

[377] Fischer merkt hier allerdings an, dass die empfangende Körperschaft bei einem effizienteren Mitteleinsatz die Ausgaben für andere Verwendungen erhöhen oder die eigenen Einnahmen vermindern könnte. Deshalb ist nicht nachzuvollziehen, warum abhängig von der Herkunft der Mittel unterschiedliche Effizienzkriterien gelten sollten, vgl. Fischer, H. (1984), S. 233.

[378] Vgl. Zimmermann, H. (1987), S. 339. Blankart bezeichnet im Unterschied zu Zimmermann die Steigerung des privaten Konsums bei einer allgemeinen Finanzzuweisung als Mitnahmeeffekt, vgl. Blankart, C.B. (2001), S. 560.

Unterstützung entdeckt oder bei denen ein bestimmtes Niveau an öffentlichen Einrichtungen nur deswegen angestrebt wird, um in den Genus der FZ zu gelangen"[379].

4.3.4.4.2 Komplexität und Praktikabilität

Durch die Vielzahl der mit der Gewährung von Finanzzuweisungen verfolgten ökonomischen und nicht-ökonomischen Zielen kommt es zu einer unüberschaubaren Palette von unterschiedlich ausgestalteten Finanzzuweisungen. Es könnte zwar versucht werden, für jedes einzelne Ziel eine eigene Finanzzuweisung zu etablieren, was aber zu einem unkoordinierten Nebeneinander der verschiedenen Programme führen würde. Zweckzuweisungen sind im allgemeinen mit hohem bürokratischen Aufwand bedingt durch die explizite Zweckbestimmung verbunden. Hier könnte der Verwaltungsaufwand durch den verstärkten Einsatz von allgemeinen statt zweckgebundenen Zuweisungen verringert werden, jedoch sprechen aus Sicht des Zahlungsgebers zahlreiche Gründe gegen ein derartiges Vorgehen.[380] Wenn der Zuweisungsgeber sein Mitspracherecht nicht verlieren will, wofür durchweg auch ökonomische Gründe geltend gemacht werden können, dann müssen die allgemeinen Finanzzuweisungen mit Empfangsauflagen versehen werden, die wiederum Verwaltungsaufwand verursachen. Eine grundlegende Vereinfachung des Systems von Finanzzuweisungen ist somit nicht zu erwarten, zumindest solange diese zur Korrektur einer als nicht optimal empfundenen primären Aufgaben-, Ausgaben- und Einnahmenverteilung herangezogen werden.[381]

4.3.4.4.3 Der Fliegenpapier-Effekt

Der „flypaper effect"[382] (Fliegenpapier-Effekt[383] oder auch Fliegenfänger-Effekt[384]) entsteht durch die Beobachtung, dass Finanzzuweisungen, die einer Gebietskörperschaft zufließen, zu einem höheren Niveau an öffentlichen Leistungen führen, als würden diese Leistungen direkt

[379] Fischer, H. (1984), S. 233. Brümmerhoff nennt dieses Verhalten „rent seeking", vgl. Brümmerhoff, D. (2001), S. 641.

[380] Wie oben gezeigt werden konnte, sind die Kosten zur Bereitstellung eines bestimmten Niveaus eines öffentlichen Gutes für den Zuweisungsgebers bei einer allgemeinen Zuweisung höher als bei einer zweckgebundenen Zuweisung, weil bei ersterer ein Teil der Mittel in andere als die gewünschte Verwendung fließt.

[381] Vgl. Fischer, H. (1984), S. 233.

[382] Rosen, H.S. (1985), S. 534.

[383] Vgl. Fischer, H. (1990a), S. 293-295.

[384] Vgl. Musgrave, R.A. / Musgrave, P.B. / Kullmer, L. (1992), S. 34-35.

einzelnen Bürgern zukommen. Die dadurch entstehende Steuersenkung[385] ist also im Falle einer direkten Zuweisung an einzelne Bürger höher. Bei einer Körperschaft zukommenden Finanzzuweisung bleiben hingegen die dabei übertragenen Mittel im höheren Maße im öffentlichen Sektor „kleben" und werden nicht im gleichen Ausmaß über Steuersenkungen an den privaten Sektor weitergegeben. Empirischen Untersuchen zufolge ist dieser Effekt nicht unerheblich. So belegt eine Studie von Gramlich und Galper, dass bei einer Erhöhung der privaten Einkommen um 100 $ die öffentlichen Ausgaben um durchschnittlich 5 bis 10 $ steigen. Eine allgemeine Finanzzuweisung von 100 $ an eine Gebietskörperschaft führt hingegen zu einer Ausweitung des öffentlichen Sektors um durchschnittlich 43 $.[386] Der Grund liegt v.a. an einer einer „fiskalischen Illusion" der Bürger, indem sie den Preis eines öffentlichen Gutes bei einer allgemeinen Finanzzuweisung niedriger einschätzen als dieser tatsächlich ist, was zu einer Änderung der Preisrelation zwischen privaten und öffentlichen Gütern führt.[387]

4.3.4.4.4 Föderale Autonomie

Finanzzuweisungen können die Autonomie der empfangenden Körperschaft erheblich beeinträchtigen, wenn diese keine Möglichkeiten hat, eigene Vorstellungen über die Verwendung der Mittel einzubringen. Zweckgebundene Finanzzuweisungen sind meist mit „Kontrollen und Auflagen verbunden, was zu Konflikten mit der politischen Forderung nach autonomen Körperschaften führen kann. Dieses Argument gewinnt vor allem dann an Gewicht, wenn eine Vielzahl von Zuweisungen gezahlt wird, so dass übergeordnete Körperschaften bei nahezu allen Aktivitäten ein Mitsprache- und Entscheidungsrecht bekommen."[388] Sollen die Gebietskörperschaften über eine volle Finanzautonomie im Sinne einer Ausgaben- *und* Einnahmenautonomie verfügen, dann sind Finanzzuweisungen nicht geeignet, denn bei diesen „entziehen sich Umfang, Struktur und Zeitpunkt des finanziellen Zuflusses der direkten Einflussnahme durch den Empfänger"[389]. Durch eine Politik des „goldenen Zügels" können die Zuweisungsgeber unter Umständen so direkt auf Entscheidungen der unteren Ebenen eingreifen, dass die föderal verankerte Autonomie als gefährdet erscheint.[390] Der dem Zuweisungsempfänger

385 Siehe oben unter 4.3.4.3.1.

386 Vgl. Gramlich, E.M / Galper, H. (1973), S. 15-16.

387 Vgl. Fischer, H. (1990a), S. 295.

388 Peffekoven, R. (1988b), S. 624.

389 Fischer, H. (1984), S. 234.

390 Vgl. Pagenkopf, H. (1981), S. 72.

verbleibende Handlungsspielraum hängt dabei wesentlich von der Stringenz der Verwendungsauflage und dem Anteil der Zweckzuweisungen an den gesamten Zuweisungen ab.[391]

[391] Vgl. Fischer, H. (1984), S. 234.

2. TEIL: PRAKTISCHE AUSGESTALTUNG DES FINANZAUSGLEICHS IN ÖSTERREICH UND DEUTSCHLAND

A VORBEMERKUNGEN

1 AUSWAHL DER VERGLEICHSLÄNDER

Zur Auswahl standen Länder mit einem föderativen Staatsaufbau. Am sinnvollsten für einen Vergleich mit der Bundesrepublik Deutschland sind Staaten, deren bundesstaatliche Verfassung und wirtschaftliche Bedingungen ähnliche Verhältnisse vorweisen. Das Kriterium der vergleichbaren bundesstaatlichen Verfassung erfüllen folgende Bundesstaaten: Argentinien, Australien, Belgien, Brasilien, Indien, Rest-Jugoslawien, Kanada, Nigeria, Malaysia, Mexiko, Österreich, Russland, Schweiz, Südafrika und die USA.[1] In etwa gleichartige ökonomische Verhältnisse lassen sich in Australien, Belgien, Kanada, Österreich, Schweiz und der USA konstatieren. Stalder stuft Deutschland und Österreich in einer Skala zwischen zentrifugalen[2] und zentripetalen[3] Staat als unitarische Bundesstaaten[4] ein.

zentrifugaler Staat ◄────────────────► zentripetaler Staat

Staatenbund	Konföderaler Bundesstaat	Unitarischer Bundesstaat	Dezentraler Einheitsstaat
Bsp. Europäische Union	Bsp. Kanada, Schweiz, USA	Bsp. Deutschland, Österreich	Bsp. Frankreich

Abb. 8: Ausprägungen des Föderalismus

Quelle: In Anlehnung an Stalder, K. (1999), S. 12. Ähnlich bei Smekal, C. / Thöni, E. (2000), S. 12.

[1] Annähernd die Hälfte der Weltbevölkerung lebt in Bundesstaaten, vgl. Pernthaler, P. (2000), S. 9.

[2] Aus der Physik: vom Zentrum zur Peripherie verlaufend.

[3] Aus der Physik: von der Peripherie zum Zentrum ziehend.

[4] Hesse hat erstmals einen Staat als „unitarischen Bundesstaat“ bezeichnet, wobei die beiden Wörter „unitarisch“ und „Bundesstaat“ einen Widerspruch in sich selbst darstellen, vgl. Hesse, K. (1962), zitiert nach Biehl, D. (1995c), S. 134, FN 39.

Die Schweiz, Kanada und die USA tendieren mehr in Richtung zentrifugaler Staat zu einem konföderalen Bundesstaat mit deutlich größeren Befugnissen der Gliedstaaten. Verglichen mit Australien, Belgien und Österreich weist lediglich Österreich wie Deutschland einen konsequent dreigliedrigen Staatsaufbau mit Bund, Ländern und Gemeinden mit Selbstverwaltungsbefugnissen auf. Zudem herrscht in Österreich und Deutschland ein vergleichbares West-Ost-Gefälle in Bezug auf die Wirtschaftsleistung[5] und beide Länder lassen sich eher dem kooperativen Föderalismus[6] zuordnen.[7]

2 DURCHFÜHRUNG DES VERGLEICHS

Der Vergleich der Finanzausgleichssysteme beider Länder soll anhand der im ersten Teil der Arbeit herausgefilterten Kriterien eines föderalen Referenzsystems (1. Teil, Kapitel 2.6) sowie der Aufgaben-, Ausgaben- (1. Teil, Kapitel 3) und Einnahmenverteilung (1. Teil, Kapitel 4) durchgeführt werden.

Dabei erfolgt im zweiten Teil die Behandlung der praktischen Ausgestaltung des Finanzausgleichs in Österreich und Deutschland zunächst eigenständig und anschließend im dritten Teil als direkter Vergleich beider Systeme.

Im zweiten Teil werden jeweils getrennt für Österreich (Kapitel B) und Deutschland (Kapitel C) kurz die allgemeinen Daten (Kapitel 1) und die politischen Systeme (Kapitel 2) als geografische, soziologische und ökonomische Rahmendaten für den Finanzausgleich vorgestellt. Daran knüpft die eigentliche Untersuchung des Finanzausgleiches als Schwerpunkt des zweiten Teils an. Kapitel 3 behandelt dabei die Verteilung der Aufgaben und Ausgaben (passiver Finanzausgleich) und Kapitel 4 die Verteilung der Einnahmen (aktiver Finanzausgleich). Kapitel 5 skizziert kurz die Entwicklung der gesetzlichen Grundlagen des Finanzausgleichs, während Kapitel 6 die

5 Mit Ausnahme der Bundeshauptstadt Wien, vgl. 3. Teil, Kapitel 1.1.

6 Siehe 1. Teil, Kapitel 3.3.3.4.

7 So auch bei Fischer, T. u.a.: „Während der österreichische Bundesstaat als verbundföderal charakterisiert werden kann und sich somit für einen Vergleich mit dem deutschen Föderalismus unmittelbar anbietet, ist das australische System (...) dem konkurrenzföderalen Modell zuzuordnen.", Fischer, T. u.a. (2002), S. 16.

Umsetzung des Europäischen Gemeinschaftsrechts in der Finanzverfassung beschreibt. Üblicherweise findet sich die Darstellung der Historie zu Beginn oder zumindest in den ersten Teilen einer Arbeit. Davon soll hier abgewichen werden, um den Leser nach den Erklärungen der spezifischen Bestimmungen in den Kapitel 3 und 4 zu ermöglichen, die zeitliche Entwicklung im Kontext der beschriebenen Regelungen nachvollziehen zu können. Abschließend werden im Kapitel 7 kurz die jeweiligen wichtigsten Reformvorschläge vorgestellt.

Als Referenzjahr für die quantitativen Werte der Steuererhebung und Finanzverteilung wurde das Jahr 2000 herangezogen, weil vollständige und endgültige Zahlen bei der Fertigstellung der Arbeit für spätere Jahre noch nicht vorlagen.[8] Die Betragsangaben sind im zweiten Teil noch in den jeweiligen nationalen Währungen, d.h. in österreichischen Schillingen (S) und deutsche Mark (DM), ausgewiesen, da die nationalen Statistiken im Jahr 2000 überwiegend noch nicht auf die neue europäische Gemeinschaftswährung Euro (€) umgestellt waren. Die Zahlen im dritten Teil der Arbeit wurden einheitlich in € umgerechnet, da dadurch ein direkter Vergleich leichter möglich ist. Die zum Beginn der Europäischen Wirtschafts- und Währungsunion am 01.01.1999 festgesetzten Umrechnungskurse betragen für einen Euro 13,7603 S und 1,95583 DM.[9] Damit ergeben sich folgende bilaterale Wechselkurse: 100 S = 14,21357 DM bzw. 1 DM = 7,03553 S. Bei den gesetzlichen Grundlagen wurden grundsätzlich die Regelungen des Jahres 2002 beschrieben, da sich v.a. durch das neue Finanzausgleichsgesetz 2001 in Österreich grundlegende Änderungen gegenüber dem Jahr 2000 ergeben haben.

---

8 In Österreich sind die Rechnungsabschlüsse der Länder und Gemeinden für das Jahr 2000 im Dezember 2002 veröffentlicht worden. Die Werte für das Jahr 2001 sind erst Ende 2003 mit dem Erscheinen des Statistischen Jahrbuches 2004 verfügbar, vgl. E-Mail von Statistik Austria, Direktion Volkswirtschaft vom 25.03.2003. In Deutschland waren etwa die Zahlen des Länderfinanzausgleichs für das Jahr 2001 im Februar 2003 noch immer vorläufig. Die endgültigen Ergebnisse des Länderfinanzausgleichs liegen i.d.R. mit einer Verzögerung von mehreren Monaten, nicht selten auch von mehr als einem Jahr vor, vgl. E-Mail des Referats V A 4 beim BMF Berlin vom 03.02.2003. Auch die Gliederung der Länderhaushalte nach Aufgabenbereichen wurde vom Statistischen Bundesamt erst Ende März 2003 für das Jahr 2000 veröffentlicht, so dass ein Vergleich späterer Jahre noch nicht möglich ist, vgl. Statistisches Bundesamt (2003), S. 40-109.

9 Vgl. Amtsblatt der Europäischen Gemeinschaften, Nr. C 2 vom 05.01.1999.

B DIE REPUBLIK ÖSTERREICH

1 ALLGEMEINE DATEN

Die Republik Österreich umfasst 83.859 km^2 und etwa 8,1 Mio. Einwohner. Mit einer Bevölkerungsdichte von 96 Einwohnern pro km^2 zählt Österreich zu den weniger dicht besiedelten Ländern Europas. Dies hat v.a. mit der Gebirgsnatur des Landes zu tun. Knapp 20% der Bevölkerung leben in der Landeshauptstadt Wien. So beträgt die Bevölkerungsdichte im Gebirgsland Tirol lediglich 53 Einwohner pro km^2 und in Wien 3.854 Einwohner pro km^2. Insgesamt lässt die Bevölkerungsdichte in Österreich ein West-Ost-Gefälle erkennen. Im westlichsten Bundeslandes Vorarlberg beträgt sie 133 Einwohner pro km^2, im östlichsten Bundesland Burgenland lediglich 70 Einwohner pro km^2.[10] Dieses Gefälle hat sich in den letzten Jahren durch eine tendenzielle Binnenwanderung von Ost nach West noch verstärkt.[11]

Auch bei der Wirtschaftsleistung lässt sich analog zur Bevölkerungsdichte ein West-Ost-Gefälle feststellen. So betrug im Jahr 2000 das Bruttoinlandsprodukt pro Einwohner in den westlich gelegenen Ländern Salzburg und Vorarlberg 114% bzw. 105% des österreichischen Durchschnitts, während dieser Wert für das östlichste Bundesland Burgenland 64% ausmachte. Die Hauptstadt Wien übertrifft dabei alle anderen Bundesländer mit einem Wert von 135% des österreichischen Durchschnitts.[12] Tabelle 1 vergleicht die Bevölkerungszahlen der Bundesländer mit deren Bruttoinlandsprodukt.

[10] Vgl. Statistisches Bundesamt (2001a), S. 38.

[11] So hatten in den letzten zehn Jahren die Bundesländer Salzburg mit +7,5%, Tirol mit +6,9%, Vorarlberg mit +6,1%, Niederösterreich mit +5,1% und Oberösterreich mit +3,6% überdurchschnittliche Zuwächse zu verzeichnen, während die Bevölkerung der Bundesländer Burgenland mit +2,8%, Kärnten mit +2,4%, Wien mit +1,5% und Steiermark mit +0,1% unterdurchschnittlich zunahm, vgl. Wiener Zeitung vom 05.09.01, S. 8.

[12] Vgl. http://www.statistik.at/fachbereich_02/regkonten_tab2.shtml (10.12.2002), eigene Berechnungen.

Bundesland	Bevölkerung absolut in Tsd.[a]	Bevölkerung in %	BIP pro Einw. in TS	BIP pro Einw. in %
Burgenland	279	3,45	221,5	64
Kärnten	561	6,96	297,2	86
Niederösterreich	1.550	19,21	294,5	85
Oberösterreich	1.382	17,14	333,0	96
Salzburg	519	6,43	396,3	114
Steiermark	1.186	14,70	293,1	85
Tirol	675	8,37	349,5	101
Vorarlberg	352	4,36	364,6	105
Wien	1.563	19,38	469,2	135
Österreich	8.065	100,00	348,1	100

Tabelle 1: Wirtschaftsleistung der österreichischen Bundesländer

[a] Einwohnerzahlen aus der Volkszählung 2001, vgl. Der Standard vom 05.09.2001, S.8.

Quelle: http://www.statistik.at/fachbereich_02/regkonten_tab2.shtml (10.12.2002), eigene Berechnungen.

Es ergibt sich eine hohe Bandbreite des BIP pro Einwohner von 64% des österreichischen Durchschnitts für das Burgenland bis zu 135% für Wien, was einem Faktor von 2,11 entspricht. Bleibt Wien wegen der Sonderstellung als Hauptstadt unberücksichtigt, beträgt der Faktor BIP pro Einwohner 1,78 für die vom Durchschnitt jeweils am weitesten entfernten Bundesländer Burgenland (64%) und Salzburg (114%).

2 POLITISCHES SYSTEM

Österreich ist seit dem Ende des 2. Weltkrieges eine parlamentarische Demokratie mit Elementen eines Präsidialsystems. Seit 1995 gehört Österreich nach einer zustimmenden Volksabstimmung der Europäischen Union an.

Politische Parteien sind die Sozialdemokratische Partei Österreichs (SPÖ), die Österreichische Volkspartei (ÖVP), die „Freiheitlichen" (FPÖ) und die Grüne Alternative (GAL). In den letzten

Nationalratswahlen am 24.11.2002[13] wurde die ÖVP die stärkste Partei und bildet zusammen mit der FPÖ die Regierung. Bei den Wahlen 1999 wurde die SPÖ zwar als stärkste Partei bestätigt, die ÖVP kündigte aber die 13 Jahre währende große Koalition mit der SPÖ, um selbst den Kanzler stellen zu können. Die FPÖ ging aus dieser Wahl als zweitstärkste Partei hervor und bildet seitdem mit der ÖVP die Regierung. Damit endete die seit dem 2. Weltkrieg in Österreich zwischen den beiden großen Lagern, den „Roten" (SPÖ) und den „Schwarzen" (ÖVP), praktizierte Form der Konsensdemokratie.[14] Die internationale Staatengemeinschaft reagierte mit Protesten gegen die Regierungsbeteiligung der rechtspopulistischen FPÖ. Inzwischen haben sich die Proteste gelegt, die Europäische Union hat ihre Sanktionen gegen Österreich wieder aufgehoben und die FPÖ eine Reihe von Wahlniederlagen bei Landtagswahlen und auch bei der Nationalratswahl 2002 hinnehmen müssen. Trotz der anfänglichen internationalen Missbilligung der neuen Regierung ist die österreichische Demokratie insgesamt als stabil zu bezeichnen.[15]

Österreich besteht aus den genannten neun selbständigen Bundesländern,[16] wobei Wien hierbei eine Sonderstellung als Land und Gemeinde besitzt. Die österreichische Bundesstaatlichkeit ist durch die beschränkte Verfassungsautonomie der Länder, die Kompetenzverteilung zwischen Bund und Ländern, die Mitwirkung der Länder an der Gesetzgebung des Bundes in Form des Bundesrates[17], die von den Ländern durchgeführte mittelbare Bundesverwaltung sowie verschiedene Ebenen des kooperativen Föderalismus gekennzeichnet. An der Spitze der Länder stehen die Landesregierungen, die aus einem Landeshauptmann und Landesräten bestehen. Sie werden entsprechend den politischen Kräfteverhältnissen vom Landtag gewählt, dem sie auch verantwortlich sind. Die Gemeindeautonomie ist verfassungsrechtlich garantiert.[18]

---

13 Der Nationalrat hat 183 Sitze, von diesen entfallen 79 auf die ÖVP, 69 auf die SPÖ, 18 auf die FPÖ und 17 auf Die Grünen, vgl. http://www.austria.gv.at/oesterreich/polsystem/wahl99.htm (05.03.2003).

14 In der Nachkriegszeit gab es bis 1966 und von 1983 bis 1999 große Koalitionen aus ÖVP und SPÖ. Lediglich in den Jahren 1966 bis 1970 übte die ÖVP und von 1970 bis 1983 die SPÖ die alleinige Regierungsmacht aus. Aber selbst in den 13 Jahren der SPÖ-Vorherrschaft blieb die Mehrheit der Länder ÖVP-regiert, so dass sich am faktischen Zwei-Parteien-Staat nichts änderte.

15 Eine gute Zusammenfassung der politischen Nachkriegsgeschichte bei Luif, P. (2002).

16 Die Ursprünge der österreichischen Bundesländer gehen zurück auf die Kronländer des österreichischen Teils der Donaudoppelmonarchie, vgl. Schambeck, H. (1997), S. 7. Die österreichischen Bundesländer sind in Tabelle 1 einzeln genannt.

17 Der Bundesrat besteht aus 63 Mitgliedern, die von den Länderparlamenten gewählt werden. Jedes Bundesland entsendet, je nach Einwohnerzahl, drei bis zwölf Mitglieder. Zur näheren Untersuchung der Organisation und Funktion des Bundesrates vgl. Bundschuh, P. (2000).

18 Vgl. Art. 118 B-VG.

3 VERTEILUNG DER AUFGABEN UND AUSGABEN

3.1 Aufgabenverteilung

Der Überblick über die Aufgabenverteilung in Österreich soll sich im folgenden auf die Regelungen im Bundes-Verfassungsgesetz (B-VG) beschränken.[19]

Art. 10 B-VG enthält die Aufzählung der ausschließlichen Bundeskompetenzen.[20] Dies sind insbesondere die auswärtigen und militärischen Angelegenheiten, die Regelung der Bundesfinanzen, das Geld-, Kredit-, Börsen- und Bankwesen, das Rechtswesen mit Ausnahme des Baurechts, das Verkehrs-[21], Post- und Fernmeldewesen, das Gesundheitswesen sowie die Einrichtung von Bundesbehörden. Die ausschließlichen Landeskompetenzen werden als Generalklausel in Art. 15 B-VG umschrieben. Im Wesentlichen sind dies das Baurecht, die Raumordnung, Natur- und Landschaftsschutz, Jagd und Fischerei, Kindergarten- und Hortwesen.[22]

Die Rahmenkompetenz des Bundes nach Art. 12 B-VG ähnelt derer des bundesdeutschen Art. 75 GG. Der Bund verabschiedet hierbei ein Grundsatzgesetz, innerhalb dessen die Länder Ausführungsgesetze zum Vollzug erlassen. Diese Rahmengesetzgebung erstreckt sich v. a. auf die Sozialhilfe, die Mutterschafts-, Säuglings- und Jugendfürsorge, die Krankenanstalten und das Elektrizitätswesen. Grundsätzlich wird bei der Kompetenzverteilung zwischen Bund und Ländern von einer Gleichrangigkeit ausgegangen, die sich auch auf das Bundes- und Landesrecht bezieht.[23] Im Unterschied dazu steht die bundesdeutsche Regelung, nach der Bundesrecht dem Landesrecht vorgeht.[24]

---

19 Dieses trat 1920 in Kraft, wurde 1934 zugunsten einer ständestaatlichen Verfassung beseitigt und 1945 wieder in Kraft gesetzt. Seit 1920 wurde das B-VG über 70-mal geändert.

20 Ähnlich Art. 73 GG in Deutschland.

21 Die Bundesstraßen sind seit 2002 in Landeskompetenz. Der Bund gewährt den Ländern in den Jahren 2002 bis 2008 Zweckzuschüsse zur Straßenfinanzierung in Höhe von insgesamt 51,7 Mrd. S. Der Verteilungsschlüssel reicht dabei von 5,13% für das Burgenland bis zu 21,8% für Niederösterreich, vgl. Der Standard vom 21.02.2002, S. 20.

22 Vgl. Schäffer, H. (1997), S. 71.

23 Vgl. Buchsteiner, S. (1998), S. 3.

24 Vgl. Art. 31 GG.

Eine Besonderheit der österreichischen Kompetenzverteilung stellt Art. 17 B-VG dar. Mit diesem wird die gesamte nichthoheitliche Verwaltung (sog. Privatwirtschaftsverwaltung) von der bundesstaatlichen Kompetenzverteilung freigestellt. Unter Privatwirtschaftsverwaltung versteht man dabei „jene von der öffentlichen Verwaltung zur Wirtschaftssteuerung eingesetzten Instrumente, die ohne Anwendung von Zwangsbefugnissen das Verhalten der Wirtschaftssubjekte im Sinne der für erstrebenswert erklärten wirtschaftspolitischen Zielsetzung beeinflussen sollen“[25]. Die Privatwirtschaftsverwaltung ist „ein äußerst weitreichendes Instrument, mit dem man den Schranken der verfassungsmäßigen Kompetenzverteilung entgehen kann“[26]. Als Beispiel sei hier lediglich die Brenner Autobahn AG genannt. Der Bund hält 75% und das Land Tirol 25% der Gesellschaft mit einem Grundkapital von 200 Mio. S.[27]

3.2 Ausgabenverteilung

Gesetzliche Grundlagen für die Ausgabenverteilung sind das Finanz-Verfassungsgesetz (F-VG) von 1948[28] und das Finanzausgleichsgesetz (FAG[29]) in seiner jeweils geltenden Fassung.[30] Dabei regelt das F-VG die Grundlagen und dauerhaften Vorschriften über die Verteilung der Finanzgewalt. Das FAG hingegen ist auf einige Jahre befristet und muss vor Ablauf neu verhandelt und beschlossen werden.[31] Es enthält die konkrete Verteilung der Besteuerungsrechte und die Ertragshoheit der gemeinschaftlichen Bundesabgaben.

Hervorzuheben ist der in § 2 F-VG verankerte Grundsatz der eigenen Kostentragung, nach dem die jeweiligen Gebietskörperschaften grundsätzlich den Aufwand tragen, der sich aus der Besorgung ihrer Aufgaben ergibt. Der österreichische Verfassungsgerichtshof als oberste Rechtsprechungsinstanz hat dies dahingehend ausgelegt, „dass der aus der Besorgung von

---

25 Wenger, K. (1987), S. 2.

26 Stalder, K. (1999), S. 31.

27 Vgl. Vertrag zur Errichtung der Brenner Autobahn AG.

28 Grundlage hierfür ist Art. 13 B-VG, vgl. Walter, R. / Meyer, H. (2000), S. 145.

29 Zur Zitierweise: Im österreichischen Teil der Arbeit bezieht sich die Abkürzung FAG auf das österreichische Finanzausgleichsgesetz, im deutschen Teil auf das deutsche Finanzausgleichsgesetz.

30 Einen guten Überblick über die gesetzlichen Grundlagen des österreichischen Finanzausgleichs findet sich bei Hengstschläger, J. (1997).

31 Das aktuell geltende Finanzausgleichsgesetz 2001, im folgenden: FAG 2001, löste das bis zum 31. Dezember 2000 befristete FAG 1997 ab und wird bis Ende 2004 gelten, vgl. Bundesgesetz, mit dem der Finanzausgleich für die Jahre 2001 bis 2004 geregelt wird und sonstige finanzausgleichsrechtliche Bestimmungen getroffen werden (Finanzausgleichsgesetz 2001 – FAG 2001) und das Finanzausgleichsgesetz 1997 und das Wohnbauförderungs-Zweckzuschussgesetz 1989 geändert werden.

Aufgaben sich ergebende Aufwand von jener Gebietskörperschaft, bei der er unmittelbar anfällt, in der Regel auch endgültig getragen werden soll“[32]. Somit hat grundsätzlich die aktiv werdende Gebietskörperschaft den Aufwand zu tragen, unabhängig davon, ob es sich um eine eigene oder eine übertragene Aufgabe handelt.

Im sogenannten Kosultationsmechanismus[33] wurden 1999 Bestimmungen zum Schutz der Gebietskörperschaften bei der Tragung des Aufwands von gesetzlichen Maßnahmen vereinbart.[34] Im Vorfeld dazu musste die gesetzliche Grundlage für Vereinbarungen zwischen den Gebietskörperschaften angepasst werden, denn die österreichische Verfassung sieht im Art. 15 a B-VG lediglich vor, dass Bund und Länder miteinander Vereinbarungen schließen können. Nun musste jedoch auch die kommunale Ebene als Verhandlungspartner miteinbezogen werden. Dies wurde durch das „Bundes-Verfassungsgesetz über Ermächtigungen des Österreichischen Gemeindebundes und des Österreichischen Städtebundes“ erreicht. Vertragspartner sind damit Bund, Länder, Gemeinde- und Städtebund.[35]

Die wichtigsten Inhalte der Konsultationsvereinbarung sind die wechselseitige Information und Gelegenheit zur Stellungnahme zu rechtsetzenden Maßnahmen[36], die Einrichtung von Konsultationsgremien zur Beratung und Stellungnahme über die Kostentragung[37], die Regelung der Kostentragung[38] und die zukünftige Verpflichtung zum Abschluss eines Stabilitätspakts, in dem die Aufteilungskriterien für die Defizite und Neuverschuldung der Gebietskörperschaften festzulegen sind[39]. Nicht angewandt wird der Konsultationsmechanismus auf die zwingende Umsetzung von EU-Gemeinschaftsrecht, auf Maßnahmen, die eine Gebietskörperschaft als Inhaberin von Privatrechten betreffen und auf Regelungen in Verbindung mit dem Finanzausgleich.[40]

---

[32] Zitiert nach: Hüttner, B. (2001), S. 24.

[33] Vereinbarung zwischen dem Bund, den Ländern und den Gemeinden über einen Konsultationsmechanismus und einen künftigen Stabilitätspakt der Gebietskörperschaften (Konsultationsmechanismus).

[34] Ausführlich mit dem Konsultationsmechanismus befassen sich Pernthaler, P. / Wegscheider, E. (2000).

[35] Näheres zur rechtlichen Ausgestaltung vgl. Pauer, K. (2001).

[36] Vgl. Art. 1 Konsultationsmechanismus.

[37] Vgl. Art. 3 Konsultationsmechanismus.

[38] Vgl. Art. 4 Konsultationsmechanismus.

[39] Vgl. Art. 7 Konsultationsmechanismus.

[40] Vgl. Art. 6 Konsultationsmechanismus.

Können sich die Beteiligten nicht einigen, so hat die Gebietskörperschaft die Kosten zu tragen, der das rechtsetzende Organ angehört. Der Konsultationsmechanismus kommt nur dann zur Anwendung, wenn bestimmte Bagatellbeträge überschritten werden.[41] Die Verhandlungen werden von hochrangigen Vertretern geführt. Für den Bund sind dies i.d.R. der Bundeskanzler, der Vizekanzler und der Finanzminister.[42] Für die Abstimmung ist jeweils Einstimmigkeit erforderlich, bei Uneinigkeit entscheidet der Verfassungsgerichtshof.[43]

Bei der Berechnung der Kosten von rechtsetzenden Maßnahmen wird anhand eines Schemas versucht, die finanziellen Folgewirkungen einer gesetzlichen Regelung möglichst exakt zu ermitteln. Dabei wird sowohl die finanzwirtschaftliche (Einnahmen und Ausgaben) als auch die betriebswirtschaftliche (Kosten und Erlöse) Betrachtungsweise herangezogen. Hierzu kommen Richtlinien des Bundesfinanzministeriums zum Einsatz, die einvernehmlich von Experten des Bundes, der Länder, des Städtebundes und des Gemeindebundes erarbeitet wurden.[44] Bei den Preisen werden weitgehend Richt- und Schätzwerte angesetzt.[45]

Zwischen den Gebietskörperschaften gibt es umfangreiche Verflechtungen in der Aufgaben- und damit Ausgabenverteilung, die nicht vom eigentlichen Finanzausgleich berührt werden. So unterhalten die Länder (ohne Wien) 69 Fonds[46] und es existieren mehr als 1.000 Gemeindeverbände.[47] Diese Fonds und Verbände sind einerseits Empfänger von Zahlungen der Länder und Gemeinden und erfüllen auf der anderen Seite Aufgaben für diese. Die Landesfonds

41 Bei Vorhaben des Bundes müssen die finanziellen Auswirkungen des geplanten Vorhabens 0,01% der Ertragsanteile aller Länder und Gemeinden gemäß dem Bundesvoranschlag des laufenden Jahres überschreiten. Bei Vorhaben eines Landes beträgt die Bagatellgrenze 0,025% der Ertragsanteile aller Gemeinden dieses Landes, vgl. Art. 4 Abs. 5 Konsultationsmechanismus. Dies waren im Jahr 2002 folgende Beträge für die österreichischen Bundesländer: Burgenland 41.409 €, Kärnten 103.503 €, Niederösterreich 259.094 €, Oberösterreich 254.369 €, Salzburg 106.749 €, Steiermark 208.658 €, Tirol 133.483 €, Vorarlberg 72.042 € und Wien 422.888 €, vgl. Kundmachung des Bundesministers für Finanzen betreffend die Betragsgrenzen (Länder) nach der Vereinbarung über einen Konsultationsmechanismus für das Jahr 2000.

42 Vertretung ist nur durch einen Bundesminister oder Staatssekretär möglich, vgl. Art. 3 Konsultationsmechanismus.

43 Vgl. Art. 4 Konsultationsmechanismus.

44 Vgl. Art. 1 Abs. 3 Konsultationsmechanismus

45 So werden beispielsweise die Kosten eines Beamten mit 8,5 S/Minute und die Ausgaben mit 6,4 S/Minute bewertet, vgl. Matzinger, A. (2001), S. 26.

46 Einen Überblick über die generelle Handhabung der öffentlichen Fonds von Kostal, T. (1995) und Obermann, G. / Kostal, T. (1997). Im Jahr 1997 gab es nur acht Landesfonds, vgl. Statistik Austria (2000), S. 453.

47 Vgl. Lehner, G. (2001), S. 509.

sind vor allem für die Krankenhausfinanzierung, den Wohnungsbau und den Sozialbereich von Bedeutung. Die Aufgaben der Gemeindeverbände sind hauptsächlich der Gesundheits-, Sozial-, Bildungs- und Umweltbereich.

Durch die Ausgestaltung der Bildungsfinanzierung wird ein erheblichen Teil der Transfers verursacht. Bei der Finanzierung der Landeslehrer einschließlich der Pensionen ersetzt der Bund den Ländern die Kosten der Besoldung einschließlich Pensionsbezüge. Dabei werden die Kosten der allgemeinbildenden Pflichtschulen ganz und Kosten der Berufsschullehrer zur Hälfte ersetzt.[48] Im Jahr 2000 hat der Bund den Ländern dafür 47,9 Mrd. S überwiesen.[49]

Im Sozialbereich sei hier lediglich die von den Ländern erbrachte und vom Bund übernommene Sondernotstandshilfe genannt. Sie wird Eltern gezahlt, wenn sie wegen der Betreuung ihrer Kinder keine Beschäftigung annehmen können und für diese keine Unterbringungsmöglichkeit in der Wohnsitzgemeinde besteht.[50] Seit 1995 müssen sich die Gemeinden mit einem Drittel der Kosten an der Sondernotstandshilfe beteiligen[51], um Anreize für die Gemeinden zu schaffen, geeignete Betreuungsmöglichkeiten für Kinder bereitzustellen. Die Zahl der Bezieher von Sondernotstandshilfe wird auf 7.500 geschätzt, was eine Belastung des Bundes von etwa 400 Mio. S und der Gemeinden von etwa 200 Mio. S bedeutet.[52]

Eine weitere Ausnahme vom Grundsatz der eigenen Kostentragung ist die mittelbare Bundesverwaltung, die von den Ländern im Auftrag des Bundes durchgeführt wird. Hier tragen die Länder den Personal- und Sachaufwand, der für die bestimmte Aufgabe erforderliche Zweckaufwand ist jedoch vom Bund zu tragen.[53] Ausführende Organe der mittelbaren Bundesverwaltung sind die Bezirksverwaltungsbehörden und der Landeshauptmann, der hierbei den Weisungen des zuständigen Bundesministers unterstellt ist.[54] Damit hat der

[48] Vgl. § 4 Abs. 1 FAG.

[49] Vgl. Statistik Austria (2002a), S. 126.

[50] Vgl. § 39 Abs. 1 Arbeitslosenversicherungsgesetz i V. m. dem Allgemeinen Sozialversicherungsgesetz, dem Bauern-Sozialversicherungsgesetz, dem Freiberuflichen Sozialversicherungsgesetz und dem Gewerblichen Sozialversicherungsgesetz.

[51] Vgl. § 2 Abs. 2 FAG.

[52] Vgl. Hüttner, , B. (2001), S. 53.

[53] Vgl. Öhlinger, T. (1999), S. 127.

[54] Vgl. Art. 102 Abs. 1 B-VG.

Landeshauptmann eine Doppelstellung. Er ist einerseits Vorsitzender der Landesregierung (Ministerpräsident des Landes) und andererseits „Statthalter" des Bundes und Dienstvorgesetzter der mittelbaren Bundesverwaltung in diesem Land.[55] Die von den Ländern für den Bund durchgeführte Verwaltung von Bundesangelegenheiten dürfte die Landesverwaltungen mit nicht unerheblichen Kosten belasten, allein schon deshalb, weil sie einen größeren als für ihre eigenen Aufgaben notwendigen Verwaltungsapparat vorhalten müssen. In der Regel wälzt der Bundesgesetzgeber dabei die Kosten auf die Länder ab.[56]

Darüber hinaus erbringen die Länder im Rahmen der Auftragsverwaltung für den Bund Leistungen im Straßen- und Hochbau bezüglich Projektierung, Bauaufsicht und Verwaltung von Investitionsmaßnahmen. Der Bund erstattet ihnen dafür pauschal 10% der Kosten für den Straßenbau und 12% der Kosten im Hochbau sowie den Personal- und Sachaufwand für die Erhaltung der Bundesstraßen.[57] Für diese Leistungen waren 2000 lediglich 1,0 Mrd. S vorgesehen.[58] Lehner nennt dies ein „anschauliches Beispiel für das Auseinanderklaffen von Leistungserbringung und Finanzierung"[59].

4 VERTEILUNG DER EINNAHMEN

4.1 Der originäre aktive Finanzausgleich

Die Kompetenzverteilung auf dem Gebiet des Abgabenwesens wird in einem eigenen Finanz-Verfassungsgesetz (F-VG) geregelt. Im Unterschied dazu gibt es in der Bundesrepublik Deutschland kein eigenständiges Gesetz über die Finanzverfassung, vielmehr wird das Finanzwesen des Bundes und der Länder innerhalb des Grundgesetzes im Abschnitt X in den Artikeln 104 bis 115 geregelt. Bereits innerhalb der deutschen Verfassung werden den einzelnen

[55] Vgl. Kraus, H. (1989), S. 1189.

[56] Vgl. Schäffer, H. (1997), S. 72-73.

[57] Vgl. § 1 Abs. 2 FAG.

[58] Vgl. Lehner, G. (2001), S. 508.

[59] Lehner, G. (2001), S. 508.

Gebietskörperschaftsebenen bestimmte Steuerquellen zur Deckung ihrer Ausgaben zugewiesen.[60] Das österreichische F-VG legt dabei in § 6 lediglich bestimmte Abgabentypen, wie etwa ausschließliche oder gemeinschaftliche Bundesabgaben[61] fest[62], nimmt aber keine Zuteilung von Steuerquellen an die einzelnen Gebietskörperschaftsebenen vor. Dies erfolgt erst im Finanzausgleichsgesetz[63], einem einfachen Bundesgesetz[64], das im Unterschied zu Verfassungsregelungen[65] mit einfacher Mehrheit verabschiedet werden kann.[66] Der in der österreichischen finanzwissenschaftlichen Literatur häufig verwendete Begriff der Abgaben umfasst hierbei Steuern, Gebühren und Beiträge. Dieser Definition soll bei der Beschreibung des österreichischen Finanzausgleichs gefolgt werden.

4.1.1 Vertikaler Teil

Das österreichische Steuersystem lässt sich als ein gemischtes Trenn-/Verbundsystem[67] charakterisieren, bei dem das Verbundsystem deutlich dominiert.[68] Knapp vier Fünftel der gesamten Steuereinnahmen des Landes wurden 2000 als Steuerverbund durch die gemeinschaftlichen Bundesabgaben aufgebracht. Diese werden anhand von bestimmten Verteilungsschlüsseln vertikal auf die Körperschaftsebenen Bund, Länder und Gemeinden aufgeteilt. Daneben führen die ausschließlichen Abgaben für die einzelnen Ebenen Bund, Länder und Gemeinden, die in einem Trennsystem erhoben werden, ein eher bescheidendes Dasein.

---

60 Vgl. Art. 106 GG.

61 In der österreichischen Fachliteratur werden die Gemeinschaftssteuern als gemeinschaftliche Bundesabgaben bezeichnet, was eigentlich einen Widerspruch darstellt, aber die dominierende Rolle des Bundes noch unterstreicht.

62 Unterscheidungskriterium ist dabei die Ertragshoheit, vgl. Mayer, H. (1997), S.442.

63 Bundesgesetz, mit dem der Finanzausgleich für die Jahre 2001 bis 2004 geregelt wird und sonstige finanzausgleichsrechtliche Bestimmungen getroffen werden – Finanzausgleichsgesetz 2001 (im folgenden: FAG 2001) und das Finanzausgleichsgesetz 1997 und das Wohnbauförderungs-Zweckzuschussgesetz 1989 geändert werden i. V. m. dem Bundes-Verfassungsgesetz über den Verfassungsrang bestimmter finanzausgleichsrechtlicher Bestimmungen.

64 Grundlage hierfür ist § 3 Abs. 1 F-VG, siehe Kapitel B.6.2.

65 Hier ist analog zur bundesdeutschen Regelung eine Zweidrittelmehrheit erforderlich.

66 Näheres zum österreichischen Steuerrecht bei Gassner, W. (1996).

67 Siehe Teil 1, Kapitel 4.2.3.

68 Vgl. Lehner, G. (2001), S. 498.

Die Entwicklung der ausschließlichen Bundesabgaben[69] am gesamten Steueraufkommen ist in der letzten Zeit zu Gunsten der gemeinschaftlichen Bundesabgaben stark rückläufig. Als ausschließliche Bundesabgaben haben für den Bund v.a. die Tabaksteuer, Stempel- und Rechtsgebühren und die Versicherungssteuer Bedeutung. Tabelle 2 zeigt die Einnahmen der sechs aufkommensstärksten ausschließlichen Bundesabgaben im Jahr 2000.

Ausschließliche Bundesabgaben	**Aufkommen 2000 in Mrd. S**
Tabaksteuer	16,5
Stempel- und Rechtsgebühren	10,9
Versicherungssteuer	10,3
Wohnbauförderungsbeitrag	8,2
Elektrizitäts- und Erdgasabgabe („Energieabgabe")	7,7
Normverbrauchsabgabe [a]	6,0
Summen [b] (Auflistung nicht vollständig)	123,9

Tabelle 2: Ausschließliche Bundesabgaben nach Aufkommen

[a] Die Normverbrauchsabgabe wird seit 1992 als Ersatz des höheren Mehrwertsteuersatzes für Kraftfahrzeuge erhoben. Sie soll einen Anreiz schaffen, vermehrt verbrauchs- und emissionsarme Klein- und Mittelklassewagen nachzufragen, vgl. Nowotny, E. / Winckler, G. (1997), S. 246.

[b] Von den übrigen ausschließlichen Bundesabgaben ist lediglich der Dienstgeberbeitrag zum Familienlastenausgleich mit 43,2 Mrd. S im Jahr 2000 von Bedeutung, der aus systematischen Gründen nicht in der Tabelle aufgeführt wurde, da dieser von den Ertragsanteilen an der Einkommensteuer abgesetzt wird, vgl. Hüttner, B. (2001), S. 66.

Quelle: Statistik Austria (2002a), S. 117.

Die ausschließlichen Landes- und Gemeindeabgaben sind in § 15 FAG geregelt. Absatz 1 nennt alle Landes- und Gemeindeabgaben, während Absatz 2 die ausschließlichen Gemeindeabgaben enthält. Wegen der Stellung der Bundeshauptstadt Wien als Land und Gemeinde werden diese in der Statistik nicht getrennt ausgewiesen. Es dominieren jedoch die Gemeindeeinnahmen mit 66% der gesamten ausschließlichen Landes- und Gemeindeabgaben, selbst wenn Wien als Gemeinde unberücksichtigt bleibt. Die wichtigsten ausschließlichen Landes- und Gemeindeabgaben macht folgende Tabelle 3 deutlich.

[69] Der Begriff „ausschließliche Bundesabgaben" wird im Gegensatz zu den deutschen „Bundessteuern" verwendet, da dieser Kategorie auch Beiträge und Gebühren zugerechnet werden.

Ausschließliche Landes- und Gemeindeabgaben in Mio. S	**Länder ohne Wien**	**Wien als Land und Gemeinde**	**Gemeinden ohne Wien**	**Summen**
Kommunalsteuer [a]	-	6.757	17.122	23.879
Grundsteuer B[b]	-	1.159	4.824	5.983
Interessentenbeiträge von Grundstücksbesitzern	-	3.014	3.521	3.524
Getränkesteuer [c]	-	316	2.137	2.453
Fremdenverkehrsabgaben	651	115	754	1.520
Fernseh-, Radio- und Kulturschilling	644	191	-	836
Feuerschutzsteuer	518	106	-	624
Verwaltungsabgaben	428	132	278	838
Summen (Auflistung nicht vollständig)	2.769	13.333	31.412	47.513[d]
in %	6	28	66	100

Tabelle 3: Ausschließliche Landes- und Gemeindeabgaben nach Aufkommen

[a] Die Kommunalsteuer wurde 1993 als Ersatz für die Gewerbe- und Lohnsummensteuer eingeführt, vgl. Hüttner, B. (2001), S. 37.

[b] Die Grundsteuer B wird wie in Deutschland auf nicht land- und forstwirtschaftlich genutzte Grundstücke erhoben, während die Grundsteuer A von den land- und forstwirtschaftlichen Betrieben anfällt, vgl. Hüttner, B. (2001), S. 115.

[c] Einschließlich Speiseeisabgabe.

[d] Differenz durch Rundung.

Quelle: Statistik Austria (2002a), S. 120, 121.

Die Einnahmen der Länder (ohne Wien) aus den ausschließlichen Landes- und Gemeindeabgaben betrugen 2000 2.769 Mio. S, mit der Landesumlage von 3.573 Mio. S. betrugen die Einnahmen 6.342 Mio. S.[70] Die Gemeinden führen an ihr jeweiliges Bundesland eine Landesumlage ab.[71] Sie hat eine progressive Verteilungswirkung, da entsprechend der Finanzkraft finanzstärkere Gemeinden relativ mehr als finanzschwächere zahlen. Der Umlagesatz beträgt höchstens 7,8% der ungekürzten Ertragsanteile der Gemeinden.[72] Die Erhebung der Landesumlage obliegt den

[70] Vgl. Statistik Austria (2002a), S. 120, 121.

[71] Sie wurde nach dem 2. Weltkrieg eingeführt, als die Länder Besteuerungsrechte an die Gemeinden verloren und kann somit als Kompensationszahlung für die Besteuerungsrechte interpretiert werden, vgl. Lehner, G. 2002, S. 23.

[72] Vgl. § 6 FAG. Diese betrugen im Jahr 2000 82.539 Mio. S, so dass sich der maximale Betrag der Landesumlage auf 6.438 Mio. S. belief.

einzelnen Bundesländern. Das Land Oberösterreich schöpft z.B. den Höchstsatz nicht voll aus, Niederösterreich verzichtet vollständig auf die Umlage. 2000 zahlten die Gemeinden 3.573 Mio. S Landesumlage an ihre Länder.[73] Die Einnahmen der Gemeinden (mit Wien)[74] aus den ausschließlichen Landes- und Gemeindeabgaben hatten 2000 eine Größenordnung von insgesamt 44.745 Mio. S, nach Abzug der Landesumlage von 3.573 Mio. S verblieben noch 41.172 Mio. S.[75]

Die gemeinschaftlichen Bundesabgaben spielen als Verbundsteuern die weitaus größte Rolle im österreichischen Steuersystem. Auf sie entfielen im Jahr 2000 78,3% aller öffentlichen Abgaben.[76] Alle großen Steuerarten werden im Rahmen dieses Verbundsystems zentral vom Bund erhoben und auf die Gebietskörperschaften aufgeteilt. Wegen der dominierenden Bedeutung der gemeinschaftlichen Bundesabgaben ist deren Aufteilung auf die verschiedenen Ebenen eine „zentrale Frage der österreichischen Budgetpolitik“[77]. Insbesondere die Einbeziehung der Körperschaftsteuer als gemeinschaftliche Bundesabgabe ab 1998[78] hat die Tendenz in Richtung des Verbundsystems noch verstärkt, was folgende Tabelle 4 verdeutlicht.

Jahr	Gemeinschaftliche Bundesabgaben	Ausschließliche Bundesabgaben	Ausschließl. Landes-/Gemeindeabgaben[a]	Summen
1997	72,0	21,4	6,6	100,0
1998	77,1	16,6	6,3	100,0
1999	78,3	15,3	6,4	100,0
2000	78,3	15,7	6,0	100,0

Tabelle 4: Anteile der gemeinschaftlichen und ausschließlichen Abgaben

[a] Wegen der Doppelstellung Wiens als Land und Gemeinde ist eine exakte Trennung der Landes- von den Gemeindeabgaben nicht möglich.

Quelle: Statistik Austria (2002a), S. 127.

[73] Vgl. Statistik Austria (2002a), S. 113-128. Im österreichischen Durchschnitt ergibt sich daraus eine tatsächliche Landesumlage von 4,33% der ungekürzten Ertragsanteile der Gemeinden.

[74] Wien ist hierbei den Gemeindeabgaben zugerechnet, da das Verhältnis der Landes- und Gemeindeabgaben ohne Wien 92 zu 8 für die Gemeinden beträgt und somit der bei weitem größte Teil den Gemeinden zuzurechnen wäre.

[75] Vgl. Statistik Austria (2002a), S. 120-121.

[76] Vgl. Statistik Austria (2002a), S. 127.

[77] Lehner, G. (2001), S. 499.

[78] Bis einschließlich 1997 wurde die Körperschaftsteuer als ausschließliche Bundesabgabe vereinnahmt, vgl. Lehner, G. (2001), S. 500.

Durch die bundesgesetzliche Regelung der dominierenden gemeinschaftlichen Bundesabgaben dürfte der Spielraum der Länder und Gemeinden in der Steuerpolitik in Österreich äußerst gering sein. Die Aufteilung der aufkommensstärksten gemeinschaftlichen Bundesabgaben im Jahr 2000 ist Tabelle 5 zu entnehmen.

Gemeinschaftssteuer	Aufkommen 2000 in Mrd. S	Bundes-Anteil [a]	Länder-anteil	Gemeinde-anteil
Umsatzsteuer	219,6	67,437	18,341	14,222
Lohnsteuer	192,0	71,891	14,941	13,168
Körperschaftssteuer	53,2	71,891	14,941	13,168
Mineralölsteuer	37,5	91,291	6,575	2,134
Einkommensteuer	36,4	71,891	14,941	13,168
Kapitalertragsteuer II [b]	20,3	53,000	27,000	20,000
Versicherungssteuer	13,4	66,779	33,221	-
Kapitalertragsteuer I [c]	6,5	71,891	14,941	13,168
Summe / Anteile [d]	578,9	70,677	16,535	12,788

Tabelle 5: Aufteilung von Einzelsteuern auf die Körperschaftsebenen

[a] Die Verteilung der Anteile gilt für die Jahre 2002 bis 2004, vgl. § 10 Abs. 1 FAG.
[b] Kapitalertragsteuer II auf Zinserträge aus Geldeinlagen bei Kreditinstituten sowie Kapitalerträge aus Anleihen und sonstigen Forderungswertpapieren.
[c] Kapitalertragsteuer I auf Kapitalerträge aus Aktien und sonstigen Gesellschaftsanteilen.
[d] Die Anteile der einzelnen Ebenen sind entsprechend des Aufkommens gewichtet.

Quelle: Statistik Austria (2002a), S. 119; § 10 Abs. 1 FAG.

Die Festlegung bis auf die dritte Stelle hinter dem Komma dürfte ein Indikator für die harten Verhandlungen selbst um ein 100.000stel des Steueraufkommens sein. Seit 1998 gilt für die einkommensabhängigen Steuern (Einkommensteuer, Lohnsteuer, Kapitalertragsteuer I und Körperschaftsteuer) ein einheitlicher Schlüssel. Die Körperschaftsteuer war bis einschließlich 1997 als ausschließliche Bundesabgabe konzipiert.[79] Die unterschiedlichen Aufteilungsschlüssel für die aufkommensstärkste Einzelsteuer, der Umsatzsteuer, und den einkommensabhängigen Steuern (Einkommensteuer, Kapitalertragsteuer I, Körperschaftsteuer, Lohnsteuer) führen zu unterschiedlichen Ergebnissen bei den Ertragsanteilen, sowie sich das Steueraufkommen der einzelnen Steuern unterschiedlich entwickelt. So ist etwa das Aufkommen aus den

[79] Vgl. Lehner, G. (2001), S. 500.

einkommensabhängigen Steuern zwischen 1990 und 2000 um 92% gestiegen, während das Aufkommen der Umsatzsteuer im gleichen Zeitraum lediglich um 52% zugenommen hat.[80] Insgesamt betrugen die entsprechend des Aufkommens gewichteten Verteilungssätze bei den Verbundsteuern 70,677% für den Bund, 16,535% für die Länder und 12,788% für die Gemeinden, worin sich die deutliche Dominanz des Bundes niederschlägt.

Zugunsten der Europäischen Union werden keine Steuern direkt erhoben. Die sog. EU-Eigenmittel von insgesamt 29,2 Mrd. S setzen sich aus MWSt-Eigenmitteln[81] (12,8 Mrd. S), BSP-Eigenmittel[82] (12,3 Mrd. S), Zöllen und Agrarabgaben (4,1 Mrd. S) zusammen. Während sich der Bund zu 23% aus bundeseigenen Abgaben finanziert, beträgt der Anteil der ausschließlichen Landesabgaben im Verhältnis zu den gesamten Einnahmen der Länder nur knapp 3% und bei den Gemeinden der Anteil der ausschließlichen Gemeindeabgaben an ihren gesamten Einnahmen 36%. Die Länder sind also in noch weit höherem Ausmaß als Bund und Gemeinden auf den gemeinsamen Steuerverbund angewiesen. Tabelle 6 zeigt die Verteilung der Ertragshoheit auf die einzelnen Körperschaftsebenen, getrennt nach eigenen Einnahmen und Anteil an Verbundsteuern, im Jahr 2000.[83]

---

80 Vgl. Lehner, G. (2001), S. 500.

81 Mehrwertsteuer-Eigenmittel. Einen aktuellen Überblick über die Finanzierung der Europäischen Union findet sich bei Siuts, C.-G. (2001), S. 28-78 und Heinemann, F. (2000), S. 242-250.

82 Bruttosozialprodukt-Eigenmittel.

83 Vgl. Statistik Austria (2002a), S. 113-128.

Verteilung der Ertragshoheit	2000 in Mrd. S	Anteil der einzelnen Ebenen am Steueraufkommen in %
EU-Eigenmittel	29,2	3,7
Ausschließliche Bundesabgaben	123,9	
Ertragsanteile des Bundes [a]	416,2	68,3
Ausschließliche Landesabgaben [b]	2,8	
Ertragsanteile der Länder [c]	95,3	12,4
Ausschließliche Gemeindeabgaben [d]	44,7	
Ertragsanteile der Gemeinden [e]	78,9	15,6
Summen [f]	790,9	100,0

Tabelle 6: Aufteilung des Steueraufkommens auf die Körperschaftsebenen

[a] Zu den ausgewiesenen Ertragsanteilen des Bundes (398,8 Mrd. S) kommen noch die Vorweganteile in Höhe von 46,6 Mrd. S abzüglich der EU-Eigenmittel von 29,2 Mrd. S.

[b] Ohne Wien als Land und Gemeinde. Bei den ausschließlichen Landes- und Gemeindeabgaben nimmt die Statistik für Wien als Land und Gemeinde keine Aufschlüsselung in einen Landes- und Gemeindeteil vor, so dass sich hier aus methodischen Gründen empfohlen hat, den Wert für Wien komplett den ausschließlichen Gemeindeabgaben zuzurechnen. An dem Ergebnis ändert sich dadurch nichts, da das Volumen der ausschließlichen Gemeindeabgaben zu den ausschließlichen Landesabgaben ohne Wien 92:8 beträgt.

[c] Einschließlich Wien als Land. Die Ertragsanteile der Länder und Gemeinden lassen sich im Unterschied zu den ausschließlichen Landes- und Gemeindeabgaben exakt zurechnen, da der Wert für Wien in die Teile Wien als Land und Wien als Gemeinde aufgeschlüsselt ist.

[d] Einschließlich Wien als Land und Gemeinde.

[e] Einschließlich Wien als Gemeinde.

[f] Differenzen durch Rundung.

Quelle: Statistik Austria (2002a), S. 113-128 und eigene Berechnungen.

Die Anteile am gesamten Steueraufkommen verteilten sich 2000 wie folgt: Bund 68,3%, Länder 12,4%, Gemeinden 15,6% und Europäische Union 3,7%.[84]

4.1.2 Horizontaler Teil

Für die horizontale Verteilung der Länder- und Gemeindeanteile der gemeinschaftlichen Bundesabgaben werden mehrere Indikatoren herangezogen: die Volkszahl (Einwohnerzahl), der abgestufte Bevölkerungsschlüssel, verschiedene fixe Schlüssel[85], das Aufkommen und sonstige Kriterien.

[84] Vgl. Statistik Austria (2002a), S. 113-128 und eigene Berechnungen.

[85] Die fixen Schlüssel werden jeweils für die Laufzeit eines Finanzausgleichsgesetzes festgelegt, die im FAG 2001 genannten fixen Schlüssel gelten demnach bis Ende 2004.

„Die Volkszahl bestimmt sich nach dem vom Österreichischen Statistischen Zentralamt auf Grund der letzten Volkszählung festgestellten Ergebnis. Dieses Ergebnis wirkt mit dem Beginn des dem Stichtag der Volkszählung nächstfolgenden Kalenderjahres.“[86] Damit werden die Ergebnisse der Volkszählung zum 15.05.2001 erstmals für den Finanzausgleich 2002 für die darauffolgenden zehn Jahre bis zur nächsten Volkszählung wirksam. Die Ergebnisse der Volkszählung 2001 wurden im Hinblick auf die Auswirkungen für den Finanzausgleich auch in der Öffentlichkeit diskutiert. Die Bevölkerung ist in Österreich innerhalb der letzten zehn Jahre um 3,5% auf 8.065.166 Einwohner gewachsen. Alle Bundesländer, die unterhalb dieses durchschnittlichen Wachstums liegen, müssen somit Einbußen ab dem Finanzausgleich 2002 hinnehmen.[87] Bei der Aufteilung der Ertragsanteile der gemeinschaftlichen Bundesabgaben auf die Bundesländer[88] spielt die Volkszahl und der abgestufte Bevölkerungsschlüssel mit über 80% ebenso wie bei den Gemeinden[89] mit 72% eine entscheidende Rolle.

Der *abgestufte Bevölkerungsschlüssel*[90] führt mit wachsender Gemeindegröße zu höheren Pro-Kopf-Anteilen am Steueraufkommen. Bei Gemeinden bis 10.000 Einwohnern wird jeder Einwohner mit 1 1/3, bei Gemeinden von 10.001 bis 20.000 Einwohner mit 1 2/3, bei Gemeinden von 20.001 bis 50.000 Einwohner mit 2 und bei Gemeinden ab 50.001 Einwohner mit 2 1/3 bewertet. Eine sogenannte „Einschleifregelung“ soll verhindern, dass unbillige Härten für Gemeinden entstehen, deren Einwohnerzahlen um bis zu 10% unter den Stufengrenzen von 10.000, 20.000 und 50.000 Einwohnern liegen.[91] Dies betrifft Gemeinden mit einer Einwohnerzahl von 9.000 bis 10.000, 18.000 bis 20.000 und 45.000 bis 50.000. Bei diesen wird die Einwohnerzahl, die die Grenze von 9.000, 18.000 bzw. 45.000 überschreitet, mit 3 1/3

[86] § 10 Abs. 9 FAG.

[87] Berechnungen des Österreichischen Städtebunds zufolge verliert etwa die Steiermark 250 Mio. S, während Niederösterreich mit Mehreinnahmen von 158 Mio. S rechnen kann, vgl. Der Standard vom 07.09.2001, S.13.

[88] Die Ertragsanteile der Länder wurden 2000 nach folgenden Kriterien verteilt: Volkszahl und abgestuften Bevölkerungsschlüssel 80,3%, fixe Schlüssel 17,7%, Aufkommen 0,4% und sonstige Kriterien 1,6%, vgl. Lehner, G. (2001), S. 501.

[89] Die Ertragsanteile der Gemeinden wurden 2000 nach folgenden Kriterien verteilt: Volkszahl und abgestuften Bevölkerungsschlüssel 72,0%, fixe Schlüssel 20,3%, Aufkommen 7,5% und sonstige Kriterien 0,2%, vgl. Lehner, G. (2001), S. 501-502.

[90] Zur Diskussion des abgestuften Bevölkerungsschlüssels vgl. Gantner, M. (1978). Generell zur Einwohnerwertung bei Röper, E. (2001).

[91] Vgl. Nowotny, E. (1999), S. 142.

bewertet.[92] Begründet wird der abgestufte Bevölkerungsschlüssel mit der positiven Korrelation zwischen Bevölkerungsdichte und Ausgaben pro Kopf der Bevölkerung aufgrund der zentralörtlichen Funktion größerer Gemeinwesen.[93] Im Jahr 2000 wurden etwa 18% der Ertragsanteile der Länder nach *fixen Schlüsseln* verteilt.[94] In der folgenden Tabelle 7 ist die Aufteilung auf die einzelnen Bundesländer nach dem FAG 2001 für die wichtigsten Verbundsteuern dargestellt. Dabei werden vom Länderanteil der Umsatzsteuer (18,341%) 0,949%, vom Länderanteil an den einkommensabhängigen Steuern (14,941%) 22,033% und vom Länderanteil an der Mineralölsteuer (6,575%) 75,000% über fixe Schlüssel verteilt.[95]

Fixe Schlüssel zur Aufteilung der Länderanteile auf die einzelnen Bundesländer	**Umsatzsteuer (0,949%)**	**Einkommensteuer, Lohnsteuer, Kapitalertragsteuer I, Körperschaftsteuer (22,033%)**	**Mineralölsteuer (75,000%)**
Burgenland	2,572	1,616	3,758
Kärnten	6,897	5,364	8,203
Niederösterreich	14,451	14,376	22,431
Oberösterreich	13,692	15,843	16,756
Salzburg	6,429	7,853	7,359
Steiermark	12,884	10,761	15,645
Tirol	7,982	10,555	10,332
Vorarlberg	3,717	6,833	4,007
Wien	31,376	26,799	11,509

Tabelle 7: Fixe Schlüssel zur Aufteilung der Länderanteile der gemeinschaftlichen Bundesabgaben auf die einzelnen Länder

Quelle: § 10 Abs. 7 Nr. 1, 5 und 9 FAG.

92 Vgl. § 10 Abs. 9 FAG. So beträgt z.B. der abgestufte Bevölkerungsschlüssel für eine Gemeinde mit 19.500 Einwohnern: 19.500 x 1 2/3 + 1.500 x 3 1/3 = *37.500*. Ohne die Einschleifregelung würde dieser nur *32.500* (19.500 x 1 2/3) betragen. Bei lediglich 501 mehr und damit 20.001 Einwohnern beträgt der abgestufte Bevölkerungsschlüssel: 20.001 x 2 = *40.002*. Die Regelung verhindert also bei einer Zunahme der Bevölkerung von 19.500 auf 20.001 (+2,6%) einen überzeichneten Sprung der Einwohnerbewertung von 32.500 auf 40.002 (+23,1%), sondern mildert diesen von 37.500 auf 40.002 (+6,7%) ab. Der gleiche Effekt tritt natürlich bei einer Bevölkerungsabnahme in der umgekehrten Richtung auf.

93 Dieses Phänomen ist in der Literatur als das Brecht'sche Gesetz bekannt, siehe Teil 1, Kapitel 4.3.2.

94 Vgl. Lehner, G. (2001), S. 501.

95 Vgl. § 10 Abs. 7 Nr. 1b, 5a und 9 FAG.

Bei den Gemeinden wurden im Jahr 2000 ca. 20% ihrer Ertragsanteile an den Verbundsteuern nach fixen Schlüsseln verteilt.[96] Vom Gemeindeanteil an der Umsatzsteuer (14,222%) wurde auf die Gemeinden in den einzelnen Bundesländern nach fixen Schlüssel 23,526%[97], vom Gemeindeanteil an den einkommensabhängigen Steuern (13,168%) 27,247%[98] und vom Gemeindeanteil an der Mineralölsteuer (2,134%) 75,000%[99] verteilt. Tabelle 8 enthält die fixen Schlüssel zur Aufteilung der Gemeindeanteile an den gemeinschaftlichen Bundesabgaben auf die Gemeinden in den einzelnen Ländern.

Fixe Schlüssel zur Aufteilung der Gemeindeanteile auf die Gemeinden in den einzelnen Bundesländern	Umsatzsteuer (23,526%)	Einkommensteuer, Lohnsteuer, Kapitalertragsteuer I, Körperschaftsteuer (27,247%)	Mineralölsteuer (75,000%)
Burgenland	2,140	1,407	3,758
Kärnten	7,209	4,709	8,203
Niederösterreich	15,111	12,941	22,431
Oberösterreich	15,273	16,271	16,756
Salzburg	9,387	7,647	7,359
Steiermark	11,728	8,869	15,645
Tirol	12,337	8,788	10,332
Vorarlberg	5,452	5,652	4,007
Wien	21,363	33,716	11,509

Tabelle 8: Fixe Schlüssel zur Aufteilung der Gemeindeanteile der gemeinschaftlichen Bundesabgaben auf die Gemeinden in den einzelnen Ländern

Quelle: § 10 Abs. 7 Nr. 2, 6 und 9 FAG, eigene Berechnungen bei der Umsatzsteuer.

Das *Steueraufkommen* spielt bei der Verteilung der Einnahmen nur eine geringe Rolle. Bei der Verteilung der Ertragsanteile der Verbundsteuern auf die einzelnen Länder wurden im Jahr 2000

[96] Vgl. Lehner, G. (2001), S. 502.

[97] Der Betrag ergibt sich aus der Summe der in § 10 Abs. 7, Nr. 6c FAG genannten Wertes von 9,319% mit den 14,207% aus § 10 Abs. 7 Nr. 6d FAG. Die Errechnung der einzelnen Länderquoten erfolgte als Gewichtung der in den Ziffern 6c und 6d des § 10 Abs. 7 FAG genannten Prozentwerte.

[98] Vgl. § 10 Abs. 7 Nr. 2b FAG.

[99] Vgl. § 10 Abs. 7 Nr. 9 FAG.

lediglich 0,4%, bei der Aufteilung auf die einzelnen Gemeinden 7,5% der Steuereinnahmen nach dem Aufkommen verteilt.[100] Diese Abweichung der Verteilung vom örtlichen Aufkommen wird mit der starken Zentralisierung des Steueraufkommens in Österreich begründet. Das Steueraufkommen wird zunächst dem Bundesland zugerechnet, in dem es an den Fiskus abgeführt wird. Dies ist bei Privatpersonen der Wohnsitz, bei Unternehmen in der Regel der Unternehmenssitz. Viele österreichische Unternehmen haben ihren Sitz in der Bundeshauptstadt Wien mit der Folge, dass im Jahr 2000 49% des gesamten österreichischen Aufkommens an den gemeinschaftlichen Bundesabgaben in Wien anfiel, obwohl der Anteil Wiens am Bruttoinlandsprodukt lediglich 28,6% betrug.[101] Es wären also „umfangreiche Zerlegungsvorgänge"[102] von Nöten, um eine bessere Regionalisierung des Steueraufkommens zu erreichen.

Die Ermittlung der *Ertragsanteile für die einzelnen Gemeinden* findet durch ein äußerst komplexes Verfahren statt, das hier nur in seinen Grundzügen dargestellt werden soll. Zunächst werden die Ertragsanteile an die Gemeinden länderweise entsprechend den fixen Schlüsseln des § 10 Abs. 7 FAG aufgeteilt. Von diesen Summen[103] werden 12,7% als Bedarfszuweisungsmittel für die Gewährung von Bedarfszuweisungen der Bundesländer an ihre Gemeinden abgezogen.[104] Diese Gelder fließen als zweckgebundene Zuweisungen nach § 12 Abs. 1 FAG wieder an die Gemeinden zurück. Damit soll zum einen finanzschwachen Gemeinden ermöglicht werden, ihren Haushalt auszugleichen, zum anderen dienen sie zur Finanzierung von Investitionen, insbesondere solchen, deren positive externe Effekte auch anderen Gemeinden zugute kommen. Mit den Bedarfszuweisungsmitteln können Länder nach ihren eigenen Vorstellungen Regionalpolitik betreiben. In ihren Haushalten sind diese Mittel durchlaufende Posten, da sie wie oben beschrieben zunächst von der allgemeinen Verteilung an die Gemeinden ausgenommen sind.[105] Von der verbleibenden Summe erhält jede Gemeinde einen festen Betrag je Einwohner, was einer Verteilung nach der Volkszahl entspricht. Dieser Sockelbetrag betrug im Jahr 2000 102,30 S je Einwohner, damit wurden insgesamt etwa 800 Mio. S nach Einwohnerzahlen

[100] Vgl. Lehner, G. (2001), S. 501-502.

[101] Vgl. Lehner, G. (2001), S. 503.

[102] Lehner, G. (2001), S. 503.

[103] Ohne Werbeabgabe, vgl. § 12 Abs. 1 FAG.

[104] Vgl. § 12 Abs. 1 FAG.

[105] Vgl. Lehner, G. (2001), S. 505.

verteilt.[106] Durch das FAG 2001 erhöht sich der Sockelbetrag im Jahr 2001 drastisch auf 602,31 S je Einwohner und in 2004 auf 1.000 S je Einwohner.[107] Die Verteilungswirkung aufgrund des erhöhten Sockelbetrags beträgt im Jahr 2001 rund 4,7 Mrd. S und in 2004 ca. 7.8 Mrd. S.[108] Der erhöhte Sockelbetrag bewirkt eine Verteilung der Ertragsanteile nicht mehr hauptsächlich aufgrund des abgestuften Bevölkerungsschlüssels, sondern nach der Einwohnerzahl, was insbesondere kleinere Gemeinden begünstigt.

Weiter erhält jede Gemeinde, deren Finanzkraft im Vorjahr ihren Finanzbedarf nicht erreicht hat, vorab 30% dieses Differenzbetrages.[109] Dadurch werden etwa 3,5% der Ertragsanteile der Gemeinden auf die finanzschwächeren Gemeinden verteilt.[110] Die Finanzkraft errechnet sich durch das Aufkommen der Grundsteuer und 39% des Aufkommens der Kommunalsteuer und der Lohnsummensteuer.[111] Der Finanzbedarf definiert sich hierbei über die durchschnittliche Finanzkraft des Bundeslandes multipliziert mit dem abgestuften Bevölkerungsschlüssel.[112]

4.2 Der ergänzende aktive Finanzausgleich

4.2.1 Zahlungen des Bundes an die Länder

Der Bund gewährt finanzschwachen Ländern, deren Ertragsanteile pro Kopf (Landeskopfquote) unter dem Durchschnitt der Pro-Kopf-Ertragsanteile der Länder (Durchschnittskopfquote) liegen, allgemeine Finanzzuweisungen in Höhe von 87,9% der Differenz der Landeskopfquote des jeweiligen Landes zur Durchschnittskopfquote (*Landeskopfquotenausgleich*).[113] Die Ausgleichsquote betrug bis 1996 noch 92,6%. Zur Zeit erhalten die fünf Bundesländer Burgenland, Kärnten, Niederösterreich, Oberösterreich und Steiermark Mittel aus dem Landeskopfquotenausgleich.[114] Tabelle 9 enthält die Ertragsanteile der einzelnen Bundesländer im Jahr 2000 vor und nach dem Landeskopfquotenausgleich.

[106] Der Sockelbetrag von 102,30 S je Einwohner wurde 1993 eingeführt, vgl. Hüttner, B. (2001), S. 96.

[107] Vgl. § 12 Abs. 2 FAG.

[108] Vgl. Hüttner, B. (2001), S. 96.

[109] Vgl. § 12 Abs. 2 Nr. 1 FAG.

[110] Vgl. Lehner, G. (2001), S. 505.

[111] Vgl. § 12 Abs. 4 FAG.

[112] Vgl. § 12 Abs. 3 FAG.

[113] Vgl. § 20 Abs. 1 FAG.

[114] Vgl. Lehner, G. (2001), S. 506.

Landeskopf-quotenausgleich	**Ertragsanteile vor Ausgleich pro Einw. in S**	**Ertragsanteile vor Ausgleich in %**	**Ertragsanteile nach Ausgleich pro Einw. in S**	**Ertragsanteile nach Ausgleich in %**
Burgenland	11.283	92,54	12.041	97,32
Kärnten	11.866	97,32	12.160	98,29
Niederösterreich	11.818	96,92	12.096	97,77
Oberösterreich	12.019	98,57	12.131	98,05
Salzburg	12.689	104,07	12.689	102,56
Steiermark	11.724	96,15	12.122	97,98
Tirol	12.666	103,88	12.666	102,38
Vorarlberg	13.100	107,44	13.100	105,88
Wien	12.796	104,95	12.796	103,43
Durchschnitt	12.193	100,00	12.372	100,00

Tabelle 9: Ertragsanteile der Bundesländer vor und nach Ausgleich

Quelle: Lehner, G. (2001), S. 506, eigene Berechnungen.

Der beschriebene Ausgleich führt zu einer erheblichen Angleichung der Ertragsanteile. Beträgt der Unterschied zwischen dem Land mit dem geringsten (Burgenland mit 92,54% vom Landesdurchschnitt) und den höchsten Ertragsanteilen (Vorarlberg mit 107,44% vom Landesdurchschnitt) 14,90 Prozentpunkte, so verringert sich dieser Abstand nach Ausgleich auf 8,56 Prozentpunkte (Burgenland: 97,32% und Vorarlberg: 105,88%). Es findet also eine ausgleichende Wirkung durch die Zahlungen des Bundes im Sinne eines *vertikalen Finanzausgleichs mit horizontaler Wirkung*[115] statt. Im Unterschied zu Deutschland kommt es hierbei zu keinen direkten Ausgleichszahlungen zwischen den Ländern, sondern zu Zahlungen durch die übergeordnete Gebietskörperschaft. Die höchsten Zahlungen je Einwohner erhielt im Jahr 2000 das Burgenland (758 S) vor der Steiermark (397 S), Kärnten (294 S) und Niederösterreich (278 S). Das Volumen dieser Angleichung der Ländarertragsanteile durch den Bund belief sich im Jahr 2000 auf 1,36 Mrd. S.[116]

[115] Vgl. Peffekoven, R. (1988b), S. 608-609.

[116] Vgl. Lehner, G. (2001), S. 506.

An sonstigen Finanzzuweisungen erhielten die Länder vom Bund 2000 36,8 Mrd. S.[117] Tabelle 10 zeigt die Zusammensetzung der Bundeszahlungen an die Länder.

Finanzzuweisungen vom Bund an die Länder (ohne Landeskopfquotenausgleich)	**Berechnungsgrundlage**	**in Mio. S**
Zweckzuschüsse zur Wohnbauförderung	Fix	24.500
Bedarfszuweisungen	Einkommensabhängige Steuern, Wohnbauförderungsbeitrag	8.314
Krankenanstalten	Umsatzsteuer	1.436
Nahverkehr	Mineralölsteuer	1.351
Umweltschonende und energiesparende Maßnahmen	Energieabgaben	817
Landwirtschaft	Fix	200
Theaterführung	Fix	127
Umweltschutz	Fix	95
Summe		36.840

Tabelle 10: Finanzzuweisungen des Bundes an die Länder

Quelle: Lehner, G. (2001), S. 507.

Mit dem „Bundesgesetz vom 29. November 1988, mit dem den Ländern Zweckzuschüsse des Bundes für die Förderung des Wohnbaues und der Wohnhaussanierung gewährt werden (Wohnbauförderungs-Zweckzuschussgesetz 1989 – WBG-ZG)“[118] bezahlt der Bund den Ländern Zuschüsse für die Wohnbauförderung in Höhe von 24,5 Mrd. S im Jahr. Die ursprünglich enge Zweckbindung wurde mit dem FAG 2001 erheblich erweitert. Seit 2001 können diese Mittel auch für Maßnahmen zur Erhaltung und Verbesserung der Infrastruktur sowie zur Erreichung des Kyoto-Ziels verwendet werden.[119] Die Aufteilung erfolgt bis 2001 nach fixen Schlüsseln[120], in den Jahren 2002 und 2003 je zur Hälfte nach fixen Schlüsseln und der Volkszahl[121] und im Jahr

[117] Vgl. Lehner, G. (2001), S. 507.

[118] Die aktuelle Fassung befindet sich im „Bundesgesetz, mit dem der Finanzausgleich für die Jahre 2001 bis 2004 geregelt wird und sonstige finanzausgleichsrechtliche Bestimmungen getroffen werden (Finanzausgleichsgesetz 2001 – FAG 2001) und das Finanzausgleichsgesetz 1997 und das Wohnbauförderungs-Zweckzuschussgesetz 1989 geändert werden“.

[119] Vgl. § 1 Abs. 1 Wohnbauförderungs-Zweckzuschussgesetz.

[120] Vgl. § 1 Abs. 2 Nr. 1 Wohnbauförderungs-Zweckzuschussgesetz.

[121] Vgl. § 1 Abs. 2 Nr. 2 Wohnbauförderungs-Zweckzuschussgesetz.

2004 zu 15% nach fixen Schlüsseln, zu 35% nach dem abgestuften Bevölkerungsschlüssel und zu 50% nach der Volkszahl[122]. Die Bedarfszuweisungen stellen mit 8,3 Mrd. S im Jahr 2000 die zweitwichtigste Transferzahlung des Bundes an die Länder dar. Sie sind nicht zweckgebunden[123] und erweitern somit den Gestaltungsspielraum der Länder. Die Bedarfszuweisungen setzten sich im Jahr 2000 aus 9,223%[124] des Aufkommen an der Körperschaftsteuer und der Einkommensteuer[125] sowie aus 80,55% der Höhe des Wohnbauförderungsbetrages zusammen. Von dieser Summe werden noch 24,5 Mrd. S abgezogen.[126] Die Verteilung auf die einzelnen Bundesländer erfolgt nach der Volkszahl.[127] Ebenso wie die Bedarfszuweisungen an die Länder werden die Transfers zur Finanzierung der Krankenhäuser[128], die Transfers für den Nahverkehr und die Transfers für umweltschonende und energiesparende Maßnahmen unmittelbar von bestimmten Steuereinnahmen berechnet. So werden die Zweckzuschüsse zur Finanzierung der Krankenanstalten von der Umsatzsteuer[129], die Zahlungen für den Nahverkehr vom Aufkommen an der Mineralölsteuer[130] und die Transfers für umweltschonende und energiesparende Maßnahmen vom Aufkommen an den Energieabgaben[131] berechnet. Die als Fixbeträge definierten Finanzzuweisungen für Landwirtschaft[132], Theaterführung[133] und Umweltschutz[134] sind zweckgebunden und bleiben über die gesamte Finanzausgleichsperiode konstant.

[122] Vgl. § 1 Abs. 2 Nr. 3 Wohnbauförderungs-Zweckzuschussgesetz.

[123] „zur Aufrechterhaltung oder Wiederherstellung des Gleichgewichts im Haushalt", so der Wortlaut des § 22 Abs. 1 FAG.

[124] Dieser Satz sinkt im Jahr 2001 auf 8,403% und ab 2002 auf 8,346%, vgl. § 22 Abs. 3 FAG.

[125] Abzüglich des Abgeltungsbetrages nach § 9 Abs. 2 FAG.

[126] Vgl. § 22 Abs. 3 FAG.

[127] Vgl. § 22 Abs. 2 FAG.

[128] Das österreichische System zur Finanzierung der Krankenhäuser ist äußerst komplex. Bis 1996 wurde der größte Teil der Ausgaben über einen Bundesfonds mit eigener Rechtspersönlichkeit, den Krankenanstalten-Zusammenarbeitsfonds, finanziert. Seit 1997 sind an seine Stelle neun Landesfonds getreten, vgl. Knoth, E. (2001), S. 220-222.

[129] 0,642% des Aufkommens an der Umsatzsteuer, die Aufteilung auf die Länder erfolgt analog der Verteilung des Aufkommens der Umsatzsteuer auf die Länder, vgl. § 24 Abs. 2 FAG i.V.m. § 10 Abs. 7 Nr. 5 FAG.

[130] 4,888% des Aufkommens an der Mineralölsteuer, die Aufteilung auf die Länder erfolgt nach fixen Schlüsseln, vgl. § 20 Abs. 4 FAG.

[131] 11,835% des Aufkommens an Elektrizitäts- und Erdgasabgabe, die Aufteilung auf die Länder erfolgt im Wesentlichen im Verhältnis der Anteile der Länder an den gemeinschaftlichen Bundesabgaben, vgl. § 20 Abs. 7 FAG.

[132] Aufteilung auf die Länder erfolgt nach fixen Schlüsseln gemäß § 20 Abs. 6 FAG.

[133] Aufteilung auf die Länder richtet sich nach dem im Jahr 2000 maßgeblichen Aufteilungsschlüsseln, vgl. § 24 Abs. 1 Nr. 1c FAG.

[134] Aufteilung auf die Länder erfolgt nach der Volkszahl, vgl. § 24 Abs. 1 Nr. 2 FAG.

4.2.2 Zahlungen des Bundes an die Gemeinden[135]

Finanzschwache Gemeinden erhalten direkte Finanzzuweisungen vom Bund in Höhe von 1,26% der ungekürzten Ertragsanteile der Gemeinden zuzüglich 125 Mio. S (*Gemeindekopfquotenausgleich*).[136] Für 2000[137] waren dies 1.086 Mio. S.[138] Empfänger sind Gemeinden, deren Finanzkraft[139] um mehr als 10% unter dem österreichischen Gemeindedurchschnitt liegt.[140] Die Finanzkraft wird hierbei getrennt nach verschiedenen Gemeindegrößenklassen ermittelt.[141] Insgesamt erhielten die Gemeinden vom Bund 2000 1,0 Mrd. S. Folgende Tabelle 11 zeigt die Zusammensetzung der Bundeszahlungen an die Gemeinden.

Transfers vom Bund an die Gemeinden (ohne Gemeindekopfquotenausgleich)	**Berechnungsgrundlage**	**in Mio. S**
Nahverkehr	Fix zzgl. Energieabgaben	787
Bedarfszuweisungen	Fix	5
Theaterführung	Fix	166
Polizeikostenersatz	Fix	24
Umweltschutz [a]	Fix	25
Summe		1.007

Tabelle 11: Finanzzuweisungen des Bundes an die Gemeinden

[a] Der Zweckzuschuss an die Gemeinden für den Umweltschutz läuft im Jahr 2000 aus, vgl. § 24 Abs. 1 Z. 2.

Quelle: Lehner, G. (2001), S. 507.

Die Finanzzuweisungen für den Nahverkehr betragen annähernd zwei Drittel der gesamten Transfers an den Gemeindesektor. Sie werden aufgrund eines Fixbetrages von 215 Mio. S

---

[135] Die finanziellen Beziehungen zwischen Bundesländern und Gemeinden beschreibt ausführlich Lehner, G. (2002). Generell zu den Kommunalfinanzen bei Pilz. D. u.a. (2000).

[136] Vgl. § 21 Abs. 1 FAG.

[137] Im Jahr 2000 galt noch die alte Regelung: 1,34% der ungekürzten Ertragsanteile der Gemeinden plus 70 Mio. S., vgl. Lehner, G. (2001), S. 506.

[138] Vgl. Statistik Austria (2002a), S. 113-128.

[139] Die Finanzkraft wird hierbei errechnet aus der Grundsteuer, Kommunalsteuer, Gewerbesteuer, Lohnsummensteuer, Getränkesteuer und der den Gemeinden zustehenden Ertragsanteile an den gemeinschaftlichen Bundesabgaben ohne Spielbankabgabe, vgl. § 21 Abs. 4 FAG.

[140] Vgl. § 21 Abs. 2 FAG.

[141] Vgl. § 21 Abs. 2 Nr. 2 FAG.

zuzüglich 2,5% des Aufkommens aus der Elektrizitätsabgabe und Erdgasabgabe gebildet.[142] Für Investitionen im Personennahverkehr erhalten die Gemeinden darüber hinaus einen Fixbetrag von 226,8 Mio. S zuzüglich 2,5% des Aufkommens aus der Elektrizitätsabgabe und Erdgasabgabe.[143] Die Bedarfszuweisungen dienen den Gemeinden „zur Aufrechterhaltung oder Wiederherstellung des Gleichgewichts im Haushalt und als Ausgleich für Ausgaben im Zusammenhang mit Ausgliederungen und Schuldenreduzierungen"[144]. Sie sind ebenso wie die Finanzzuweisungen für die Theaterführung[145] und den Polizeikostenersatz[146] als fixe Beträge für den Zeitraum bis Ende 2004 definiert.

Insgesamt erscheinen die finanziellen Verflechtungen in Österreich als relativ unübersichtlich und nur einen sehr speziellen Kreis von Fachleuten verständlich zu sein.[147] Nowotny bezeichnet den Finanzausgleich in Österreich als ein „überaus kompliziertes Gebilde (...), das oft weniger nach Gesichtspunkten der ökonomischen Rationalität als unter politischen und historischen Aspekten als erklärbar erscheint"[148].

[142] Für 2002 ergibt sich daraus ein Betrag von 439 Mio. S. Die Verteilung auf die Gemeinden erfolgt hauptsächlich nach dem Verhältnis der Streckenlänge des öffentlichen Nahverkehrsnetzes und der Anzahl der beförderten Personen, vgl. § 20 Abs. 2 FAG.

[143] Für 2002 ergibt sich daraus ein Betrag von 453 Mio. S. Die Verteilung erfolgt hauptsächlich unter den Landeshauptstädten mit mehr als 100.000 Einwohnern Wien, Graz, Innsbruck, Linz und Salzburg, vgl. § 20 Abs. 3 FAG.

[144] § 23 Abs. 1 FAG. Die Aufteilung auf die Gemeinden erfolgt im Wesentlichen nach den Einwohnerzahlen, vgl. § 23 Abs. 2 FAG. Im Jahr 2001 betragen die Bedarfszuweisungen 215 Mio. S, ab 2002 258 Mio. S, vgl. § 23 Abs. 1 FAG.

[145] Aufteilung auf die Gemeinden richtet sich nach dem im Jahr 2000 maßgeblichen Aufteilungsschlüsseln, vgl. § 24 Abs. 1 Nr. 1c FAG.

[146] Aufteilung auf die Städte mit eigenem Status Krems an der Donau und Waidhofen an der Ybbs, da in ihnen keine Bundespolizeibehörden errichtet sind, vgl. § 20 Abs. 5 FAG.

[147] Ein österreichischer Hochschullehrer für Finanzwissenschaft merkte während einer meiner Forschungsaufenthalte in Wien bezeichnenderweise an, dass der österreichische Finanzausgleich von maximal einen Dutzend Spezialisten verstanden werde und er nicht dazu gehöre. Ähnlich auch Bauer/Rossmann, die feststellen, „dass das System des österreichischen Finanzausgleichs extrem kompliziert ist und vielfach einer systematischen Grundkonzeption entbehrt. Es gibt vermutlich nur eine geringe Zahl von Politikern, Beamten und Experten, welche die große Zahl der Instrumente und ihre Funktionsweise durchschauen.", Bauer, H. / Rossmann, B. (2001), S. 305.

[148] Nowotny, E. (1999), S. 143. Gleichlautend bei Bauer/Rossmann 2001, S. 305.

5 ENTWICKLUNG DER GESETZLICHEN GRUNDLAGEN DES FINANZAUSGLEICHS

5.1 Von der Donaumonarchie zur Republik

Der Finanzausgleich in Österreich hat eine lange Tradition. Bereits in der Zeit der österreich-ungarischen Doppelmonarchie sind Regelungen zum Ausgleich der Finanzkraft zwischen den beiden Reichshälften getroffen worden. So betrug im Zeitraum 1868 bis 1899 die Quote für die Finanzierung des gemeinsamen Haushalts 70:30 (70% der Kosten wurden von der österreichischen und 30% von der ungarischen Reichshälfte getragen), für die Jahre 1900 bis 1907 war sie 65,6 zu 34,4 und ab 1908 bis zur Auflösung der Donaumonarchie 1918 betrug sie 63,6 zu 36,4. Dabei spiegelte die Aufteilung der Kosten die jeweilige wirtschaftliche Leistungsfähigkeit wider. Es fand also im Zeitraum 1868 bis 1918 eine langsame Angleichung der Wirtschaftskraft zwischen Österreich und Ungarn statt.[149]

Im Folgenden soll lediglich die Entwicklung des Finanzausgleich, nach der Befreiung Österreichs 1945, in seinen groben Zügen dargestellt werden.[150] Das erste Finanzausgleichsgesetz (FAG) wurde 1948 verabschiedet. Damit wurden die von 1945 bis Ende 1947 provisorisch getroffenen Maßnahmen nachträglich ratifiziert. Aus dem FAG 1948 stammt die heutige Regelung über die Kostentragung der mittelbaren Bundesverwaltung und der abgestufte Bevölkerungsschlüssel mit Gemeinde-Größenklassen ab 2.500 Einwohner. Der sogenannte Ertragsanteilekopfquoten-ausgleich (Finanzzuweisung des Bundes an finanzschwache Länder) war die einzige vorgesehene Finanzzuweisung. Die Regelungen der finanziellen Beziehungen zwischen den Gebietskörperschaften waren wegen der sich zu Beginn häufig wechselnden Verhältnisse bis 1959 grundsätzlich auf ein Jahr bezogen. Lediglich das FAG 1956 hatte eine zweijährige

---

[149] Vgl. Fischer, H. / Gündisch, K. (1999), S. 126.

[150] Eine guten Zusammenfassung über die Entwicklung von 1945 bis 2001 findet sich bei Hüttner, B. (2001), S. 32-45. Näheres über die historische Entwicklung vor 1945 bei Pestemer, K. (1948), Wilhelm, R. / Mayrhofer, E. (1952), Schachner-Blazizek, P. (1967), Bös, D. (1971), Wissgott, F.X. (1973), Schwanzer, S. (1977), Bös, D. u.a. (1983), Smekal, C. / Gantner, M. (1983), Pernthaler, P. (1984), Bennett, R.J. (1985), Hammer, A. (1985), Wysocki, J. (1989a), S. 125-136, Farny, O. (1990), Kostal, T. (1998) und Lehner, G. (1999). Einen umfassenden Überblick über die bis 1998 erschienene Literatur zur österreichischen Finanzordnung in der Bibliographie von Pernthaler, P. u.a. (1998), S. 95-101.

Laufzeit.[151] In der Finanzausgleichsnovelle 1955 wurde die erste Stufengrenze für die Anwendung des abgestuften Bevölkerungsschlüssels von 2.500 auf 1.000 Einwohner verringert.

Das FAG 1959 hatte erstmals eine fünfjährige Laufzeit. Mit ihm wurde der Finanzbedarf-Finanzkraft-Ausgleich der Gemeinden in einem bundesstaatlichen Gesetz eingeführt.[152] Das FAG 1959 wurde dreimal um je ein weiteres Jahr verlängert. Auf jeweils sechs Jahre waren die FAG 1967, 1973 und 1979 ausgelegt. Das FAG 1973 hat zahlreiche Finanzzuweisungen und Zweckzuschüsse ins Leben gerufen, die größtenteils mit dem FAG 1979 wieder rückgängig gemacht wurden. Das FAG 1985 hebt die Stufengrenze von 1.000 Einwohner beim abgestuften Bevölkerungsschlüssel auf und führt den Gemeindekopfquotenausgleich (Finanzzuweisung des Bundes an finanzschwache Gemeinden) ein. Das FAG 1989 brachte außer der Beteiligung der Länder und Gemeinden an der zum 1. Januar 1989 eingeführten Kapitalertragsteuer auf Zinsen wenig Neues. Einer Forderung des Verfassungsgerichthofes kommt das FAG 1993 nach. Es führt beim abgestuften Bevölkerungsschlüssel eine Einschleifregelung ein, um unbillige Härtefälle für Gemeinden, deren Einwohnerzahlen knapp unterhalb der Stufengrenzen liegen, zu vermeiden. Darüber hinaus wird ein Sockelbetrag von 102,30 S pro Einwohner für die Ertragsanteile der einzelnen Gemeinden festgelegt, der entsprechend der Volkszahl zur Anwendung kommt. In der Novelle 1995 wurde die Tragung der Beitrittskosten zur EU festgelegt. Das FAG 1997 wurde mit mehreren Novellen geändert. Die wichtigste Novelle 1999 führte zu einer Umwandlung der Körperschaftsteuer von einer ausschließlichen in eine gemeinschaftliche Bundesabgabe und die Vereinheitlichung der Aufteilungsschlüssel für die Ertragsteuern.

5.2 Das Finanz-Verfassungsgesetz 1948

Das Finanz-Verfassungsgesetz (F-VG) vom 21. Januar 1948 als eigenes Bundes-Verfassungsgesetz umfasst die grundsätzlichen finanziellen Beziehungen zwischen dem Bund und den anderen Gebietskörperschaften. Regelungen zum Finanzausgleich sind dabei in den Abschnitten I bis III[153] zu finden.

---

[151] Es gab nur in den Jahren 1948, 1950, 1953 und 1956 Finanzausgleichsgesetze, in den übrigen Jahren wurden jeweils Verlängerungen mit nur geringfügigen Änderungen beschlossen.

[152] Vergleichbar mit dem 1969 beschlossenen Gemeindereformgesetz in Deutschland, vgl. Biehl, D. (1983), S. 101.

[153] Dabei sind die Abschnitte mit folgenden Überschriften versehen: Abschnitt I: Finanzausgleich, Abschnitt II: Abgabenwesen, Abschnitt III: Finanzzuweisungen und Zuschüsse.

§ 3 F-VG enthält die Festlegung, dass die Verteilung der Besteuerungsrechte (Gesetzgebungshoheit) und der Abgabenerträge (Ertragshoheit) durch die Bundesgesetzgebung und damit durch einfaches Bundesgesetz geregelt wird. Dies bildet die „zentrale verfassungsrechtliche Grundlage der Finanzausgleichsgesetzgebung“[154] und gewährt auch den Ländern ein sehr eingeschränktes Steuerfindungsrecht.[155] Dieses ist jedoch wegen der „umfassenden Ausschöpfung der Steuerquellen durch den Bund ohne große Bedeutung“[156]. Eine Gliederung der Abgaben in zwei Gruppen nimmt § 6 F-VG vor. Zum einen kann es sich um ausschließliche Bundes-, Landes- oder Gemeindeabgaben handeln, bei denen die Ertragshoheit ausschließlich bei der betreffenden Körperschaft liegt. Zum anderen sind die gemeinschaftlichen Bundesabgaben[157] zu nennen, bei denen die Ertragshoheit als Steuerverbund auf die verschiedenen Körperschaftsebenen aufgeteilt wird.

5.3 Das Finanzausgleichsgesetz 2001

Das „Bundesgesetz, mit dem der Finanzausgleich für die Jahre 2001 bis 2004 geregelt wird und sonstige finanzausgleichsrechtliche Bestimmungen getroffen werden (Finanzausgleichsgesetz 2001 – FAG 2001) und das Finanzausgleichsgesetz 1997 und das Wohnbauförderungs-Zweckzuschussgesetz 1989 geändert werden“, gilt vom 1. Januar 2001 bis 31. Dezember 2004 und löst das mit dem 31. Dezember 2000 befristete FAG 1997 ab. Damit im direkten Zusammenhang steht das ebenfalls mit dem 31. Dezember 2004 befristete „Bundes-Verfassungsgesetz über den Verfassungsrang bestimmter finanzausgleichsrechtlicher Bestimmungen“. Mit diesem wird hauptsächlich der Verfassungsrang des abgestuften Bevölkerungsschlüssels[158] sichergestellt, um Klagen der Gemeindeebene zu vermeiden.

Das FAG 2001 ist ähnlich gegliedert wie das F-VG 1948:

- Teil I, Finanzausgleich (§§ 1 bis 7), setzt sich im Wesentlichen aus Kostentragungsbestimmungen und Regelungen zur Landesumlage zusammen,

[154] Mayer, H. (1997), S. 439-440. So auch Ruppe, G. (1977), S. 35.

[155] In der Literatur wird dies teilweise bestritten, vgl. Water, R. / Mayer, H. (2000), S. 147. Ausführlich zum Steuerfindungsrecht der Länder bei Ruppe, G. (1994).

[156] Doralt, W. (1996), S. 167.

[157] Der Begriff „gemeinschaftliche Bundesabgaben“ ist ein Terminus Technicus in der österreichischen Finanzausgleichs-Literaratur. Er ist ein Widerspruch in sich, denn es können nicht gleichzeitig gemeinschaftliche Abgaben und Bundesabgaben sein.

[158] Siehe Punkt B 4.2.1.

- Teil II, Abgabenwesen (§§ 8, 9 und 14 bis 19), regelt die Verteilung der Besteuerungsrechte und die Ertragsverteilung der gemeinschaftlichen Bundesabgaben,
- Teil III (§§ 20 bis 24) befasst sich mit den Finanzzuweisungen und Zuschüssen,
- Teil IV (§§ 25 bis 28) enthält Sonder- und Schlussbestimmungen.

Im Zusammenhang mit dem FAG 2001 verpflichteten sich die Länder, im Rahmen des Österreichischen Stabilitätspaktes einen Haushaltsüberschuss von 0,75% des BIP, mindestens aber 23 Mrd. S zu erwirtschaften.[159] Dafür verzichtete der Bund auf eine Kürzung des Wohnungsbauförderungs-Zweckzuschusses und weitete deren Widmungszweck auch auf Infrastrukturmaßnahmen aus. Der Sockelbetrag der Gemeinden wird zunächst um 500 S und dann stufenweise um weitere 398 S je Einwohner erhöht, um die Wirkung des abgestuften Bevölkerungsschlüssels abzumildern.[160]

6 UMSETZUNG DES EUROPÄISCHEN GEMEINSCHAFTSRECHTS IN DER FINANZVERFASSUNG

Der Stabilitätspakt[161] wurde zwischen den Gebietskörperschaften Ende 1998 vereinbart, um das Maastricht-Kriterium der öffentlichen Verschuldung nachhaltig erfüllen zu können.[162] In seiner Ursprungsfassung ist eine Defizitquote in Höhe des gemeinschaftsrechtlich festgelegten Referenzwertes für das übermäßige Defizit festgelegt. Diese beträgt laut Maastricht-Vertrag 3,0% des Bruttoinlandsprodukts (BIP) des jeweiligen Landes.[163] Von dieser sollen 90% auf den Bund (Bundesquote) und 10% auf die Länder und Gemeinden (Länder- und Gemeindequote)

[159] Siehe unter B 5.2.

[160] Siehe unter B 4.2.1.

[161] Vereinbarung zwischen dem Bund, den Ländern und den Gemeinden betreffend die Koordination der Haushaltsführung von Bund, Ländern und Gemeinden (Stabilitätspakt 1999) i.V.m. mit dem Bundes-Verfassungsgesetz über Ermächtigungen des Österreichischen Gemeindebundes und des Österreichischen Städtebundes.

[162] Die im folgenden beschriebene Vereinbarung trat am 15. Januar 1999 in Kraft, vgl. Stabilitätspakt 1999.

[163] Vgl. Art. 104c Abs. 2 des Vertrages zur Gründung der Europäischen Gemeinschaft (EGV) in der Fassung des Vertrages über die Europäische Union (Maastricht-Vertrag) i.V.m. Art. 1 des diesem Vertrag beigefügten Protokolls über das Verfahren bei einem übermäßigen Defizit.

entfallen.[164] Bei den Ländern und Gemeinden erfolgt die Aufteilung der Defizitquote von 0,3% des BIP dabei zu einem Anteil von 0,11% des BIP auf die Länder ohne Wien, zu einem Anteil von 0,09% des BIP auf Wien als Land und Gemeinde und zu einem Anteil von 0,10% des BIP auf die übrigen Gemeinden.[165] Die Länder- und Gemeindequoten ohne Wien werden je Bundesland nach bestimmten Schlüsseln, die sich an der Volkszahl und an derzeitigen besonderen Erfordernissen in einzelnen Ländern orientieren, verteilt.[166]

Die öffentlichen Haushalte sollen nach den Willen der österreichischen Regierung ab 2002 ausgeglichen sein. Bei den Verhandlungen zum neuen Finanzausgleich 2001[167] hat sich der Bund Ende 2000 verpflichtet, den Bundeshaushalt im Jahr 2001 mit einem Defizit von maximal 2,05% des BIP und für die Jahre 2002 bis 2004 mit einem Defizit von maximal 0,75% des BIP abzuschließen.[168] Die Länder haben sich für die Jahre 2001 bis 2004 verpflichtet, Überschüsse in ihren Haushalten von 0,75% des BIP zu erzielen, mindestens jedoch 23 Mrd. S.[169] Dabei kommt der betragsmäßigen Fixierung auf 23 Mrd. S insofern Bedeutung zu, als dass der Prozentwert von 0,75% des BIP zumindest 2001 deutlich darunter liegen dürfte.[170] Die Länder können dabei Unterschreitungen des Zielwertes bis zu 0,15% des BIP vorübergehend zulassen, wenn über die gesamte Finanzausgleichsperiode der Durchschnittswert von + 0,75% des BIP erreicht wird.[171] Die Aufteilung der Überschussquoten auf die einzelnen Ländern erfolgt grundsätzlich nach der Volkszahl, dabei erhalten die Länder Burgenland, Kärnten, Nierderösterreich und die Steiermark eine Reduktion von insgesamt 570 Mio. S, die von den übrigen Bundesländern im Verhältnis ihrer Volkszahl übernommen wird.[172] Tabelle 12 zeigt die Aufteilung des Überschusses in den Länderhaushalten auf die einzelnen Länder im Verhältnis zu deren Einwohnerzahlen.

164 Vgl. Art. 4 Abs. 2 Stabilitätspakt 1999.

165 Vgl. Art. 5 Abs. 2 Stabilitätspakt 1999.

166 Vgl. Art. 5 Abs. 3 und 4 Stabilitätspakt 1999.

167 Vereinbarung zwischen dem Bund, den Ländern und den Gemeinden über eine Verstärkung der stabilitätsorientierten Budgetpolitik (Stabilitätspakt 2001).

168 Vgl. Art. 2 Abs. 2 Stabilitätspakt 2001.

169 Vgl. Art. 3 Abs. 1 Stabilitätspakt 2001.

170 Ausgehend von einem BIP von etwa 2.900 Mrd. S im Jahr 2001 ergibt sich hierbei ein Betrag von lediglich 21,75 Mrd. S.

171 Vgl. Art. 3 Abs. 3 Stabilitätspakt 2001.

172 Vgl. Hüttner, B. (2000), S. 7.

Bundesland	Überschuss in Mio. S	Überschuss in %	Bevölkerung in %[a]
Burgenland	659,18	2,87	3,47
Kärnten	1.516,18	6,59	7,03
Niederösterreich	4.188,21	18,21	18,90
Oberösterreich	4.110,19	17,87	17,10
Salzburg	1.486,79	6,46	6,19
Steiermark	3.325,29	14,46	15,20
Tirol	1.946,19	8,46	8,10
Vorarlberg	1.021,70	4,44	4,26
Wien	4.746,27	20,64	19,75
Summen	23.000,00	100,00	100,00

Tabelle 12: Aufteilung des Überschusses der Länder gemäß Stabilitätspakt

[a] Für die Berechnung der Überschüsse der Bundesländer bei den Finanzausgleichsverhandlungen Ende 2000 wurde die Volkszahl der letzten Volkszählung von 1991 herangezogen, da die Einwohnerzahlen der Volkszählung 2001 erst im September 2001 zur Verfügung standen.

Quelle: Art. 3 Abs. 2 Stabilitätspakt 2001.

Die Gemeinden sollen in den Jahren 2001 bis 2004 insgesamt ausgeglichene Haushalte vorlegen.[173] Bei den Gemeinden beträgt die mögliche vorübergehende Abweichung bis zu 0,10% des BIP, wenn der Haushalt über den gesamten Zeitraum ausgeglichen ist.[174] Mit einer Überschussquote der Länder von 0,75% des BIP und insgesamt ausgeglichenen Haushalten der Gemeinden kann der Bund ein Defizit von 0,75% des BIP erzielen, ohne das Ziel eines ausgeglichenen gesamtstaatlichen Haushalts für Österreich zu verfehlen. Werden von der EU Geldbußen wegen eines übermäßigen Defizits verhängt, so haben die jeweiligen Gebietskörperschaften diese im Verhältnis der Überschreitungen ihrer Defizitquoten in den jeweiligen Jahren zu tragen.[175]

Diese Aufteilung der Defitquoten wurde erforderlich, nachdem im Juni 1997 auf dem Gipfeltreffen der Staats- und Regierungschefs der Europäischen Union der Stabilitäts- und Wachstumspakt zur Sicherstellung stabiler öffentlicher Finanzen in der Europäischen

[173] Vgl. Art. 4 Abs. 1 Stabilitätspakt 2001.

[174] Vgl. Art. 4 Abs. 2 und 3 Stabilitätspakt 2001.

[175] Vgl. Art. 15 Abs. 1 Stabilitätspakt 2001.

Währungsunion vor allem auf das Drängen Deutschlands hin beschlossen wurde. Er besteht aus der Verordnung über den Ausbau der haushaltspolitischen Überwachung und der Überwachung und Koordinierung der Wirtschaftspolitiken, aus der Verordnung über die Beschleunigung und Klärung des Verfahrens bei einem übermäßigen Defizit und aus einer Entschließung des Europäischen Rates über den Stabilitäts- und Wachstumspakt. Es handelt sich dabei nicht um eine Änderung des EG-Vertrages, sondern um eine sekundärrechtliche Präzisierung der vagen Bestimmungen des Art. 104 EGV. Das Verfahren bei einem übermäßigen Defizit besteht aus drei grundlegenden Abstimmungen: 1. Abstimmung über das Vorliegen eines übermäßigen Defizits, 2. Abstimmung über eine unverzinsliche Geldeinlage und 3. Abstimmung über eine Geldbuße von maximal 0,5% des BIP.[176]

7 REFORMVORSCHLÄGE

Schon Anfang der achtziger Jahre des letzen Jahrhunderts wurde die Forderung nach einer Bundesstaatsreform erhoben, mit der die Kompetenzen zwischen Bund und Ländern neu geordnet werden sollen. Dabei soll diese Neuverteilung die bisherigen Kompetenzverflechtungen abbauen und einer Körperschaftsebene möglichst Vollkompetenzen für bestimmte Bereiche einräumen.[177] Für Pernthaler/Samsinger fehlen den österreichischen Bundesländern wichtige Elemente einer Gliedstaatlichkeit, wie etwa eine eigene Gerichtsbarkeit oder Polizei- und Kulturhoheit. Sie fordern daher eine Kompetenzverlagerung in Richtung einer größeren Eigenständigkeit der Länder.[178] Als Ergebnis muss jedoch festgehalten werden, dass die jahrelang geführten Verhandlungen um eine Bundesstaatsreform wenig Resultate erbracht haben.[179] Bisher scheiterten grundlegende Reformbemühungen an unüberwindbaren Widerständen der unterschiedlichen Interessen der Gebietskörperschaften.[180]

---

[176] Näheres zum Stabilitäts- und Wachstumspakt bei Sutter, M. (2000).

[177] Vgl. Esterbauer, F. / Thöni, E. (1981), S. 110-112.

[178] Vgl. Pernthaler, P. / Samsinger, E. (1984), S. 37.

[179] Vgl. Pramböck, E. (2001), S. 287.

[180] Vgl. Bauer, H. / Rossmann, B. (2001), S. 302.

Die Reformbestrebungen der österreichischen Finanzverfassung richten sich überwiegend auf die Reduzierung der Abhängigkeit der Länder und Gemeinden vom Bund, denn die „österreichische Finanzverfassung ist durch ein hohes Maß an Zentralismus gekennzeichnet. (...) Besondere Mitwirkungsrechte der Länder bei der Regelung des Finanzausgleichs oder der gemeinschaftlichen Bundesabgaben, wie sie etwa das Bonner Grundgesetz vorsieht, sind in Österreich unbekannt."[181] Smekal/Thöni fordern deshalb einen niedrigeren „Zentralisierungsgrad der Besteuerung"[182], wobei sie betonen, dass durch die Einbeziehung der Bundesländer und Gemeinden in Aufgaben des Bundes durch die mittelbare Bundesverwaltung diesen ein höheres Gewicht zukommt, als ihnen durch die formelle Aufgaben-, Ausgaben- und Einnahmenverteilung formal zugesprochen wird.[183] In der Diskussion um die Bundesstaatsreform nimmt deshalb auch die Abschaffung der mittelbaren Bundesverwaltung zugunsten einer Ausführung durch die Länder eine zentrale Rolle ein.[184]

Der Beirat für Wirtschafts- und Sozialfragen hat eine Reihe von Empfehlungen für eine Reform des österreichischen Finanzausgleichs ausgesprochen.[185] So sollen Gebietskörperschaften ihren Aufwand, der sich aus der Erfüllung ihrer Aufgaben ergibt, selbst tragen. Die bisherige Dominanz des Bundes wäre durch eine Parität der Gebietskörperschaftsebenen zu ersetzen, „deren Deckungsbedürfnisse in qualitativer Hinsicht als gleichwertig anzusehen sind"[186]. Zur rechtlichen Klarstellung empfiehlt er, analog der bundesdeutschen Regelung, die Abgaben- und Ertragshoheit für die wichtigsten Steuern schon in der Finanzverfassung mit der ausdrücklichen Zuordnung v.a. der Einkommensteuer und Umsatzsteuer als Verbundsteuern festzuschreiben.[187] Eine Erhöhung der Einnahmenautonomie der Länder soll mit Zuschlagsmöglichkeiten auf bestimmte Steuern erreicht werden. Der Beirat fordert die Koppelung von Ertragshoheit und politischer Abgabenverantwortung, um eine Reduzierung der umfangreichen Transferzahlungen zwischen den Gebietskörperschaften zu ermöglichen. Bei der vertikalen Steuerverteilung werden für die einkommensabhängigen Steuern und die Körperschaftsteuer einheitliche Teilungssätze

---

[181] Doralt, W. (1996), S. 167

[182] Smekal, C. / Thöni, E. (2000), S. 13.

[183] Vgl. Smekal, C. / Thöni, E. (2000), S. 13.

[184] Vgl. Nowotny, E. (1994), S. 13.

[185] Vgl. Beirat für Wirtschafts- und Sozialfragen (1992), S. 13-21.

[186] Beirat für Wirtschafts- und Sozialfragen (1992), S. 14.

[187] Dies würde allerdings noch nichts an dem bestehenden System ändern.

empfohlen, wobei die Umsatzsteuer zur Feinsteuerung des Finanzbedarfs von Bund und Länder ähnlich wie in Deutschland herangezogen werden könnte. Bei der horizontalen Steuerverteilung soll die Dominanz der Volkszahl als zentrale Bedarfskomponente zugunsten des örtlichen Steueraufkommens zurückgeführt werden. Damit könnte der Zusammenhang zwischen eigener Mittelaufbringung und autonomer Mittelverwendung wieder hergestellt werden.[188]

Bauer/Rossmann empfehlen, starre Regelungen wie etwa Zweckbindungen durch flexiblere Lösungen zu ersetzen. So könnte etwa die Finanzierungsverantwortung bei den Pflichtschullehrern vom Bund auf die Länder übertragen werden, die auch für die Ausgestaltung dieses Bereiches verantwortlich sind. Dadurch würde das Korrespondenzprinzip im Sinne einer Einheit von Entscheidern und Zahlern umgesetzt werden. Allerdings müssten dann den Ländern mehr finanzielle Mittel zur Verfügung stehen. Dies könnte entweder durch höhere Ertragsanteile der Länder an den Verbundsteuern oder durch spezifische Kostenerstattungen, die sich an den Schülerzahlen orientieren, erfolgen.[189] Ähnlich argumentiert hier Lehner, der zur stärkeren Zusammenführung von Aufgabenerfüllung und Finanzierung vorschlägt, die umfangreichen Transfers zwischen den Gebietskörperschaften „durch eine an den Aufgaben bemessene Verteilung der Ertragsanteile zu ersetzen“[190], um so zu einem aufgabenorientierten Finanzausgleich zu gelangen.

188 Vgl. Bauer, H. / Rossmann, B. (2001), S. 311.

189 Vgl. Bauer, H. / Rossmann, B. (2001), S. 310.

190 Lehner, G. (2001), S. 511.

C DIE BUNDESREPUBLIK DEUTSCHLAND

1 ALLGEMEINE DATEN

Die Bundesrepublik Deutschland umfasst 357.020 km^2 und etwa 82,1 Mio. Einwohner. Die Bevölkerungsdichte ist mit 230 Einwohnern pro km^2 wesentlich höher als in Österreich, allerdings mit einem ähnlichen West-Ost-Gefälle. Die westlich gelegenen Bundesländer Nordrhein-Westfalen und Saarland weisen mit 528 bzw. 417 Einwohnern pro km^2 eine relativ hohe Bevölkerungsdichte auf, während die ostdeutschen Bundesländer Mecklenburg-Vorpommern mit 77 und Brandenburg mit 88 Einwohnern pro km^2 den unteren Bereich markieren. Das Land Berlin hat dabei mit 3.799 Einwohnern pro km^2 die höchste Bevölkerungsdichte, gefolgt von den Stadtstaaten Hamburg und Bremen mit 2.257 und 1.640 Einwohnern pro km^2.[191]

In der folgenden Tabelle 13 ist die Wirtschaftsleistung der 16 deutschen Bundesländer ersichtlich. Dabei zeigt sich, dass auch hier ein West-Ost-Gefälle vorliegt. Die ostdeutschen Bundesländer erreichen nur knapp zwei Drittel des durchschnittlichen BIP aller Länder. Die südlichen Flächenländer Baden-Württemberg, Bayern und Hessen erreichen dagegen Werte von 114% bis 121% des Durchschnitts. Auch die Stadtstaaten Bremen und Hamburg zeichnen sich wegen ihrer Sonderrolle als Land und Kommune durch ein weit überdurchschnittliches BIP pro Einwohner aus. Berlin hingegen hat wegen der teilungsbedingten Sonderlasten eine geringere Wirtschaftsleistung als die anderen Stadtstaaten. Auch im europäischem Vergleich bleibt Berlin weit hinter anderen europäischen Metropolen zurück. Das BIP je Einwohner beträgt höchstens 50% von Städten wie Brüssel, London oder München.[192]

---

[191] Vgl. Statistisches Bundesamt (2001b), S. 46.

[192] Vgl. Brenke, K. u.a. (2002), S. 163.

Bundesland	Bevölkerung absolut in Tsd.	Bevölkerung in %	BIP pro Einw. in DM	BIP pro Einw. in %
Baden-Würt.berg	10.449	12,73	55.395	114
Bayern	12.117	14,76	56.782	117
Berlin	3.393	4,13	44.268	91
Brandenburg	2.594	3,16	31.187	64
Bremen	666	0,81	64.850	134
Hamburg	1.702	2,07	83.467	172
Hessen	6.043	7,36	58.549	121
Mecklenb.-Vorp.	1.794	2,19	30.953	64
Niedersachsen	7.879	9,60	43.879	91
NRW	17.984	21,91	49.574	102
Rheinland-Pfalz	4.028	4,91	43.587	90
Saarland	1.073	1,31	44.790	93
Sachsen	4.475	5,45	31.823	66
Sachsen-Anhalt	2.633	3,21	30.240	62
Schles.-Holstein	2.771	3,38	44.377	92
Thüringen	2.456	2,99	31.262	65
Deutschland [a]	82.087	100,00	48.438	100

Tabelle 13: Wirtschaftsleistung der deutschen Bundesländer

[a] Differenzen durch Rundung.

Quelle: Statistisches Bundesamt (2001b), S. 45, 673 und eigene Berechnungen.

Die Bandbreite der Wirtschaftsleistung reicht hierbei von 62% des bundesdeutschen Durchschnitts für Sachsen-Anhalt bis zu 172% für Hamburg, was einem Faktor von etwa 2,77 entspricht. Ohne Berücksichtigung der Stadtstaaten beträgt der Faktor 1,95 für die Bundesländer Sachsen-Anhalt (62%) und Hessen (121%).

2 POLITISCHES SYSTEM

Die Bundesrepublik Deutschland ist seit der Verkündigung des Grundgesetzes am 23.05.1949 ein demokratischer und sozialer Bundesstaat.[193] Sowohl der Bund als auch die Länder[194] sind eigenständige Staaten[195], Bundesrecht bricht jedoch Landesrecht.[196] Die Länder müssen ebenso wie der Bund den Grundsätzen des republikanischen, demokratischen und sozialen Rechtsstaats entsprechen.[197] Die Erfüllung der Verpflichtungen der Länder kann durch den sogenannten Bundeszwang durchgesetzt werden.[198] Die föderale Gliederung Deutschlands in Bundesländer und deren Mitwirkung an der Gesetzgebung kann auch durch Verfassungsänderung nicht beseitigt werden[199], die Länder haben eigene Gesetzgebungskompetenzen[200] und wirken an der Gesetzgebung des Bundes durch den Bundesrat mit.[201] Wegen der grundsätzlich auf die Zusammenarbeit der verschiedenen Ebenen beruhenden Regelungen spricht man auch von einem Bundesstaatsverständnis des kooperativen Föderalismus.[202] Deutschland war 1951 Gründungsmitglied der Europäischen Gemeinschaft für Kohle und Stahl (EGKS)[203] und gehörte 1957 zu den Gründungsmitgliedern der Europäischen Gemeinschaft (EG)[204] und der Europäischen Atomgemeinschaft (EURATOM)[205].

Politische Parteien sind die Sozialdemokratische Partei (SPD), die Christlich Demokratische Union (CDU), die Christlich Soziale Union (CSU), die Freie Demokratische Partei (FDP), Bündnis 90/Die Grünen und die Partei des Demokratischen Sozialismus (PDS). In den letzten

[193] Vgl. Art. 20 Abs. 1 GG.

[194] Die 16 Bundesländer sind in Tabelle 13 im Einzelnen genannt.

[195] Vgl. Art. 79 Abs. 3 GG. Dabei existieren in jedem Bundesland eigene Landesverfassungen, vgl. Verfassungen der deutschen Bundesländer (2001).

[196] Vgl. Art. 31 GG.

[197] Vgl. Art. 28 Abs. 1 GG.

[198] Vgl. Art. 37 GG.

[199] Vgl. Art. 79 Abs. 3 GG.

[200] Vgl. Art. 70, 72, 74 GG.

[201] Vgl. Art. 50 GG i.V.m. Art. 76 GG. Der Bundesrat besteht aus Mitgliedern der Landesregierungen. Jedes Land hat, je nach Einwohnerzahl, drei bis sechs Stimmen, die pro Land nur einheitlich abgegeben werden können, vgl. Arndt/Rudolf 1992, S. 56.

[202] Vgl. Biehl, D. (1983), S. 96 sowie Lenk, T. (1999), S. 3.

[203] Vgl. Vertrag über die Gründung der Europäischen Gemeinschaft für Kohle und Stahl vom 18.04.1951.

[204] Vgl. Vertrag zur Gründung der Europäischen Gemeinschaft (EGV) vom 25.03.1957.

[205] Vgl. Vertrag zur Gründung der Europäischen Atomgemeinschaft (EURATOM) vom 25.03.1957.

Bundestagswahlen am 22.09.2002 wurde die seit 1998 im Amt befindliche Rot-Grüne Bundesregierung (Regierungskoalition zwischen der SPD und Bündnis 90/Die Grünen) knapp bestätigt.[206]

3 VERTEILUNG DER AUFGABEN UND AUSGABEN

3.1 Aufgabenverteilung

Das Grundgesetz sieht zur Verteilung der Aufgaben grundsätzlich eine weitgehende Trennung der Aufgabenzuständigkeiten zwischen Bund und Ländern vor. Der in Artikel 30 GG aufgestellte „Grundsatz der Länderzuständigkeit"[207] weist den Ländern eine besondere Rolle in bezug auf die Erfüllung von öffentlichen Aufgaben zu, ohne dass diesen jedoch auch die entsprechenden Aufgabenkompetenzen zufallen. Der Bund macht in vielen Bereichen von seinen Recht der ausschließlichen[208] und konkurrierenden[209] Gesetzgebung Gebrauch, so dass er trotz der grundsätzlichen Zuständigkeitsvermutung der Länder nach Art. 30 GG über die größeren Aufgabenkompetenzen verfügt.

Die ausschließliche Gesetzgebung des Bundes enthält die Aufgaben, die nach dem Willen des Verfassungsgesetzgebers einheitlich geregelt werden sollen. Der Bund hat dabei wesentliche Regelungen zur Wahrung der Staats-, Rechts- und Wirtschaftseinheit und der Einheitlichkeit der Lebensverhältnisse[210] auf sich gezogen, so etwa in den Bereichen auswärtige Angelegenheiten, Verteidigung, Wehrpflicht, Grenzschutz, Luftverkehr, Urheber- und Verlagsrecht, Bundesstaats-

[206] Der Bundestag hat 603 Sitze mit folgender Verteilung: SPD: 251, CDU/CSU: 248, Bündnis 90/Die Grünen: 55, FDP: 47 und PDS: 2, vgl. http://www.bundestag.de/info/wahlen/154/1541_15.html (13.12.2002). Eine gute Zusammenfassung der politischen Nachkriegsgeschichte bei Gros, J. (2002).

[207] Andel, N. (1998), S. 514.

[208] Vgl. Art. 71, 73, 105 Abs. 1 GG.

[209] Vgl. Art. 72, 74, 75, 105 Abs. 2 GG.

[210] Der Begriff „Einheitlichkeit der Lebensverhältnisse" ist im GG explizit genannt, vgl. Art. 106 Abs. 3 Satz 4 Nr. 2 GG. In Art. 72 Abs. 2 GG sinngemäß „Herstellung gleichwertiger Lebensverhältnisse im Bundesgebiet". Zum unbestimmten Rechtsbegriff „Einheitlichkeit der Lebensverhältnisse„ vgl. Fischer-Menshausen, H. (1978), S. 147-153 und Neumark, F. (1978).

angehörigkeit, Währung, Maße und Gewichte, Postwesen, Telekommunikation, Zölle und Finanzmonopole.[211]

Nach Art. 70 Abs. 1 GG haben grundsätzlich die Länder das Gesetzgebungsrecht. Da jedoch der Bund von seinem Recht der konkurrierenden Gesetzgebung in hohem Umfang Gebrauch macht, beschränken sich die Zuständigkeiten der Länder auf Bereiche mit regionalem Bezug, wie z.B. das Schulwesen, die Universitäten und die Polizei.[212] Über den Bundesrat haben die Länder ein Mitwirkungsrecht bei der Gesetzgebung des Bundes. Soweit das Steueraufkommen ganz oder zum Teil den Ländern zufließt, ist das betreffende Gesetz zustimmungspflichtig, d.h. die Zustimmung des Bundesrates ist erforderlich.[213]

Auf der anderen Seite liegen die Verwaltungskompetenzen überwiegend bei den Ländern, das Grundgesetz nennt dies in der Überschrift zum Art. 83 GG den „Grundsatz der Landesexekutive“[214]. Hierunter fällt auch der Vollzug der Bundesgesetze. Die Länder können diese entweder als eigene Angelegenheit[215] oder im Wege der Auftragsverwaltung[216] wahrnehmen.[217] In bundeseigener Verwaltung sind lediglich im Grundgesetz genannte zwingende[218] oder fakultative[219] Aufgabenfelder. Im Bereich der Steuerverwaltung ist der Bund lediglich für Zölle, Finanzmonopole und Verbrauchssteuern zuständig[220], die Verwaltung der übrigen Steuern obliegt den Ländern.[221]

---

[211] Vgl. Art. 73 und Art. 105 Abs. 1GG.

[212] Vgl. Biehl, D. (1983), S. 79.

[213] Vgl. Art. 105 Abs. 3 GG.

[214] Art. 83 GG.

[215] Vgl. Art. 83, 84 GG.

[216] Vgl. Art. 85 GG.

[217] Vgl. Andel, N. (1998), S. 516-517.

[218] Vgl. Art. 87 Abs. 1 und 2 GG.

[219] Vgl. Art. 87 Abs. 3 GG.

[220] Vgl. Art. 108 Abs. 1 GG.

[221] Vgl. Art. 108 Abs. 2 GG.

3.2 Ausgabenverteilung

Den Verfassungsnormen über das Finanzwesen wurde durch die Finanzreform von 1969 eine allgemeine Lastenverteilungsregel vorangestellt.[222] Nach Art. 104a Abs. 1 GG tragen Bund und Länder gesondert die Ausgaben, die sich aus der Wahrnehmung ihrer Aufgaben ergeben. Die Ausgabenlast folgt also grundsätzlich der Aufgabenlast im Sinne der Verwaltungskompetenz. Dieses Prinzip der Konnexität[223] wird jedoch wegen der zahlreichen Ausnahmen von der grundgesetzlichen Regelung durchbrochen, da sich in der Praxis die Ausgabenverteilung in weiten Teilen von der Aufgabenzuordnung unterscheidet.

Im Grundgesetz genannte Mischfinanzierungen von Bund und Ländern erreichten im Jahr 2000 eine Höhe von 41,5 Mrd. DM und damit etwa 11% der gesamten um Finanzierungsvorgänge bereinigten Ausgaben des Bundes.[224] Tabelle 14 liefert eine Übersicht über die quantitative Höhe der in den Jahren 1998 bis 2000 vorhandenen Bund-Länder-Mischfinanzierungstatbestände.

[222] Vgl. Biehl, D. (1983), S. 99.

[223] Vgl. Andel, N. (1998), S. 517.

[224] Die bereinigten Ausgaben des Bundes betrugen im Jahr 2000 186,2 Mrd. € (364,2 Mrd. DM), siehe Tabelle 28.

Bund-Länder-Mischfinanzierungstatbestände in Mrd. DM	**1998**	**1999**	**2000**
Gemeinschaftsaufgaben nach Art. 91a GG	6,7	6,5	6,2
□ Hochschulbau	(1,8)	(2,0)	(2,0)
□ Regionale Wirtschaftsstruktur	(3,1)	(2,8)	(2,5)
□ Agrarstruktur und Küstenschutz	(1,7)	(1,7)	(1,7)
Zusammenwirken bei Bildungsplanung (Art. 91b GG)	0,5	0,5	0,4
Zusammenwirken bei Forschungsförderung (Art. 91b GG)	5,6	5,8	5,9
□ Großforschungseinrichtungen	(2,6)	(2,6)	(2,6)
□ Andere Forschungseinrichtungen (Blaue Liste)	(0,7)	(0,7)	(0,7)
□ Sonstige Forschungsförderung	(2,4)	(2,5)	(2,6)
Geldleistungsgesetze (Art. 104a Abs. 3 GG)	15,7	17,0	15,8
□ Erziehungsgeld	(7,0)	(7,1)	(7,1)
□ Wohngeld	(3,5)	(4,0)	(3,3)[a]
□ BaföG	(1,5)	(1,6)	(1,1)
□ Sonstiges	(3,7)	(4,3)	(4,3)
Finanzhilfen (Art. 104a Abs. 4 GG)	13,9	13,5	13,2
□ Investitionsförderungsgesetz Aufbau Ost (IfG)	(6,6)	(6,6)	(6,6)
□ Verbesserung der Gemeindenverkehrsverhältnisse	(3,0)	(2,9)	(3,0)
□ Sozialer Wohnungsbau	(2,9)	(2,5)	(2,0)
□ Stadtsanierung und –entwicklung	(0,6)	(0,6)	(0,6)
□ Sonstiges	(0,8)	(0,9)	(1,0)
Summen [b]	42,4	43,3	41,5

Tabelle 14: Bund-Länder-Mischfinanzierungstatbestände 1998-2000

[a] Der Ansatz des Wohngeldes betrug im Jahr 2000 wegen geplanter Sparmaßnahmen lediglich 1,8 Mrd. DM. Da diese nicht umgesetzt wurden, betrug die Ist-Zahl für 2000 3,3 Mrd. DM, vgl. BMF Berlin (2001b), S. 17.

[b] Differenzen durch Rundung.

Quelle: BMF Berlin (1999a), S. 6, BMF Berlin (2000a), S. 6, BMF Berlin (2001a), S. 6.

Für sog. *Gemeinschaftsaufgaben* sieht der Verfassungsgesetzgeber die Beteiligung des Bundes an der Finanzierung bestimmter Aufgaben vor, „wenn diese Aufgaben für die Gesamtheit bedeutsam sind und die Mitwirkung des Bundes zur Verbesserung der Lebensverhältnisse erforderlich ist“[225]. Dabei handelt es sich um die im Grundgesetz erschöpfend ausgeführten Gemeinschaftsaufgaben:[226]

- Ausbau und Neubau von Hochschulen einschließlich der Hochschulkliniken (2,0 Mrd. DM),
- Verbesserung der regionalen Wirtschaftsstruktur (2,5 Mrd. DM) und
- Verbesserung der Agrarstruktur und des Küstenschutzes (1,7 Mrd. DM).

Im Gegensatz zu diesen zwingenden Gemeinschaftsaufgaben eröffnet Art. 91b GG die Möglichkeit der Zusammenarbeit von Bund und Ländern bei der Bildungsplanung (0,4 Mrd. DM) und der Forschungsförderung (5,9 Mrd. DM).[227]

Eine weitere Ausnahme vom Lastenverteilungsgrundsatz stellen die *Geldleistungsgesetze* dar.[228] Mit diesen kann der Bund Transferzahlungen an private Haushalte ganz oder zum Teil tragen.[229] Beim Wohngeld beträgt das Beteiligungsverhältnis des Bundes 50% der Ausgaben, beim Erziehungsgeld übernimmt der Bund die kompletten Zahlungen und beim BaföG beteiligt sich der Bund zu 65% an den Ausgaben.[230] Im Jahr 2000 gewährte der Bund Hilfen in Höhe von 15,8 Mrd. DM und damit über 38% der gesamten Ausgaben für Mischfinanzierungen in Form von Geldleistungsgesetzen.[231]

Durch *Finanzhilfen* kann der Bund den Ländern Finanzmittel für besonders bedeutsame Investitionen[232] zur Verfügung stellen.[233] Diese sind zur Abwehr einer Störung des gesamtwirtschaftlichen Gleichgewichts, zum Ausgleich unterschiedlicher Wirtschaftskraft im Bundesgebiet oder zur Förderung des wirtschaftlichen Wachstums bestimmt.[234] Zur Steigerung der Wirtschaftskraft gewährt der Bund den neuen Ländern von 1995 bis 2004 zweckgebundene

225 Art. 91a Abs. 1 GG.

226 Vgl. Art. 91a Abs. 1 GG.

227 Zahlen jeweils für das Jahr 2000, vgl. BMF Berlin (2001a), S. 6.

228 Vgl. Art. 104a Abs. 3 GG.

229 Vgl. Biehl, D. (1983), S. 98-99.

230 Vgl. BMF Berlin (2001a), S. 4.

231 Vgl. BMF Berlin (2001a), S. 6.

232 Unter Investitionen sind hierbei Sachinvestitionen und die Förderung von Sachinvestitionen Dritter zu verstehen, vgl. Frey, D. (1982), S. 32.

233 Vgl. Biehl, D. (1983), S. 99.

234 Vgl. Art. 104a Abs. 4 GG.

Mittel durch das Investitionsförderungsgesetz Aufbau Ost (IfG)[235] in Höhe von jährlich 6,6 Mrd. DM.[236] Dabei können Investitionen maximal zu 90% aus Bundesmitteln finanziert werden. Die restlichen Finanzhilfen werden im wesentlichen für die Verbesserung der Verkehrsverhältnisse der Gemeinden (3,0 Mrd. DM), für den sozialen Wohnungsbau (2,0 Mrd. DM) und für die Städtebauförderung (0.6 Mrd. DM) verwandt.[237] Insgesamt betrugen die Finanzhilfen im Jahr 2000 13,2 Mrd. DM und damit annähernd 32% der gesamten Ausgaben für Mischfinanzierungen.[238]

Auch die *Bundesauftragsverwaltung der Länder*[239], bei der die Länder Bundesgesetze im Auftrag des Bundes ausführen, stellt eine wesentliche Modifizierung des generellen Lastenverteilungsgrundsatzes dar. Hier trägt der Bund die Sach- bzw. Zweckaufwendungen, während die Länder die damit verbundenen Verwaltungsausgaben übernehmen.[240] Das Grundgesetz führt die Fälle der Auftragsverwaltung der Länder abschließend auf:

- Verteidigungswesen (Art. 87b Abs. 2 GG),
- Ausführung von Gesetzen über die Erzeugung und Nutzung der Kernenergie und über den Strahlenschutz (Art. 87c GG),
- Luftverkehrsverwaltung (Art. 87 d Abs. 2 GG),
- Bundeswasserstraßen auf Antrag und für das Gebiet eines Landes (Art. 89 Abs. 2 GG),
- Bundesautobahnen und sonstige Fernverkehrsstraßen (Art. 90 Abs. 2 GG),
- bestimmte Geldleistungsgesetze (Art. 104a Abs. 3 S. 2 GG),
- Steuerverwaltung für die dem Bund ganz oder teilweise zufließenden, nicht aber von ihm verwalteten Steuern (Art. 108 Abs. 2, 3 GG) und
- Lastenausgleichsangelegenheiten (Art. 120a GG).

---

235 Vgl. Gesetz zum Ausgleich unterschiedlicher Wirtschaftskraft und zur Förderung des wirtschaftlichen Wachstums in den neuen Bundesländern (Investitionsförderungsgesetz Aufbau Ost - IfG).

236 Dabei erhält Berlin 1.255 Mio. DM, Brandenburg 936 Mio. DM, Mecklenburg-Vorpommern 697 Mio. DM, Sachsen 1.725 Mio. DM, Sachsen-Anhalt 1.041 Mio. DM und Thüringen 946 Mio. DM pro Jahr, vgl. BMF Berlin (2001b), S. 155.

237 Zahlen jeweils für das Jahr 2000, vgl. BMF Berlin (2001a), S. 6.

238 Vgl. BMF Berlin (2001a), S. 6.

239 Vgl. Art. 85 GG.

240 Vgl. Lenk, T. (1999), S. 4 und Art. 104a Abs. 2 GG.

Auch außerhalb des Grundgesetzes finden sich Mischfinanzierungstatbestände zwischen Bund und Ländern, wie etwa bei der Stiftung Preußischer Kulturbesitz. Seit 1961 teilen sich Bund und Länder die Kosten für die Aufrechterhaltung der kulturellen Vermögenswerte des ehemaligen Landes Preußen.[241]

Finanzielle Verflechtungen bestehen auch zwischen Ländern und Kommunen. Als Beispiel sei hier lediglich die Sozialhilfe genannt. Sie wird vom Bundesgesetzgeber geregelt, während dieser jedoch seit 1980 lediglich 1% bis 2% der gesamten Zweckausgaben trägt.[242] Den weitaus größten Teil der Aufwendungen für Sozialhilfe müssen die Kommunen zu etwa 75% finanzieren, den Rest tragen die Länder.[243]

4 VERTEILUNG DER EINNAHMEN

4.1 Der originäre aktive Finanzausgleich

Der Bund macht von seinem Recht der konkurrierenden Gesetzgebung[244] bei fast allen Steuern[245] Gebrauch, so dass den Länder nur eine verschwindend geringe Steuerautonomie verbleibt.[246] Die *Entscheidungs- bzw. Gesetzgebungskompetenz* liegt also fast ausschließlich beim Bund, während die Länder lediglich die *Durchführungs- bzw. Verwaltungskompetenz* ausüben.

---

[241] Bund und Länder zahlen je etwa 60 Mio. DM pro Jahr für den Erhalt der Stiftung, vgl. Die Zeit vom 07.02.2002, Nr. 7, S. 34.

[242] Vgl. Biehl, D. (1996), S. 81.

[243] Vgl. Andel, N. (1998), S. 255. Ausführlich hierzu Fischer, H. (1990b).

[244] Siehe oben unter C 3.1.

[245] § 3 Abs. 1 der Abgabenordnung definiert den bundesdeutschen Steuerbegriff wie folgt: „Steuern sind Geldleistungen, die nicht eine Gegenleistung für eine besondere Leistung darstellen und von einem öffentlich-rechtlichen Gemeinwesen zur Erzielung von Einnahmen allen auferlegt werden, bei denen der Tatbestand zutrifft, an den das Gesetz die Leistungspflicht knüpft".

[246] Vgl. Fischer, H. (1992), S. 18-19.

4.1.1 Vertikaler Teil

Bei der *Ertragskompetenz* lässt sich die vertikale Steuerverteilung in der Bundesrepublik Deutschland in das im Theorieteil beschriebe Trenn- und Verbundsystem[247] unterscheiden. Beim *Trennsystem* fällt die Ertragshoheit für bestimmte Steuern ausschließlich einer Körperschaftsebene zu. So stehen dem Bund u.a. die Zölle, die Verbrauchssteuern mit Ausnahme der Biersteuer, die Kapitalverkehr- und Versicherungssteuern sowie der Solidarzuschlag zu.[248] Den Ländern werden u.a. die kompletten Einnahmen aus der Vermögensteuer[249], der Erbschaftsteuer, der Kraftfahrzeugsteuer, der Biersteuer und der Spielbankenabgabe eingeräumt[250], während den Gemeinden in vollem Umfang lediglich die Erträge aus der Grundsteuer und den örtlichen Verbrauch- und Aufwandsteuern zustehen[251]. Steuern mit einer hohen räumlichen Streuung fallen damit eher den Bund, Steuern mit einer geringeren räumlichen Streuung mehr den Ländern zu.[252] Die folgenden Tabellen 15 bis 17 zeigen die wichtigsten Bundes-, Landes- und Gemeindesteuern, die nach dem Trennsystem überwiegend der jeweiligen Körperschaftsebene zustehen.

Bundessteuern	Aufkommen 2000 in Mrd. DM
Mineralölsteuer [a]	74,0
Ergänzungsabgabe, Solidarzuschlag	23,2
Tabaksteuer	22,4
Versicherungsteuer	14,2
Stromsteuer	6,6
Branntweinsteuer	4,2
Summe (Auflistung nicht vollständig)	147,7

Tabelle 15: Bundessteuern nach Aufkommen

[a] Beteiligung der Länder im Jahr 2000: 13,2 Mrd. DM, vgl. BMF Berlin (2001a), S. 12.

Quelle: BMF Berlin (2002b), S. 266.

[247] Siehe Teil 1, Kap. 4.2.3.1 und 4.2.3.2.

[248] Vgl. Art. 106 Abs. 1 GG.

[249] Die Vermögensteuer wird ab dem 1.1.1997 wegen Verfassungswidrigkeit nicht mehr erhoben, vgl. Andel, N. (1998), S. 380.

[250] Vgl. Art. 106 Abs. 2 GG.

[251] Vgl. Art. 106 Abs. 6 GG.

[252] Vgl. Fischer, H. (1992), S. 19-20.

Ländersteuern	Aufkommen 2000 in Mrd. DM
Kraftfahrzeugsteuer	13,7
Grunderwerbsteuer	9,9
Erbschaftsteuer	5,8
Rennwett-/Lotteriesteuer	3,4
Biersteuer	1,6
Vermögensteuer [a]	0,8
Summe (Auflistung nicht vollständig)	36,1

Tabelle 16: Ländersteuern nach Aufkommen

[a] Die Vermögensteuer wurde nur bis zum 31.12.1996 erhoben, aus dieser Zeit resultiert auch das Aufkommen im Jahr 2000.

Quelle: BMF Berlin (2001a), S. 12, BMF Berlin (2002b), S. 266.

Gemeindesteuern	Aufkommen 2000 in Mrd. DM
Gewerbesteuer [a]	52,9
Grundsteuer B [b]	16,7
Grundsteuer A [c]	0,7
Summe (Auflistung nicht vollständig)	71,7

Tabelle 17: Gemeindesteuern nach Aufkommen

[a] Die Gemeinden müssen von ihren Gewerbesteuereinnahmen 2,6 Mrd. DM an den Bund und 8,2 Mrd. DM an die Länder in Form von Umlagen abführen.
[b] Steuerpflichtig ist der im Inland liegende Grundbesitz an Grundstücken, vgl. Andreae, C.-A. (1980), S. 582.
[c] Steuerpflichtig ist der im Inland liegende Grundbesitz der Betriebe der Land- und Forstwirtschaft, vgl. Andreae, C.-A. (1980), S. 582.

Quelle: BMF Berlin (2002b), S. 266.

Die Ertragshoheit an der Einkommensteuer[253], der Körperschaftsteuer und an der Umsatzsteuer als sogenannte Gemeinschaftssteuern bestimmt sich nach dem *Verbundsystem.* Dieses umfasste im Jahr 2000 71,3% des gesamten Steueraufkommens.[254] Die Tendenz in Richtung des Verbundsystems hat sich im Zeitablauf verstärkt, was folgende Tabelle 18 verdeutlicht.

[253] Einschließlich der Lohnsteuer als besondere Erhebungsform der Einkommensteuer.

[254] Vgl. BMF Berlin (2001a), S. 11a.

Jahr	Gemeinschaftliche Steuern	Bundessteuern und Zölle	Ländersteuern	Gemeindesteuern	Summen
1960	36,8	41,9	6,8	14,5	100
1970	65,5	18,0	6,2	10,3	100
1980	73,2	12,7	4,4	9,7	100
1990	73,4	13,5	4,5	8,6	100
1991	72,3	15,5	4,4	7,8	100
1995	71,1	17,4	4,5	7,0	100
1996	69,4	18,0	4,8	7,8	100
1997	69,5	17,9	4,3	8,3	100
1998	70,8	16,5	4,4	8,3	100
1999	70,9	16,6	4,4	8,1	100
2000	71,3	16,8	4,0	7,9	100

Tabelle 18: Anteile der gemeinschaftlichen und ausschließlichen Steuern

Quelle: BMF Berlin (2001a), S. 10-11a, BMF Berlin (2001b), S. 254, 256, 258, 260-266 und eigene Berechnungen.

Bei der Einkommensteuer erhalten der Bund und die Länder je 42,5% und die Gemeinden 15% der Einnahmen. Die hälftige Aufteilung zwischen Bund und Länder ist dabei explizit im Grundgesetz geregelt.[255] An der Körperschaftsteuer sind der Bund und die Länder mit je 50% beteiligt.[256] Die im Grundgesetz verankerte Aufteilung des Aufkommens an der Einkommen- und Körperschaftsteuer kann nur mit Zweidrittelmehrheit sowohl im Bundestag als auch im Bundesrat geändert werden und stellt damit ein relativ starres Element der Finanzverfassung dar.[257]

Hingegen bildet die Umsatzsteuer das „variable Element"[258] des bundesdeutschen Steuerverbundsystems. Hier ist eine Änderung mit einfacher Bundestagsmehrheit möglich, die der Zustimmung des Bundesrates bedarf.[259] Die Anteile von Bund und Ländern an der Umsatzsteuer sind neu festzulegen, wenn sich das Verhältnis zwischen den Einnahmen und

[255] Vgl. Art. 106 Abs. 3 GG i.V.m. § 1 Gemeindefinanzreformgesetz.

[256] Vgl. Art. 106 Abs. 3 GG.

[257] Vgl. Andel, N. (1998), S. 520.

[258] Fischer, H. (1992), S. 20.

[259] Vgl. Andel, N. (1998), S. 520.

Ausgaben bei Bund und Ländern wesentlich unterschiedlich entwickelt.[260] In der Praxis werden dabei Deckungsquoten berechnet, die das Verhältnis der Einnahmen ohne Kredite zu den Ausgaben abbilden. „Als Einnahmen und Ausgaben der Länder (...) gelten auch die Einnahmen und Ausgaben der Gemeinden (Gemeindeverbände).“[261] Entwickeln sich die Deckungsquoten von Bund und Ländern wesentlich auseinander, dann ist der Gesetzgeber aufgefordert, deren Gleichmäßigkeit wieder herzustellen. Da die Berechnung der Deckungsquoten über die gesamten laufenden Einnahmen (ohne Kreditaufnahme) und die gesamten notwendigen Ausgaben[262] die „umfassendste „Bemessungsgrundlage“ des gesamten Finanzausgleichssystems“[263] mit erheblichen finanziellen Auswirkungen darstellt, ist deren Berechnung umstritten. Zwischen Bund und Ländern bestehen grundlegende Auffassungsunterschiede hinsichtlich der Methode der Deckungsquotenberechnung.[264] Auch im Maßstäbegesetz wird der Deckungsquotenausgleich als Grundlage für die Umsatzsteuerverteilung zwischen Bund und Ländern festgeschrieben.[265] Damit dürfte die Berechnung der Deckungsquoten auch weiterhin problematisch und konfliktträchtig bleiben.[266]Auf die Umsatzsteuer entfallen mit Einnahmen von insgesamt 275,5 Mrd. DM im Jahr 2000 etwa 30% der gesamten Steuereinnahmen. Dadurch kommt der Aufteilung auf die einzelnen Körperschaftsebenen besondere Bedeutung zu. Tabelle 19 zeigt einen Vergleich der Deckungsquoten mit den Umsatzsteueranteilen der einzelnen Ebenen nach der Berechnungsmodalität des Bundesministeriums für Finanzen.

---

[260] Vgl. Art. 106 Abs. 4 GG. In § 6 Abs. 1 Satz 1 des Entwurfes eines Maßstäbegesetzes vom 29.01.2001 ist dies fast gleichlautend formuliert: „Die Umsatzsteueranteile sind neu festzusetzen, wenn sich die Deckungsquoten von Bund und Ländern wesentlich anders entwickeln“. In der verabschiedeten Fassung des Maßstäbegesetzes vom 09.09.2001 heißt es hingegen in § 4 Abs. 1 lapidar: „Die vertikale Umsatzsteuerverteilung zwischen Bund und Ländern wird auf der Grundlage des Deckungsquotenprinzips festgesetzt.“ Offensichtlich wurde der Kritik am Referentenentwurf, etwa von Peffekoven, R. (2001a), Rechnung getragen.

[261] Art. 106 Abs. 9 GG.

[262] Zur Problematik der Abgrenzung von notwendigen und nicht notwendigen Ausgaben vgl. Sachverständigenkommission (1981).

[263] Geske, O.-E. (2001a), S. 101.

[264] Näheres zu den verschiedenen Berechnungsmethoden findet sich bei Geske, O.-E. (2001a), S. 101-102.

[265] Vgl. § 4 Abs. 1 MaßStG.

[266] Peffekoven führt etwa die einmaligen Einnahmen des Bundes aus der Versteigerung der Mobilfunklizenzen in Höhe von fast 100 Mrd. DM im Jahr 2000 an. Sieht man diese als Gebühren an, müsste man sie auch in die Deckungsquotenberechnung miteinbeziehen, da im Bundeshaushalt regelmäßig Gebühreneinnahmen anfallen. Auch Zahlungen des Bundes an den EU-Haushalt sind bei der Berechnung der Deckungsquote umstritten. Bisher werden die EU-Beiträge als durchlaufende Posten angesehen. Werden diese hingegen als Ausgaben des Bundes definiert, so ergibt sich eine höhere Deckungsquote des Bundes, vgl. Peffekoven, R. (2001a), S. 211. Für das Jahr 2000 ergäbe sich durch die EU-Eigenmittelabführungen in Höhe von 42,7 Mrd. DM eine Deckungsquote des Bundes von 91,1% statt 90,3%, vgl. BMF Berlin (2001b), S. 209, 231, 278 und eigene Berechnungen.

Jahr	Deck. quote Bund [a]	Deck. quote Länder [b]	USt-Anteil Bund	USt-Anteil Länder	USt-Anteil Gemeinden
1991	87,4	93,8	65,00	35,00	-
1992	92,7	92,1	65,00	35,00	-
1993	86,9	91,3	63,00	37,00	-
1994	91,8	91,3	63,00	37,00	-
1995	89,2	91,0	56,00	44,00	-
1996	82,8	91,8	50,50	49,50	-
1997	85,6	93,3	50,50	49,50	-
1998	87,6	96,4	51,23	46,65	2,12
1999	89,4	97,9	52,24	45,68	2,08
2000	90,3	97,6	52,01	45,91	2,08

Tabelle 19: Deckungsquoten und Umsatzsteueranteile

[a] Deckungsquote des Bundes im Verhältnis der Einnahmen ohne Kredite zu den Ausgaben in %.
[b] Deckungsquote der Länder mit den Gemeinden im Verhältnis der Einnahmen ohne Kredite zu den Ausgaben in %.

Quelle: BMF Berlin (2002a), S. 34, BMF Berlin (2001b), S. 209, 231, 360, Geske, O.-E. (2001), S. 103, FN 73 und eigene Berechnungen.

Erhebliche Änderungen bei der Umsatzsteuerverteilung zu Gunsten der Länder ergaben sich 1995 durch die Einbeziehung der neuen Bundesländer in den Finanzausgleich und 1996 durch die Neuordnung des Familienleistungsausgleichs, die sich durch die Berücksichtigung von Kindern im Einkommensteuerrecht ergab.[267] Seit 1998 erhalten die Gemeinden als Ausgleich für den Wegfall der Gewerbekapitalsteuer einen Anteil am Umsatzsteueraufkommen.[268] Es lässt sich allerdings kein unmittelbarer Zusammenhang zwischen den Deckungsquoten und den Umsatzsteueranteilen ableiten. Lediglich der starken Absenkung des Bundesanteils von 63% auf 56% im Jahr 1995 ist ein starkes Ansteigen der Deckungsquote des Bundes von 86,9% im Jahr 1993 auf 91,8% im Jahr 1994 hervorgegangen. Ansonsten sind die Deckungsquoten der Länder durchweg gestiegen, ohne dass dies einen Rückgang der Länderanteile an der Umsatzsteuer zur Folge gehabt hätte. Die Festlegung der Anteile an der Umsatzsteuer folgte damit keinen automatischen Vorgaben, sondern ließ eine flexible Handhabung auch von Sondereffekten zu. Es

[267] Vgl. BMF Berlin (2001b), S. 82.

[268] Vgl. Art. 106 Abs. 5a GG.

handelt sich also bei der vertikalen Umsatzsteuerverteilung mehr um das Ergebnis von politischen Verhandlungen als um ausschließlich mechanische Rechenoperation.[269] Damit wird der geforderten Flexibilität im Gegensatz zur starren Verteilung der Einkommen- und Körperschaftsteuer Rechnung getragen. Allerdings ist dies mit einem permanenten Streit um die „richtige" Umsatzsteuerverteilung verbunden. Zudem wird durch die vom Gesetzgeber geforderte Angleichung der Deckungsquoten[270] kein Anreiz für eine erfolgreiche Konsolidierungspolitik einer einzelnen Ebene geschaffen, da Ausgabensteigerungen zu einer besseren Verhandlungsposition für die Umsatzsteuerverteilung führen.[271] 2000 belief sich die Aufteilung der Umsatzsteuer auf den Bund mit 52,0%, auf die Länder mit 45,9% und auf die Gemeinden mit 2,1%.[272] Tabelle 20 zeigt das Aufkommen und die prozentuale Aufteilung der Gemeinschaftssteuern auf die Körperschaftsebenen.

[269] Vgl. Peffekoven, R. (2001a), S. 213. Wendt kommt in einer rechtsgutachtlichen Stellungnahme im Auftrag der Länderfinanzminister zu einem ähnlichen Ergebnis: „Insgesamt lässt sich feststellen, dass (auch) der Umstand, dass die Deckungsquote der Länderebene auf den Durchschnitt der Länder abstellt, nicht dazu führen darf, dass in Ausfüllung des Begriffs ‚billiger Ausgleich' eine rein arithmetische Definition des Deckungsquotenprinzips vorgenommen wird.", vgl. Wendt, R. (2002), S. 102.

[270] Zur Forderung nach einen Ausgleich der Deckungsquoten merkt Peffekoven an: „Hätte sich das Bundesverfassungsgericht mit der seit Jahren zur Frage der vertikalen Umsatzsteuerverteilung vorliegenden finanzwissenschaftlichen Literatur auch nur im Ansatz beschäftigt, hätte es einen solchen Gesetzesauftrag (zur Verabschiedung eines Maßstäbegesetzes, Anm. d. Verf.) nie und nimmer formulieren dürfen.", Peffekoven, R. (2001a), S. 213.

[271] Vgl. Sachverständigenrat (1999), Ziff. 300, ähnlich Peffekoven, R. (2001a), S. 210.

[272] Vgl. Art. 106 Abs. 3 und 4 GG i.V.m. § 1 Gesetz über den Finanzausgleich zwischen Bund und Ländern (Finanzausgleichsgesetz, im folgen den: FAG) sowie BMF Berlin (2001b), S. 154 und eigene Berechnungen.

Gemeinschaftssteuer	Aufkommen 2000 in Mrd. DM	Bundesanteil	Länderanteil	Gemeindeanteil
Umsatzsteuer	275,5	52,0	45,9	2,1
Lohnsteuer	265,5	42,5	42,5	15,0
Körperschaftsteuer	46,1	50,0	50,0	0
nicht veranlagte Steuern vom Ertrag [a]	26,4	50,0	50,0	0
veranlagte Einkommensteuer	23,9	42,5	42,5	15,0
Zinsabschlag [b]	14,3	44,0	44,0	12,0
Summe [c] / Anteile [d]	651,8	47,4	44,8	7,8

Tabelle 20: Prozentuale Aufteilung der Gemeinschaftssteuern

[a] Hier handelt es sich im Wesentlichen um die Kapitalertragsteuer und die Abzugsteuer für beschränkt Steuerpflichtige, vgl. Andel, N. (1998), S. 35.
[b] Der Zinsabschlag wird bei der Zinszahlung von festverzinslichen Wertpapieren und Guthaben bei inländischen Kreditinstituten einbehalten und ist eine besondere Erhebungsform der Kapitalertragsteuer im Rahmen der Einkommensteuer gemäß §§ 43 bis 45d EStG.
[c] Differenzen durch Rundung.
[d] Die Anteile der einzelnen Ebenen sind entsprechend des Aufkommens gewichtet.

Quelle: BMF Berlin (2001a), S. 7, 11a.

Insgesamt betrugen die entsprechend des Aufkommens gewichteten Verteilungssätze bei den Verbundsteuern 47,4% für den Bund, 44,8% für die Länder und 7,8% für die Gemeinden. Hierbei zeigt sich die relative Gleichverteilung zwischen dem Bund mit gut 47% und den Ländern mit knapp 45% des Aufkommens an Gemeinschaftssteuern. Tabelle 21 stellt die quantitative Verteilung der Gemeinschaftssteuern mit sonstigen Umverteilungen zwischen den Körperschaftsebenen im Jahr 2000 dar.

Einzelsteuer	Aufkommen in 2000 (Mio. DM)	Bundes-anteil	Länder-anteil	Gemein-deanteil
Umsatzsteuer	275.520	143.292	126.508	5.720
Abführung MWSt-Eigenmittel an EU		*-18.572*		
Ust-Verteilung „Fonds Dt. Einheit"		+5.330	-5.330	
endgültige Umsatzsteuer-Verteilung		130.050	121.178	5.720
Lohnsteuer	265.471	112.825	112.825	39.821
Körperschaftsteuer	46.108	23.054	23.054	
nicht veranlagte Steuern vom Ertrag	26.433	13.217	13.217	
veranlagte Einkommensteuer	23.910	10.162	10.162	3.587
Zinsabschlag	14.345	6.312	6.312	1.721
Zwischensummen [a]	651.787	295.620	286.748	50.849
Ergänzungszuweisungen		-26.347	+26.347	
Länderbeteiligung an Mineralölsteuer		-13.246	+13.246	
normale Gewerbesteuerumlage		+2.595	+3.551	-6.146
Gewerbesteuerumlage an Länder als Beteiligung am „Fonds Dt. Einheit"			+1.094	-1.094
Erhöhung der Gewerbesteuerumlage an Länder durch den Solidarpakt			+3.559	-3.559
Abführung der BSP-Eigenmittel an EU		*-17.491*		
Summen		241.131	334.545	40.050

Tabelle 21: Aufteilung des Aufkommens an den Gemeinschaftssteuern

[a] Der Bundesanteil zzgl. EU-MWSt-Eigenmittel in Höhe von 18.572 Mio. DM ergibt mit den Länder- und Gemeindeanteil die Gesamtsumme, verbleibende Differenzen durch Rundung.

Quelle: BMF Berlin (2001a), S. 7, 11a, 12 und eigene Berechnungen.

Zugunsten der Europäischen Union werden keine Steuern direkt erhoben. Die sog. Eigenmittel setzen sich aus MWSt-Eigenmittel (18,6 Mrd. DM), BSP-Eigenmittel (17,5 Mrd. DM) sowie Zöllen und Agrarabgaben (6,6 Mrd. DM) zusammen.[273] Während sich der Bund zu 38% aus bundeseigenen Steuern finanziert, beträgt der Anteil der Ländersteuern im Verhältnis zu den gesamten Steuereinnahmen der Länder nur knapp 10% und bei den Gemeinden der Anteil der Gemeindesteuern an ihren gesamten Steuereinnahmen 64%. Die Länder sind also in noch weit

[273] Werte für 2000, vgl. BMF Berlin (2001a), S. 12. MWSt-Eigenmittel werden seit 1975 und BSP-Eigenmittel seit 1988 abgeführt, vgl. BMF Berlin (2001b), S. 269, 271.

höherem Ausmaß als Bund und Gemeinden auf den gemeinsamen Steuerverbund angewiesen. Tabelle 22 zeigt die Verteilung der Ertragshoheit auf die einzelnen Körperschaftsebenen getrennt nach eigenen Einnahmen und Anteilen an Verbundsteuern im Jahr 2000.

Verteilung der Ertragshoheit	2000 in Mrd. DM	Anteil der einzelnen Ebenen am Steueraufkommen in %
EU-Eigenmittel	42,7	4,7
Bundessteuern	147,7	
Bundesanteil an Verbundsteuern	241,1	42,5
Landessteuern	36,1	
Länderanteil an Verbundsteuern	334,5	40,6
Gemeindesteuern	71,7	
Gemeindeanteil an Verbundsteuern	40,1	12,2
Summen [a]	913,9	100,0

Tabelle 22: Zusammensetzung der Steuereinnahmen der einzelnen Körperschaftsebenen

[a] Differenzen durch Rundungen.

Quelle: BMF Berlin (2001a), S. 12 und eigene Berechnungen.

Die Anteile am gesamten Steueraufkommen verteilten sich 2000 wie folgt: Bund 42,5%, Länder 40,6%, Gemeinden 12,2% und Europäische Union 4,7%.[274]

4.1.2 Horizontaler Teil

4.1.2.1 Zerlegung der Lohn- und Körperschaftsteuer und des Zinsabschlags

Zunächst erfolgt die horizontale Verteilung der Steuereinnahmen nach dem Prinzip des örtlichen Aufkommens der Steuer.[275] Das Zerlegungsgesetz[276] korrigiert dieses allerdings bei der Lohn- und Körperschaftsteuer sowie beim Zinsabschlag mit Hilfe eines Clearingverfahrens, um Verzerrungen des örtlichen Aufkommens zu vermeiden.[277]

[274] Vgl. BMF Berlin (2001a), S. 12.

[275] Vgl. Art. 107 Abs. 1 Satz 1 GG.

[276] Gesetz über die Steuerberechtigung und die Zerlegung bei der Einkommensteuer und der Körperschaftssteuer (Zerlegungsgesetz).

[277] Vgl. Art. 107 Abs. 1 Satz 2 GG.

Bei der Lohnsteuer erfolgt eine Verteilung nach dem Wohnsitzprinzip. Die Steuer fällt dem Bundesland zu, in dem der Steuerpflichtige wohnt und nicht dem Land, in dem er arbeitet und sein Arbeitgeber die Steuer abführt.[278] Die vom Arbeitgeber einbehaltene Lohnsteuer für Mitarbeiter mit Wohnsitz außerhalb des Bundeslandes des Betriebsstandortes muss deshalb an das Wohnsitzland des Besteuerten abgeführt werden. Auch der Zinsabschlag wird nach dem Wohnsitzprinzip zerlegt.[279] Dadurch soll die zentralisierte Abführung des Zinsabschlages durch Banken, wie z.B. am Finanzplatz Frankfurt, korrigiert werden.

Die Körperschaftsteuer wird nach dem Betriebsstättenprinzip verteilt. Dabei erfolgt die Steuererhebung am Sitz der Unternehmensleitung, bei der Verteilung werden aber die einzelnen Betriebsstätten des Unternehmens in den jeweiligen Bundesländern berücksichtigt.[280] Als Zerlegungsmaßstab werden die in den einzelnen Betriebsstätten gezahlten Arbeitsentgelte herangezogen.[281]

Die beschriebenen Maßnahmen nach dem Zerlegungsgesetz wirken tendenziell nivellierend auf die Finanzkraft.[282] Dadurch werden „die Ausgangsbedingungen für einen anschließenden expliziten Steuerkraftausgleich verbessert“[283]. Im Jahr 2000 betrug der Effekt dieser technischen Korrektur durch die Zerlegung rund 10,3 Mrd. DM[284] und damit etwa 7,2% des Länderanteils an der Lohn- und Körperschaftsteuer und dem Zinsabschlag.[285]

4.1.2.2 Umsatzsteuer-Vorwegausgleich

Auf dieser Ausgangsverteilung basierend erfolgt nun die Verteilung des Länderanteils an der Umsatzsteuer. Diese ist notwendig, da nach den politischen Willen des Verfassungs- und Gesetzgebers keine Zuordnung nach dem örtlichen Aufkommens erfolgen soll, weil die

[278] Vgl. Peffekoven, R. (1987), S. 186. Für eine Umstellung auf das Betriebstätten-Prinzip plädiert Liebig, C. (2002).

[279] Vgl. § 8 Zerlegungsgesetz.

[280] Vgl. Fuest, W. / Lichtblau, K. (1991), S. 17.

[281] Vgl. §§ 2-6 Zerlegungsgesetz.

[282] Vgl. Andel, N. (1998), S. 523 oder Lenk, T. (1999), S. 7.

[283] Biehl, D. (1983), S. 102.

[284] Vgl. Bayerisches Staatsministerium der Finanzen (2001a), S. 6.

[285] Der Länderanteil an der Lohn- und Körperschaftsteuer und dem Zinsabschlag betrug im Jahr 2000 142,2 Mrd. DM, vgl. Tabelle 23.

Umsatzsteuer unter den Ländern nicht örtlich radizierbar ist. Die Einfuhrumsatzsteuer[286] und die Umsatzbesteuerung im e-commerce werden beispielsweise ausschließlich vom Bund vereinnahmt, ohne dass feststellbar wäre, wo der eigentliche Verbrauchsort letztendlich liegt.

Seit der „Großen Finanzreform" von 1969 werden die Länderanteile am Umsatzsteueraufkommen zu mindestens 75% nach der Einwohnerzahl[287] und zu maximal 25% als Ergänzungsanteile nach Steuerkraftgesichtspunkten zwischen allen Ländern verteilt. Von den Ergänzungsanteilen partizipieren nur die Länder, deren Aufkommen aus Landessteuern und dem Länderanteil an der Einkommen- und Körperschaftsteuer und der Gewerbesteuerumlage je Einwohner unter 92% des Länderdurchschnitts liegen.[288] Wird dabei das Umsatzsteueraufkommen von 25% nicht in vollen Umfang benötigt, werden die restlichen Anteile nach der Einwohnerzahl auf die Länder verteilt. Bei Überschreiten der Ergänzungsanteile von 25% des Umsatzsteueranteils der Länder werden diese in entsprechender Höhe gekürzt.[289] Bisher reichte der 25%-Anteil für die Auffüllung auf 92% des Länderdurchschnitts stets aus.[290] Verglichen mit einer rein einwohnerbezogenen Verteilung belief sich der Umverteilungseffekt im Jahr 2000 auf 17 Mrd. DM[291], was etwa 14% des Länderanteils an der Umsatzsteuer[292] entspricht. Die Ergänzungsanteile an der Umsatzsteuer führen zu einer erheblichen Steuerkraftstärkung v.a. der ostdeutschen Flächenländer.[293] Zu Recht bezeichnet Geske deshalb die Ergänzungsanteile als „das größte Transferinstrument des bundesstaatlichen Finanzausgleichssystems in die neuen Länder"[294].

286 Die Einfuhrumsatzsteuer betrug im Jahr 2000 66,0 Mrd. DM und damit 7,2% der gesamten Steuereinnahmen, vgl. BMF Berlin (2001a), S. 11a.

287 Dabei ist jeweils die zum 30. Juni eines jeden Jahres vom Statistischen Bundesamt ermittelte Einwohnerzahl maßgebend, vgl. § 2 Abs. 3 FAG.

288 Vgl. Art. 107 Abs. 1 Satz 4 GG i.V.m. § 2 Abs. 1 und 2 FAG.

289 Vgl. Andel, N. (1998), S. 524.

290 Vgl. Lenk, T. (1999), S. 8.

291 Vgl. Bayerisches Staatsministerium der Finanzen (2001a), S. 7.

292 Der endgültige Länderanteil an der Umsatzsteuer betrug im Jahr 2000 121,2 Mrd. DM, vgl. Tabelle 23.

293 Diese betrug im Jahr 2000 pro Einwohner in Sachsen-Anhalt 1.572 DM, in Thüringen 1.550 DM, in Sachsen 1.463 DM, in Mecklenburg-Vorpommern 1.436 DM, in Brandenburg 1.378 DM, in Schleswig-Holstein 367 DM und in Niedersachsen 131 DM, vgl. Finanzministerium Niedersachsen (2002), S. 10.

294 Geske, O.-E. (2001a), S. 118.

Ab 2005 soll nicht mehr eine 100%-ige Auffüllung auf 92% des Länderdurchschnitts, sondern lediglich eine 95%-ige Auffüllung des an 97% des Länderdurchschnitts fehlenden Steueraufkommens erfolgen, wobei bis 100% ein degressiver Tarif zum Ansatz kommt.[295] Der Umsatzsteuer-Vorwegausgleich, dessen Volumen im Jahr 2000 schon höher als der eigentliche Länderfinanzausgleich im engeren Sinne war, wird damit im Ergebnis noch weiter ausgebaut werden.[296] Die Ergänzungsanteile an der Umsatzsteuer werden beim nun folgenden Länderfinanzausgleich im engeren Sinne als originäre Einnahmen den Ländern zugerechnet.

4.2 Der ergänzende aktive Finanzausgleich

4.2.1 Horizontaler Teil - Länderfinanzausgleich (im engeren Sinne)

Lenk nennt den Länderfinanzausgleich das „finanzwirtschaftliche Hauptinstrument des kooperativen Föderalismus“[297]. Dabei ist nach Art. 107 Abs. 2 GG sicherzustellen, dass die unterschiedliche Finanzkraft der Länder angemessen ausgeglichen wird, wobei die Finanzkraft und der Finanzbedarf der Gemeinden zu berücksichtigen sind. Einzelregelungen werden im Gesetz über den Finanzausgleich zwischen Bund und Länder (Finanzausgleichsgesetz – FAG)[298] getroffen. Grundsätzlich wird für jedes Land die Finanzkraft ermittelt, mit dem Finanzbedarf verglichen und anschließend die Unterschiedsbeträge durch gestaffelte horizontale Transfers angeglichen.

Als Indikator für die Finanzkraft wird für jedes Bundesland die *Finanzkraftmesszahl* als die Summe der Einnahmen eines Landes und seiner Gemeinden herangezogen.[299] In vollständiger Höhe werden die Landessteuern, die Länderanteile an den Gemeinschaftssteuern und an der

---

[295] Vgl. § 2 Abs. 2 des Art. 5 des Gesetzes zur Fortführung des Solidarpaktes, zur Neuordnung des bundesstaatlichen Finanzausgleichs und zur Abwicklung des Fonds „Deutsche Einheit“ (Solidarpaktfortführungsgesetz) vom 20.12.2001, im folgenden FAG 2005.

[296] Peffekoven merkt dazu an: „Alle grundsätzlichen Bedenken, die gegen den Umsatzsteuerausgleich vorgetragen werden, bleiben unberücksichtigt. Die Zahlung von Ergänzungsanteilen ist ein systemfremdes Element in der Steuerverteilung, da diese ansonsten nicht an Bedarfskriterien orientiert ist.“, Peffekoven, R. (2001b), S. 428. Ähnlich Fischer, H. (1992), S. 27. Zu den Wirkungen der Finanzausgleichsreform ab 2005 detailliert bei Lenk, T. (2001c).

[297] Lenk, T. (1999), S. 7.

[298] Gesetz über den Finanzausgleich zwischen Bund und Ländern – Finanzausgleichsgesetz (FAG) vom 23.06.1993.

[299] Vgl. § 6 Abs. 1 FAG.

Gewerbesteuerumlage sowie die bergrechtliche Förderabgabe[300] angesetzt. Zur Hälfte[301] werden der Gemeindeanteil an der Einkommensteuer, die um die geleistete Gewerbesteuerumlage verminderte Gewerbesteuer und die Grundsteuer angerechnet.[302] Bei der Grund- und Gewerbesteuer wird nicht das tatsächliche Aufkommen, sondern ein gesetzlich normiertes Durchschnittsaufkommen herangezogen, um die Hebesatzautonomie der Gemeinden zu berücksichtigen.[303] Diese reine Finanzkraftbetrachtung wird noch unsystematisch mit Bedarfselementen vermischt, da Hafenlast-Abgeltungsbeträge[304] von den Steuereinnahmen abgezogen werden dürfen.[305] Ab 2005 entfallen diese Abzugsbeträge. Als Kompensation erhalten Hamburg, Bremen, Mecklenburg-Vorpommern, Niedersachsen und Schleswig-Holstein Bundesleistungen in Höhe von insgesamt 75 Mio. DM pro Jahr in Form von Investitionshilfen nach Art. 104a Abs. 4 GG.[306]

Für den Finanzbedarf wird als Indikator eine sogenannte *Ausgleichsmesszahl* errechnet. Dabei wird das Steueraufkommen je Einwohner im Bundesdurchschnitt ermittelt und mit der Einwohnerzahl des jeweiligen Landes multipliziert.[307] Die Ausgleichsmesszahl ist damit zunächst keine Bedarfsmesszahl, sondern die mit der Bevölkerungszahl eines Landes multiplizierte bundesdurchschnittliche Pro-Kopf-Finanzkraftmesszahl und damit eine „Steuerkraftsollzahl“[308]. Auf diese Berechnung folgt die Veredelung der Einwohnerzahlen. Dabei wird der Finanzbedarf von Gemeinden und Städten nach Anzahl der Einwohner mit einem Faktor bis zu 1,3[309]

---

300 Vgl. § 31 Bundesberggesetz.

301 Ab 2005 erhöht sich diese Anrechnung von 50% auf 64%, vgl. Bayerisches Staatsministerium der Finanzen (2001b), S. 7.

302 Vgl. §§ 7 und 8 FAG.

303 Dies ergibt einen einheitlichen Hebesatz, der im Wesentlichen dem Bundesdurchschnitt entspricht, vgl. § 8 Abs. 2-4 FAG.

304 Hamburg 142 Mio. DM, Bremen 90 Mio. DM, Mecklenburg-Vorpommern 50 Mio. DM, Niedersachsen 18 Mio. DM, vgl. § 7 Abs. 3 FAG.

305 Die Wirkungen dieses Finanzkraftabzuges betrugen pro Einwohner im Jahr 2000 für Hamburg 67 DM, für Bremen 131 DM, für Mecklenburg-Vorpommern 24 DM und für Niedersachsen 1 DM, vgl. Finanzministerium Niedersachsen (2002), S. 16.

306 Vgl. Art. 9 Solidarpaktfortführungsgesetz. Zur Diskussion der Seehafenlasten bei Korioth, S. (2000) und Peffekoven, R. (1988a).

307 Vgl. § 6 Abs. 2 FAG.

308 Reding, K. / Postlep, R.-D. (1978), S. 155.

309 Der Faktor 1,3 findet bei Städten über 1 Mio. Einwohner Anwendung.

gewichtet.[310] Die Gültigkeit des oben beschriebenen Brecht'schen Gesetzes[311], d.h. die Zunahme der Ausgaben mit steigender Bevölkerungsdichte, wird also unterstellt.[312] Ab 2005 entfallen diese nach Gemeindegröße und Einwohnerdichte gestaffelten Einwohnerwertungen bei den Gemeindesteuern.[313] Dafür erhalten die Einwohner der dünnbesiedelten Länder Mecklenburg-Vorpommern mit 105%, Brandenburg mit 103% und Sachsen-Anhalt mit 102% eine höhere Gewichtung bei der Berechnung des Länderanteils der Ausgleichsmesszahl.[314] Die Stadtstaaten erbringen Leistungen für die Bewohner des Umlandes, ohne dafür durch einen kommunalen Finanzausgleich Zahlungen zu erhalten.[315] Deshalb werden bei der Berechnung des Länderanteils der Ausgleichsmesszahl die Einwohner der Stadtstaaten Berlin, Hamburg und Bremen mit dem Faktor 1,35 gewichtet.[316] Zudem sollen die erhöhten Belastungen aus den von den Stadtstaaten zu erfüllenden Funktionen als Wirtschaftszentren und Landeshauptstädte berücksichtigt werden.[317]

Der Ausgleich zwischen Finanzkraft und Finanzbedarf orientiert sich an der Abweichung der Finanzkraft eines einzelnen Landes (Finanzkraftmesszahl als Bemessungsgrundlage) von der durchschnittlichen Finanzkraft aller Länder (Ausgleichsmesszahl). Durch *Ausgleichszuweisungen*

[310] Vgl. § 9 Abs. 3 FAG. Die Einwohnergewichtung wurde 1923 zunächst als Ausgleich dafür eingeführt, dass die Umsatzsteuer nicht exakt dem örtlichen Aufkommen zugerechnet werden konnte, vgl. Dietrich, B. (1996), S. 36. Zu den quantitativen Auswirkungen der Einwohnerveredelung im Jahr 2000 vgl. Söllner, F. (2001), S. 544. Generell zur Berücksichtigung von kommunalen Sonderbedarfen vgl. RWI (2001).

[311] Siehe Teil 1, Kapitel 4.3.2.

[312] Dabei gilt dieses in der Regionalökonomie als zumindest überprüfungsbedürftig, vgl. Rosenfeld, M.T.W. (1999), S. 3.

[313] Zimmermann plädiert hingegen für die Beibehaltung der Besserstellung von Ballungsgebieten, vgl. Zimmermann, H. (2001), S. 226.

[314] Vgl. Bayerisches Staatsministerium der Finanzen (2001b), S. 7. In einem Gutachten im Auftrag des Bundesfinanzministeriums kam das Bundesamt für Bauwesen und Raumordnung zu dem Ergebnis, dass insbesondere die genannten drei dünnbesiedelten Flächenländer verursacht durch die Bereiche Kreis- und Gemeindestraßen, Jugendhilfe, öffentliche Sicherheit und Ordnung sowie Landwirtschaft und Forsten einen höheren abstrakten Mehrbedarf je Einwohner aufweisen, vgl. Bundesamt für Bauwesen und Raumordnung (2001), S. 99. Ähnlich Seitz in einem Gutachten für die Länder Brandenburg und Mecklenburg-Vorpommern, vgl. Seitz, H. (2002), S. 117.

[315] Vgl. Lenk, T. (1999), S. 8-9. Außer durch diese zentralörtliche Leistungen ist der Finanzbedarf zusätzlich durch agglomerationsbedingte Lasten und der Pendlerproblematik erhöht, vgl. Vesper, D. (2001a), S. 184. Scherf spricht sich hingegen für eine Abschaffung der Einwohnerwertung der Stadtstaaten aus. Deren zentralörtliche Funktionen sollten vielmehr durch eine modifizierte Zerlegung der Lohnsteuer weg vom Wohnsitzprinzip Rechnung getragen werden, vgl. Scherf, W. (2001), S. 232. Zur Einwohnerwertung der Stadtstaaten vgl. Lichtblau, K. (2001), Schuppert, G.F. (2000), Sünner, I. (2001) und Loeffelholz, H. D. von (2000).

[316] Vgl. § 9 Abs. 2 FAG. Diese Gewichtung wird auch nach der Reform des Finanzausgleichs 2005 beibehalten.

[317] Die Wirkungen der Einwohnerwertung der Stadtstaaten betrugen pro Einwohner im Jahr 2000 für Berlin 1.283 DM, für Bremen 1.267 DM und für Hamburg 1.042 DM, vgl. Finanzministerium Niedersachsen (2002), S. 19.

werden Fehlbeträge zur Ausgleichsmesszahl aufgefüllt, wobei Fehlbeträge bis 92% vollständig und zwischen 92% und 100% zu 37,5% ausgeglichen werden.[318] Der Ausgleichssatz beträgt damit bei einer Finanzkraftmesszahl unter 92% 100% und bei einer Finanzkraftmesszahl zwischen 92% und 100% 37,5%. Die Mindestfinanzkraft nach Länderfinanzausgleich eines Landes beträgt demnach 95% der Ausgleichsmesszahl.[319] Die Überschüsse der finanzstarken Länder werden durch progressive *Ausgleichsbeiträge* abgeschöpft. Länder, deren Finanzkraftmesszahl zwischen 100% und 101% liegt, müssen 15% des 100% übersteigenden Betrages abführen, während die Abschöpfungsquote in der Zone zwischen 101% und 110% 66% und darüber hinaus 80% beträgt.[320] Dabei werden die ausgleichspflichtigen Überschüsse in dem Maße herangezogen, dass die Summe der Ausgleichsbeiträge mit der Summe der Ausgleichszuweisungen übereinstimmt.[321] Vor 1995 blieben bei der Bemessung der Ausgleichsbeiträge von steuerstarken Ländern Steuerkraftzahlen zwischen 100% und 102% unberücksichtigt, bei einer Steuerkraft zwischen 102% und 110% wurden diese mit 70% und bei einer Steuerkraft über 110% sogar mit 100% abgeschöpft. Im Bereich der Steuerkraft wurden ab 1995 erstmals Abschöpfungsquoten zwischen 100% und 102% eingeführt, im Bereich 102% bis 110% diese leicht gesenkt (von 70% auf 66%) und ab 110% die bisherige Totalabschöpfung durch eine Abschöpfung zu 80% ersetzt. [322]

Durch sogenannte *Garantieregelungen* soll sichergestellt werden, dass ein ausgleichsberechtigtes Land mindestens 95% und ein ausgleichspflichtiges Land mindestens 100% der bundesdurchschnittlichen Landessteuereinnahmen erhält.[323] Gleichzeitig soll die ursprüngliche Finanzkraftreihenfolge unter den Zahlerländern beibehalten werden.[324] Andel stuft die Garantieklauseln des Finanzausgleichsgesetzes als absurd, extrem kompliziert und undurchsichtig[325] ein.

---

[318] Vgl. § 10 Abs. 1 FAG.

[319] Neumark fragt zu Recht, „(...) warum genügen einerseits nicht 90 % oder warum wird andererseits nicht statt 95 % eine vollständige = 100 %ige Ausgleichung vollzogen?", Neumark, F. (1978), S. 168.

[320] Vgl. § 10 Abs. 2 FAG.

[321] Vgl. Andel, N. (1998), S. 525.

[322] Vgl. § 10 Abs. 2 FAG 1969.

[323] Vgl. § 10 Abs. 3 und 4 FAG.

[324] Vgl. § 10 Abs. 5 FAG.

[325] Vgl. Andel, N. (1998), S. 525.

Bis zur Wiedervereinigung diente der horizontale Finanzausgleich lediglich als Spitzenausgleich zwischen wirtschaftlich relativ homogenen Ländern. Durch die Einbeziehung der extrem steuerschwachen neuen Bundesländer im Jahr 1995 hat sich dies grundlegend geändert. Im Jahr 1994, dem letzten Jahr ohne die ostdeutschen Länder, betrug das Ausgleichsvolumen im Länderfinanzausgleich 2.906 Mio. DM und hat sich im Jahr 1995 auf 11.195 Mio. DM nahezu vervierfacht.[326] Abbildung 9 stellt die ab 1995 geltenden Bemessungsgrundlagen und Ausgleichssätze dar, während Tabelle 23 die Zahlungen im Rahmen des Länderfinanzausgleichs des Jahres 1995, dem ersten Jahr mit Einbeziehung der neuen Bundesländer, und Tabelle 24 die Zahlungen im Rahmen des Länderfinanzausgleichs des Jahres 2000 gegenüberstellt.

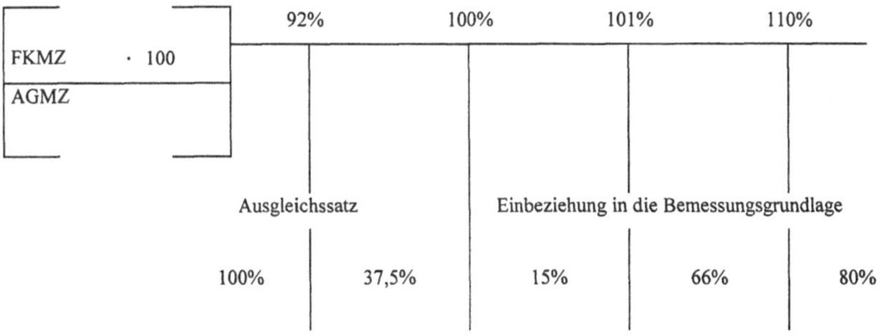

Erläuterungen: FKMZ = Finanzkraftmesszahl; AGMZ = Ausgleichsmesszahl.

Abb. 9: Bemessungsgrundlagen und Ausgleichssätze

Quelle: § 10 Abs. 1 und 2 FAG, Andel, N. (1998), S. 525.

326 Selbst 1990, dem Jahr mit dem höchsten Ausgleichsvolumen zwischen den westdeutschen Ländern, betrug dieses mit 4.024 Mio. DM lediglich 36% des Ausgleichsvolumens von 1995, vgl. BMF Berlin (2002b), S. 163.

Länderfinanzausgleich 1995	**insgesamt in Mio. DM**	**in DM pro Einwohner [a]**
Ausgleichspflichtige Länder:		
1. Hessen	-2.153	-360
2. Baden-Württemberg	-2.803	-273
3. Bayern	-2.532	-212
4. Nordrhein-Westfalen	-3.449	-194
5. Hamburg	-117	-69
6. Schleswig-Holstein	-141	-52
Summe	-11.195	
Ausgleichsberechtigte Länder:		
1. Berlin	4.222	1.216
2. Bremen	562	826
3. Mecklenburg-Vorpommern	771	421
4. Sachsen-Anhalt	1.123	407
5. Thüringen	1.019	405
6. Sachsen	1.773	387
7. Brandenburg	864	341
8. Saarland	180	166
9. Niedersachsen	452	59
10. Rheinland-Pfalz	229	58
Summe	11.195	

Tabelle 23: Zahlungen im Rahmen des Länderfinanzausgleichs 1995

[a] Der Berechnung liegen die Einwohnerzahlen am 31.12.1994 zugrunde, vgl. Statistisches Bundesamt (2001b), S. 45.

Quelle: BMF Berlin (2001a), S. 43, Statistisches Bundesamt (2001b), S. 45 und eigene Berechnungen.

Länderfinanzausgleich 2000	insgesamt in Mio. DM	in DM pro Einwohner [a]
Ausgleichspflichtige Länder:		
1. Hessen	-5.354	-885
2. Hamburg	-1.099	-645
3. Baden-Württemberg	-3.873	-370
4. Bayern	-3.749	-308
5. Nordrhein-Westfalen	-2.201	-122
Summe	-16.275	
Ausgleichsberechtigte Länder:		
1. Berlin	5.521	1.630
2. Bremen	872	1.315
3. Mecklenburg-Vorpommern	983	549
4. Thüringen	1.320	539
5. Sachsen-Anhalt	1.407	531
6. Sachsen	2.328	522
7. Brandenburg	1.263	486
8. Saarland	329	307
9. Rheinland-Pfalz	780	194
10. Niedersachsen	1.113	141
11. Schleswig-Holstein	358	129
Summe	16.275	

Tabelle 24: Zahlungen im Rahmen des Länderfinanzausgleichs 2000

[a] Der Berechnung liegen die Einwohnerzahlen am 31.12.1999 zugrunde, vgl. Statistisches Bundesamt (2001b), S. 45.

Quelle: BMF Berlin (2001a), S. 43 , Statistisches Bundesamt (2001b), S. 45 und eigene Berechnungen, Differenzen durch Rundung.

Das Ausgleichsvolumen im Länderfinanzausgleich im engeren Sinne ist von 11.195 Mio. DM im Jahr 1995 auf 16.275 Mio. DM im Jahr 2000 gestiegen, was einer Steigerung von 45,4% innerhalb von fünf Jahren entspricht. Für das Land mit der mit Abstand höchsten Ausgleichsverpflichtung, Hessen, führte dies zu einer Erhöhung der Abschöpfung pro Einwohner von 360 DM im Jahr 1995 auf 885 DM im Jahr 2000 (+146%). Die Zahlungen entfielen im Jahr 2000 zu 45% auf die neuen Länder (ohne Berlin), zu 34% auf Berlin und zu 21% auf die alten Bundesländer Niedersachsen, Bremen, Rheinland-Pfalz, Schleswig-Holstein und das Saarland.[327] Auffallend ist, dass sowohl in absoluten Zahlen als auch pro Einwohner mit Abstand die höchsten Zahlungen an Berlin gehen.[328]

Ab 2005 wird der bisherige Stufentarif durch einen linear-stetigen Tarif ersetzt.[329] Fehlbeträge zur Ausgleichsmesszahl auf 80% des Durchschnitts werden nur noch zu 75% ausgeglichen, Fehlbeträge zwischen 80% und 93% werden zu 75% auf 70% stetig fallend ausgeglichen und Fehlbeträge zwischen 93% und 100% werden zu 70% fallend auf 44% ausgeglichen. Die Abschöpfung der finanzstarken Länder erfolgt ab 2005 ebenfalls durch einen linear-stetigen Tarif. Bei einer Finanzkraftmesszahl zwischen 100% und 107% müssen 44% bis 70% des 100% übersteigenden Betrages abgeführt werden, bei einer Finanzkraftmesszahl zwischen 107% und 120% beträgt die Abführung 70% bis 75%, um bei einer Finanzkraftmesszahl ab 120% auf 75% zu verbleiben.[330] Zudem wird eine Abschöpfungsobergrenze von 72,5% der überdurchschnittlichen Steuerkraft als Deckelung für die Zahlerländer ab 2005 gelten. Dadurch sollen Anreize zur Schaffung von höheren Steuereinnahmen geschaffen werden.[331] Anreizwirkungen für Geber- und Nehmerländer sollen ab 2005 von einem Prämienmodell

327 Vgl. BMF Berlin (2001a), S. 43.

328 Zudem hat Berlin im Rahmen der Förderung aus dem Europäischen Regionalfonds (EFRE) in den Jahren 1994 bis 1999 insgesamt ca. 1,5 Mrd. DM erhalten, davon entfielen ca. 1,1 Mrd. DM auf Ostberlin (Ziel-1-Gebiet) und etwa 0,4 Mrd. DM auf Westberlin (Ziel-2-Gebiet), vgl. Blazejczak, J. (2002), S. 183.Eine kuriose Maßnahme zur Erhöhung der Zahlungen aus dem Länderfinanzausgleich stellt der Versuch dar, höhere Einwohnerzahlen zu erreichen, indem jeder Berliner Student, der seinen Erstwohnsitz in das Land Berlin verlegt, ein „Begrüßungsgeld" in Höhe von 110 € erhält, vgl. Lau, J. (2002).

329 Vgl. § 10 FAG 2005. Einen guten Überblick über die Neuregelungen ab 2005 findet sich bei Lenk, T. (2003) und Peffekoven, R. (2001b), knapper bei BMF Berlin (2002c), S. 99-102 und Steinbrück, P. (2001).

330 Vgl. Bayerisches Staatsministerium der Finanzen (2001b), S. 7-8.

331 Diese Deckelung ist lediglich für Hessen von Bedeutung , das im Jahr 2000 eine Abschöpfungsquote von 75% erreicht hat, vgl. Finanzministerium Niedersachsen (2002), S. 22.

ausgehen, nach dem 12% eines überdurchschnittlichen Anstiegs der Steuerkraft nicht in die Ausgleichsmasse eingehen.[332]

4.2.2 Vertikaler Teil - Bundesergänzungszuweisungen

Bundesergänzungszuweisungen gewährt „der Bund aus seinen Mitteln leistungsschwachen Ländern (...) zur ergänzenden Deckung ihres allgemeinen Finanzbedarfs (...)“[333]. Sie sollen als vertikale Transfers eine Ergänzung zum horizontalen Finanzausgleich der Länder und damit lediglich einen „Spitzenausgleich“[334] darstellen. Die mittlerweile erreichte Höhe der Bundesergänzungszuweisungen im Verhältnis zum horizontalen Länderfinanzausgleich widerspricht allerdings der lediglich ergänzenden Funktion.[335] So betrugen die Bundesergänzungszuweisungen 2000 insgesamt rund 26,1 Mrd. DM[336] und überstiegen damit den Länderfinanzausgleich im engeren Sinne mit 16,3 Mrd. DM deutlich.[337] Gemäß Urteil des Bundesverfassungsgerichts von 1999 ist dieses Verhältnis wegen dem aktuellen Sonderbedarf der neuen Länder aber „vorübergehend zu rechtfertigen“[338]. Für das Jahr 2005 ergibt sich aufgrund einer Vergleichsrechnung zwischen der bisherigen und der neuen Regelung eine Erhöhung der Zahlungen des Bundes an die Länder in Höhe von knapp 2,6 Mrd. DM.[339]

---

[332] Vgl. Bayerisches Staatsministerium der Finanzen (2001b), S. 7. Vor allem für die neuen Bundesländer mit noch niedriger, aber überproportionaler Zunahme der Steuerkraft, dürfte dies Anreizwirkungen entfalten, vgl. Peffekoven, R. (2001b), S. 428. Die bisherige Grenzbelastung der neuen Bundesländer liegt zwischen 94,6% in Sachsen und 97,9% in Mecklenburg-Vorpommern, d.h. diesen Ländern verbleiben von einer Erhöhung der Ländersteuern lediglich 2,1% bis 5,4% im eigenen Staatshaushalt, was den Anreiz zur Pflege der eigenen Steuerquellen nachhaltig beeinträchtigen dürfte, vgl. Spahn, P.B. (2001), S. 27-28.

[333] Art. 107 Abs. 2 GG.

[334] Zimmermann, H. / Henke, K.-D. (2001), S. 201.

[335] Vgl. Andel, N. (1998), S. 527 oder Peffekoven, R. (1998), S. 83.

[336] Vgl. BMF Berlin (2001a), S. 45. In Tabelle 21 ist die Höhe der Bundesergänzungszuweisungen für das Jahr 2000 mit 26,3 Mrd. DM angegeben. Dies erklärt sich durch eine unterschiedliche Erfassungmethodik. Die in Tabelle 23 dargestellte Aufteilung des Aufkommens an den Gemeinschaftssteuern stellt auf den Zeitpunkt des Zuflusses und damit auf die Kassenwirksamkeit ab, wohingegen es im folgenden darauf ankommt, für welches Ausgleichsjahr die Zahlungen erfolgt sind. Bis zur endgültigen Abrechnung des Länderfinanzausgleichs erhalten die Länder die Fehlbetrags-Bundesergänzungszuweisungen lediglich als Abschlagszahlung auf Basis einer vorläufigen Bemessungsgrundlage, vgl. E-Mail des Referats V A 4 beim BMF Berlin vom 03.02.2003.

[337] Fischer-Menshausen merkt dazu an, dass sich die Bundesergänzungszuweisungen von Ihrer „ursprünglich zugedachten Hilfsfunktion weit entfernt haben, was darauf hindeutet, daß die Zuweisungen Ausgleichsaufgaben übernommen haben, die eigentlich andere, primär zuständige Ausgleichsinstrumente hätten leisten sollen“, Fischer-Menshausen, H. (1996), S. 1047.

[338] BVerfG (1999), Absatz-Nr. 331.

[339] Vgl. Peffekoven, R. (2001b), S. 431. Huber kommentiert den Kompromiss zwischen dem Bund und den Ländern: „Auch der Bund kommt (...) recht gut davon und hat sich mit diesem Beitrag immerhin das leidige Thema Finanzausgleich rechtzeitig vor der Bundestagswahl vom Hals geschafft.“, Huber, B. (2001), S. 505.

Fehlbetrags-Bundesergänzungszuweisungen gewährt der Bund denjenigen Ländern, die nach dem horizontalen Finanzausgleich ausgleichsberechtigt sind. Dabei wird die an 100% fehlende Finanzkraft zu 90% ausgeglichen[340], so dass wegen der Garantie von 95% im Länderfinanzausgleich[341] mindestens 99,5% des Länderdurchschnitts erreicht werden. 2000 zahlte der Bund rund 7,2 Mrd. DM an Fehlbetrags-Bundesergänzungszuweisungen.[342] Ab 2005 wird nur noch eine an 99,5% fehlende Finanzkraft zu 77,5% ausgeglichen[343], die Mindestgarantie entfällt.[344] Während der Länderfinanzausgleich im engeren Sinne und die allgemeinen Fehlbetrags-Bundesergänzungszuweisungen finanzkraftorientiert sind, handelt es sich bei den folgenden Sonderbedarfs-Bundesergänzungszuweisungen um bedarfsorientierte Zuweisungen.

Zur Abgeltung von Sonderlasten[345] gewährt der Bund darüber hinaus zur Zeit aus vier unterschiedlichen Gründen *Sonderbedarfs-Bundesergänzungszuweisungen*:

(1) Zum Ausgleich von überdurchschnittlich hohen Kosten der politischen Führung und der zentralen Verwaltung[346] erhalten insgesamt neun Länder mit geringerer Einwohnerzahl[347] Sonderbedarfs-Bundesergänzungszuweisungen von zusammen 1,5 Mrd. DM pro Jahr.[348] Ab 2005 sinkt deren Volumen auf ca. 1,0 Mrd. DM pro Jahr.[349]

---

340 Vgl. § 11 Abs. 2 FAG.

341 Vgl. § 10 Abs. 1 FAG.

342 Im Jahr 2000 erhielten Niedersachsen 1.637 Mio. DM, Berlin 943 Mio. DM, Sachsen 931 Mio. DM, Rheinland-Pfalz 843 Mio. DM, Sachsen-Anhalt 552 Mio. DM, Brandenburg 542 Mio. DM, Schleswig-Holstein 512 Mio. DM, Thüringen 510 Mio. DM, Mecklenburg-Vorpommern 372 Mio. DM, das Saarland 225 Mio. DM und Bremen 164 Mio. DM an Fehlbetrags-Bundesergänzungszuweisungen, vgl. BMF Berlin (2001b), S. 166.

343 Vgl. Bayerisches Staatsministerium der Finanzen (2001b), S. 8.

344 Damit kommen die neuen Bundesländer im Jahr 2005 auf etwa 98% der durchschnittlichen Finanzkraft, vgl. Peffekoven, R. (2001b), S. 429.

345 Bei der Einbeziehung von Sonderbedarfen „muß damit gerechnet werden, daß hierdurch ein Bedarfswettlauf zwischen den Bundesländern erweckt wird“, Fischer, H. (1992), S. 33. Zur Diskussion um die Einbeziehung von Sonderbedarfen in den Finanzausgleich bei Peffekoven, R. (1990).

346 Vgl. § 11 Abs. 3 FAG.

347 Berlin und Rheinland-Pfalz erhalten 219 Mio. DM, Brandenburg, Mecklenburg-Vorpommern, Sachsen-Anhalt, Schleswig-Holstein und Thüringen jeweils 164 Mio. DM, das Saarland 153 Mio. DM und Bremen 126 Mio. DM (jeweils pro Jahr), vgl. BMF Berlin (2001b), S. 166.

348 Vgl. Andel, N. (1998), S. 527.

349 Das Bundesland Sachsen wurde bei der Neuregelung in den Kreis der zuweisungsberechtigten Länder aufgenommen, vgl. Finanzministerium Niedersachsen (2002), S. 37. Damit sind ab 2005 zehn von 16 Bundesländern sowie alle fünf ostdeutschen Länder und Berlin Empfänger von Bundesergänzungszuweisungen zum Ausgleich von besonderen Kosten der politischen Führung.

(2) Bis zunächst zum Jahr 2004 fließen den neuen Bundesländern einschließlich Berlins im Rahmen des Solidarpakts I Sonderbedarfs-Bundesergänzungszuweisungen in Höhe von jährlich 14 Mrd. DM[350] zu, um die Infrastrukturausstattung zu verbessern und ihre unterproportionale kommunale Finanzkraft auszugleichen.[351] Ab 2005 sollen mit dem Solidarpakt II für weitere 15 Jahre insgesamt 205 Mrd. DM zum Abbau der teilungsbedingten Sonderlasten eingesetzt werden.[352] Dabei nehmen die Leistungen von 20,5 Mrd. DM in 2005 bis auf 4,1 Mrd. DM in 2019 ab.[353]

(3) Zum Ausgleich überproportionaler Belastungen durch die Einbeziehung der neuen Länder in den Finanzausgleich ab dem 1.1.1995 erhalten die finanzschwachen alten Bundesländer degressiv[354] abnehmende Übergangs-Bundesergänzungszuweisungen, um den Verlust der eigenen Ausgleichsansprüche abzufedern. 2000 betrugen diese etwa 0,7 Mrd. DM.[355]

(4) Bremen und das Saarland erhielten von 1995 bis 1998 Sonder-Bundesergänzungszuweisungen von jährlich 1,8 bzw. 1,6 Mrd. DM zum Zwecke der Haushaltssanierung.[356] Sie sind im April 1999 vom Bundestag für den Zeitraum 1999 bis 2004 verlängert worden. Während dieses Zeitraumes sollen 7,7 bzw. 5,0 Mrd. DM in degressiven Jahresraten ausgezahlt werden.[357] Im Jahr 2000 wurde Bremen mit 1,6 Mrd. DM und das Saarland mit 1,1 Mrd. DM vom Bund unterstützt.[358]

Zusätzlich zu diesen Finanzausgleichsleistungen im engeren Sinne erhalten die neuen Länder und Berlin Finanzhilfen zur Investitionsfinanzierung gemäß Art. 104a Abs. 4 GG im Rahmen des

[350] Davon entfallen auf Sachsen 3.658 Mio. DM, auf Berlin 2.662 Mio. DM, auf Sachsen-Anhalt 2.208 Mio. DM, auf Thüringen 2.008 Mio. DM, auf Brandenburg 1.985 Mio. DM und auf Mecklenburg-Vorpommern 1.479 Mio. DM, vgl. BMF Berlin (2001b), S. 166.

[351] Ab 2002 kommen die bisherigen Zahlungen im Rahmen des Investitionsförderungsgesetzes Aufbau Ost von 6,6 Mrd. DM hinzu, so dass diese auf 20,6 Mrd. DM pro Jahr steigen, vgl. BMF Berlin (2001b), S. 83.

[352] Vgl. Art. 5 FAG 2005 und BMF Berlin (2001b), S. 84.

[353] Vgl. Renzsch, W. (2002b), S. 8.

[354] Die Beträge verringern sich seit 1996 um jährlich 10%, vgl. § 11 Abs. 5 Satz 2 FAG.

[355] Im Jahr 2000 erhielten Niedersachsen 252 Mio. DM, Rheinland-Pfalz 227 Mio. DM, Schleswig-Holstein 113 Mio. DM und das Saarland und Bremen jeweils 39 Mio. DM, vgl. BMF Berlin (2001b), S. 166.

[356] Vgl. § 11 Abs. 6 FAG sowie Andel, N. (1998), S. 527.

[357] Vgl. Hendricks, B. (1999), S. 5.

[358] Vgl. BMF Berlin (2001b), S. 166. Das DIW plädiert dafür, auch Berlin Bundeshilfen zur Entschuldung zu gewähren, vgl. Brenke, K. u.a. (2002), S. 180.

Investitionsförderungsgesetzes Aufbau Ost[359] in Höhe von 6,6 Mrd. DM pro Jahr.[360] Diese Mittel sollen insbesondere dazu dienen, den infrastrukturellen Nachholbedarf im Vergleich zu den alten Bundesländern abzubauen. Der Bund fördert dabei Investitionen in den öffentlichen Kapitalstock bis zu 90% der Investitionssumme.[361] Ab 2002 werden diese Mittel als Sonderbedarfs-Bundesergänzungszuweisungen zur Verfügung gestellt.[362]

Im Jahr 2000 betrugen die gesamten Umschichtungen im bundesstaatlichen Finanzausgleich rund 64,7 Mrd. DM.[363] Davon entfielen auf den Umsatzsteuer-Vorwegausgleich 17,0 Mrd. DM (26,3%), auf den Länderfinanzausgleich im engeren Sinne 16,3 Mrd. DM (25,2%), auf die Bundesergänzungszuweisungen 26,1 Mrd. DM (40,3%)[364] und auf die Finanzierung des Fonds „Deutsche Einheit" durch die alten Länder 5,3 Mrd. DM (8,2%).[365] Der Fonds „Deutsche Einheit" hatte bis zur Neuregelung des Finanzausgleichs zum 1.1.1995 die Aufgabe, den Finanzbedarf der neuen Länder zu decken.[366] Er ersetzte für die neuen Länder bis einschließlich 1994 den horizontalen Finanzausgleich zwischen den Bundesländern und die Bundesergänzungszuweisungen.[367] Er soll ab dem 1.1.2005 in den Finanzausgleich integriert werden.[368] Der eigentliche Länderfinanzausgleich im engeren Sinne umfasst also nur ein Viertel des gesamten Transfervolumens. Leicht darüber liegt der Umsatzsteuer-Vorwegausgleich, wobei die Bundesergänzungszuweisungen mit 40% den größten Transferanteil stellen. Tabelle 25 zeigt das Volumen und den Anteil der einzelnen Transferinstrumente des Finanzausgleichs im Jahr 2000.

359 Vgl. Gesetz zur Umsetzung des Föderalen Konsolidierungsprogramms (FKPG), Art. 35: Gesetz zum Ausgleich unterschiedlicher Wirtschaftskraft und zur Förderung des wirtschaftlichen Wachstums in den neuen Bundesländern (Investitionsförderungsgesetz Aufbau Ost).

360 Dabei erfolgt folgende Aufteilung: Berlin 1.255 Mio. DM, Brandenburg 936 Mio. DM, Mecklenburg-Vorpommern 697 Mio. DM, Sachsen 1.725 Mio. DM, Sachsen-Anhalt 1.041 Mio. DM und Thüringen 946 Mio. DM, vgl. BMF Berlin (1999b), S. 161-162.

361 Vgl. BMF Berlin (1999b), S. 162.

362 Vgl. BMF Berlin (2001b), S. 83.

363 Davon gingen etwa 81% in die Haushalte der neuen Länder, vgl. Geske, O.-E. (2001b), S. 218. Die in Kapitel C.4.1.2.1 beschriebene Lohn- und Körperschaftsteuerzerlegung wird hierbei nicht berücksichtigt.

364 Ohne Finanzhilfen zur Investitionsfinanzierung im Rahmen des Investitionsförderungsgesetzes Aufbau Ost.

365 Vgl. Bayerisches Staatsministerium der Finanzen (2001a), S. 11.

366 Die Schulden des Fonds betrugen zum 31.12.2000 78,6 Mrd. DM, vgl. BMF Berlin (2001b), S. 321.

367 Vgl. Renzsch, W. (1991), S. 277.

368 Vgl. BMF Berlin (2001b), S. 84. Zur Integration des Fonds „Deutsche Einheit" in den Länderfinanzausgleich vgl. Lenk, T. (2001a).

Transferinstrumente im Jahr 2000	in Mrd. DM	in %
Umsatzsteuer-Vorwegausgleich	17,0	26,3
Länderfinanzausgleich im engeren Sinne	16,3	25,2
Bundesergänzungszuweisungen	26,1	40,3
Finanzierung des Fonds „Deutsche Einheit“	5,3	8,2
Summen	64,7	100,0

Tabelle 25: Transferinstrumente im Finanzausgleich

Quelle: Bayerisches Staatsministerium der Finanzen (2001a), S. 11.

5 ENTWICKLUNG DER GESETZLICHEN GRUNDLAGEN DES FINANZAUSGLEICHS

5.1 Vom Grundgesetz bis zur deutschen Einheit

Im folgenden sollen lediglich die gesetzlichen Grundlagen des Finanzausgleichs im engeren Sinne und dabei im Wesentlichen die Entwicklung nach dem zweiten Weltkrieg[369] näher besprochen werden. Im Deutschen Reich ab 1871 hatten die Länder eine hohe finanzielle Unabhängigkeit, das Reich war zu einem wesentlichen Teil „Kostgänger der Länder“[370]. Die Bundesstaaten hatten sogenannte Matrikularbeiträge an das Reich abzuführen.[371] Dabei wurden starke Unterschiede in der Leistungsfähigkeit der einzelnen Länder akzeptiert und nicht als angleichungsbedürftig empfunden.[372] Erst 1923 wurde in der Weimarer Republik das erste Finanzausgleichsgesetz verabschiedet, das die Steuerverteilung zwischen Reich und Ländern regelte.[373] Mit der faktischen Abschaffung der Länder durch deren Gleichschaltung im „Dritten

[369] Ein guter Überblick für den Zeitraum nach dem 2. Weltkrieg bis Anfang der 1980er-Jahre von Biehl, D. (1983) und Littmann, K. (1983).

[370] Wendt, R. (1990), S. 1027.

[371] Art. 70 der Verfassung des Deutschen Reiches von 1871 definiert diese als „Beiträge der einzelnen Bundesstaaten nach Maßgabe ihrer Bevölkerung“, zitiert nach Schneider, H.-P. (1997), S. 469. Näheres zu den Matrikularbeiträgen vgl. Scharowsky, J. (1953), S. 100-106.

[372] Vgl. Wendt, R. (1990), S. 1027.

[373] Vgl. Bickel, W. (1956), S. 731.

Reich" ging die Staatsgewalt und damit auch die Steuergewalt 1934 vollständig auf das Reich über.[374] Die zentrale Stellung des Reiches hatte damit auch in der Finanzverfassung ihren Niederschlag gefunden.[375]

Aus diesen historischen Erfahrungen aufbauend sahen es insbesondere die Alliierten als notwendig an, den Ländern eine weit höhere Autonomie als in der Zeit Hitler-Deutschlands einzuräumen. Der erste Finanzausgleich zwischen den Ländern nach dem zweiten Weltkrieg erfolgte 1949 ohne gesetzliche Grundlage auf freiwilliger Basis. Bereits 1948 gewährten die reicheren Länder der Tri-Zone[376] den durch die Flüchtlingsströme v.a. aus Polen, der Tschechoslowakei und Ungarn besonders betroffenen Bundesländern Schleswig-Holstein, Niedersachsen und Bayern zinslose Kassenkredite.[377] Da die Finanzkraft der Bundesländer aufgrund der unterschiedlich starken Kriegsschäden und Kriegsfolgelasten sehr heterogen war und damit eine gleichmäßige Versorgung mit öffentlichen Leistungen nicht gesichert war, entschloss sich der Parlamentarische Rat bei der Verabschiedung des Grundgesetzes 1949 zu zwei Ausgleichsinstrumenten: einen vertikalen Finanzausgleich zwischen dem Bund und den Ländern nach Art. 106 Abs. 3 GG und einen horizontalen Finanzausgleich zwischen den Ländern nach Art. 106 Abs. 4 GG.[378] Letzterer wurde noch nicht gesetzlich fixiert, sondern bestand lediglich aus einer Ermächtigung des Bundes, mit Zustimmung des Bundesrates ein Gesetz zu erlassen, das aus einen Teil der Ländersteuern von steuerstarken Bundesländern Zuweisungen des Bundes zugunsten steuerschwacher Länder vorsah.[379]

Durch die Neufassung des Art. 107 GG und dem Finanzverfassungsgesetz wurde 1955[380] die Zerlegung einzelner Steuern ermöglicht, um Verzerrungen des örtlichen Aufkommens zu

[374] Vgl. Gesetz über den Neuaufbau des Reiches vom 30.01.1934.

[375] Zur näheren Betrachtung des Finanzausgleichs von 1871 bis 1945 empfiehlt sich Becker, R. (1981), Henle, W. (1964), S. 108-112 und Müller, R. (1995), S. 22-32.

[376] Diese bestand aus den Ländern in der amerikanischen, britischen und französischen Zone.

[377] Vgl. Biehl, D. (1983), S. 79.

[378] Fassung des Grundgesetzes vom 23. Mai 1949, vgl. Schneider, H.-P. (1997), S. 433.

[379] Ehrlicher bezeichnet diesen im Gegensatz zu Biehl noch als vertikalen Ausgleich und erst die explizite Regelung ab 1955 als horizontalen Finanzausgleich, vgl. Ehrlicher, W. (1988), S. 683. Der Gesetzestext selbst spricht aber schon von „ausgleichsberechtigten Ländern", Art. 106 Abs. 4 der Fassung des Grundgesetzes vom 23. Mai 1949, vgl. Schneider, H.-P. (1997), S. 433.

[380] Vgl. Finanzverfassungsgesetz vom 23.12.1955.

bereinigen. Die bisherige fakultative Regelung beim horizontalen Finanzausgleich wurde in Art. 107 Abs. 2 GG ersetzt durch die Vorschrift des Ausgleichs zwischen leistungsfähigen und leistungsschwachen Ländern.[381]

Mit der sogenannten „Großen Finanzreform" von 1969[382] wurde der horizontale Finanzausgleich in seiner heutigen Form konzipiert[383] und das erste Finanzausgleichsgesetz[384] verabschiedet. Die Bemessung der Ausgleichszuweisungen für steuerschwache Länder ist bis heute im Grundsatz unverändert geblieben.[385] Ab 1995[386] wurden die neuen Länder in ein nur geringfügig modifiziertes Finanzausgleichssystem miteinbezogen.[387] Damit wurde die Chance vertan, den Länderfinanzausgleich umfassend zu reformieren.[388]

5.2 Das Urteil des Bundesverfassungsgerichts

Die Länder Baden-Württemberg, Bayern und Hessen hatten in Karlsruhe vor dem Bundesverfassungsgericht geklagt, weil sie ihrer Auffassung nach zu viele Finanzmittel an finanzschwächere Bundesländer abführen müssen.[389] Die fortwährenden Auseinandersetzungen entstehen durch die vielfältigen Interpretationsmöglichkeiten der unbestimmten Rechtsbegriffe in

[381] Vgl. Biehl, D. (1983), S. 94. Eine gute Zusammenfassung des Rechtsstandes von 1955 bis zur Finanzreform 1969 von Henle, W. (1964), S. 112-132.

[382] Vgl. Finanzreformgesetz vom 12.05.1969, näheres zur Reform vgl. Loeffelholz, H. D. von (1993).

[383] Zum jetzigen System des Länderfinanzausgleichs siehe unter C.4.2.1.

[384] Vgl. Gesetz über den Finanzausgleich zwischen Bund und Ländern (Finanzausgleichsgesetz – FAG) vom 28.08.1969 (im folgenden: FAG 1969).

[385] Vgl. § 10 Abs. 1 FAG 1969.

[386] Eine gute Zusammenfassung der Übergangsregelungen in der Zeit zwischen der Deutschen Einheit am 03.10.1990 und der Einbeziehung der neuen Länder in den Finanzausgleich am 01.01.1995 von Fischer, H. (1992), S. 23-34. Gottfried und Wiegard errechneten einen Vorteil der alten Länder in Höhe von 81,6 Mrd. DM durch die Nichteinbeziehung der neuen Länder in den Finanzausgleich für die Jahre 1991 bis 1994. Verlierer sind dabei der Bund mit 50,5 Mrd. DM und die neuen Länder mit 31,1 Mrd. DM, vgl. Gottfried, P. / Wiegard, W. (1991a), S. 16.

[387] Vgl. § 33 des Gesetzes zur Umsetzung des Föderalen Konsolidierungsprogramms (FKPG) vom 23.06.1993. Zur Neuordnung des Finanzausgleichs ausführlich bei Bösinger, R. (1999), S. 59-274 und zusammenfassend bei Selmer, P. (1994).

[388] Vgl. Peffekoven, R. (1994), S. 282.

[389] Regelungen des Finanzausgleichsgesetzes wurden schon des öfteren dem Bundesverfassungsgericht zur Entscheidung vorgelegt, so z. B. Normenkontrollanträge der Länder Baden-Württemberg und Nordrhein-Westfalen im Jahr 1983, vgl. Schuppert, G.F. / Dahrendorf, F. (1985), S. 5 oder Normenkontrollanträge von sechs Bundesländern im Jahr 1986 und von vier Bundesländern im Jahr 1992, vgl. Carl, D. (1995), S. 5. Den bisher letzten Normenkontrollantrag reichten die Bundesländer Baden-Württemberg, Bayern und Hessen 1998 ein, vgl. Renzsch, W. (2002b).

Art. 107 GG. Demnach hat der Gesetzgeber sicherzustellen, dass die unterschiedliche Finanzkraft der Länder angemessen ausgeglichen wird.[390] Was ist aber nun ein „angemessener" Ausgleich und was genau wird unter der „Finanzkraft" eines Landes verstanden?

Nach dem Urteil des Zweiten Senats des Bundesverfassungsgerichtes vom 11. November 1999[391] ist das derzeit geltende Finanzausgleichsgesetz bis Ende des Jahres 2004 als Übergangsrecht anwendbar, wenn der Gesetzgeber spätestens bis zum 31. Dezember 2002 allgemeine Maßstäbe festlegt, welche die unbestimmten Begriffe im Steuerverteilungs- und Ausgleichssystem des Grundgesetzes konkretisieren und ergänzen (Maßstäbegesetz). Wenn ein solches Gesetz nicht bis zum 1. Januar 2003 in Kraft getreten ist, wird das derzeitige Finanzausgleichsgesetz verfassungswidrig und damit nichtig. Auf der Grundlage des Maßstäbegesetzes muss der Gesetzgeber das Finanzausgleichsgesetz bis zum 31. Dezember 2004 neu regeln.[392]

Das Bundesverfassungsgericht fordert den Gesetzgeber auf, langfristig anwendbare Maßstäbe zu bestimmen, anhand derer konkrete Finanzausgleichsmaßnahmen abgeleitet werden können.[393] Dabei sollen folgende drei Rechtserkenntnisquellen zur Anwendung kommen: Zunächst soll erstens das *Grundgesetz* in der Stetigkeit des Verfassungsrechts allgemeine Prinzipien festlegen, daraus leitet zweitens der Gesetzgeber im *Maßstäbegesetz* langfristige Zuteilungs- und Ausgleichsmaßstäbe ab, die drittens im *Finanzausgleichsgesetz* konkrete kurzfristige Zuteilungs- und Ausgleichsfolgen bedingen.[394] Damit soll sichergestellt werden, „daß die Maßstäbe der Steuerzuteilung und des Finanzausgleichs bereits gebildet sind, bevor deren spätere Wirkungen konkret bekannt werden"[395].

Mit dieser strikten Trennung von langfristigen Verfassungsentscheidungen über Institutionen (Verfassungsfunktion) und laufenden kurzfristigen Entscheidungen über die Bereitstellung von öffentlichen Gütern im engeren Sinne (Bereitstellungsfunktion) sollen abstrakte Kriterien für konkrete Finanzfolgen geschaffen werden. Dabei ist die Verfassungsfunktion als allgemeiner

390 Vgl. Art. 107 Abs. 2 Satz 1 GG.

391 Vgl. BVerfG (1999), Absatz-Nr. 1-347.

392 Vgl. BVerfG (1999), Absatz-Nr. 346.

393 Vgl. BVerfG (1999), Absatz-Nr. 273.

394 Vgl. BVerfG (1999), Absatz-Nr. 278.

395 BVerfG (1999), Absatz-Nr. 280.

Ordnungsrahmen für die Bereitstellung öffentlicher und privater Güter der Leistungs- oder Bereitstellungsfunktion übergeordnet.[396] Dieses Vorgehen führt zu einer Erleichterung von Verfassungsentscheidungen, da bei diesen nicht vorhersehbar ist, wann diese sich für oder gegen das entscheidende Individuum oder die Gruppe auswirken.[397] Durch diesen „Schleier der Unwissenheit“[398] oder der „Ungewissheit“[399] entsprechen Verfassungsentscheidungen eher den langfristigen Präferenzen der Bürger und ihrer Vertreter.[400] Solche Entscheidungen über den institutionellen Rahmen stellen „eine Art von ‚Investition‘ dar, mit deren Hilfe eine große Entscheidungskapazität geschaffen wird, die über lange Zeit kostengünstig genutzt werden kann“[401]. Geske wendet hier allerdings zu Recht ein, dass zwar ein Maßstäbegesetz ohne quantitative Festlegungen möglich sei, es dabei aber der „Kenntnisse der quantitativen Zusammenhänge und der Folgen der zu regelnden Finanzausgleichsmaterie“[402] bedarf.

Der Zweite Senat hat in seinem Urteil vom November 1999 festgestellt, dass der Finanzausgleich die Balance zwischen der eigenverantwortlichen Selbständigkeit der Länder und der Solidargemeinschaft der Länder untereinander zu finden hat.[403] Art. 107 Abs. 2 GG fordert also nicht eine finanzielle Gleichstellung der Länder, sondern lediglich eine Verringerung der Unterschiede, damit jedes Land eine zur Bewältigung seiner Aufgaben entsprechende Finanzkraft aufweist.[404] Somit darf im Rahmen des horizontalen Finanzausgleichs die Finanzkraftreihenfolge unter den Ländern vermindert, aber nicht verkehrt werden.[405] Die bisher im Finanzausgleichsgesetz vorgenommene Praxis der Einwohnergewichtung[406] hält das Bundesverfassungsgericht für überprüfungsbedürftig.[407] So sind manche öffentliche Leistungen

396 Vgl. Biehl, D. (1994), S. 102-103.

397 Vgl. Biehl, D. (1994), S. 102.

398 „veil of ignorance“ bei Rawls, J. (1972), S. 136-142. Döring / Stahl sehen dies als nicht vereinbar mit demokratischen Grundprinzipien und einer institutionenorientierten Wirtschafts- und Finanzpolitik, vgl. Döring, T. / Stahl, D. (2000), S. 39.

399 „uncertainty“ bei Buchanan, J.M. / Tullock, G. (1962), S. 37, 38.

400 Vgl. Biehl, D. (1994), S. 102.

401 Biehl, D. (1994), S. 102.

402 Geske, O.-E. (2001a), S. 76.

403 Vgl. BVerfG (1999), Absatz-Nr. 292.

404 Vgl. BVerfG (1999), Absatz-Nr. 291.

405 Vgl. BVerfG (1999), Absatz-Nr. 292.

406 Vgl. § 9 Abs. 3 FAG.

407 Vgl. BVerfG (1999), Absatz-Nr. 319.

in Städten deutlich kostengünstiger zu erbringen, da die Gemeinkosten auf eine größere Bevölkerungszahl umgelegt werden können.[408] Bei der Höhe der Bundesergänzungszuweisungen sieht das Gericht den Empfängerkreis auf die Länder beschränkt, die nach Durchführung des Länderfinanzausgleichs unter dem Länderdurchschnitt geblieben sind. Damit soll dem Nivellierungsverbot Rechnung getragen werden.[409] Die Sonder-Bundesergänzungszuweisungen für Bremen und das Saarland sind hingegen nicht zu beanstanden, da diese bis zum Wegfall im Jahr 2004 degressiv abnehmen und somit die Hilfe zur Selbsthilfe stärken werden.[410]

5.3 Das Maßstäbegesetz

Der Deutsche Bundestag ist der Aufforderung des Gerichts nachgekommen und hat mit Zustimmung des Deutschen Bundesrates das Maßstäbegesetz[411] und das neue Finanzausgleichsgesetz[412] beschlossen.[413] Bei der Verteilung des Umsatzsteueraufkommens wiederholt das Maßstäbegesetz lediglich die bisherige Fixierung auf das Deckungsquotenprinzip und fordert die Umsetzung des Maastricht-Vertrages sowie des europäischen Stabilitäts- und Wachstumspaktes zur Begrenzung des gesamtstaatlichen Defizits.[414] Hingegen sind die Regelungen zum Länderfinanzausgleich sehr konkret und lassen den geforderten „Schleier des Nichtwissens“[415] sehr durchsichtig werden.[416] So schreibt das Maßstäbegesetz vor, dass den abstrakten Mehrbedarfen der Stadtstaaten durch eine Modifizierung der Einwohnerzahl Rechnung zu tragen ist. Dieses wird auch für die besonders dünn besiedelten Flächenländer ermöglicht, aber nicht wie im Falle der Stadtstaaten vorgeschrieben.[417] Die explizite

---

408 Vgl. BVerfG (1999), Absatz-Nr. 321.

409 Vgl. BVerfG (1999), Absatz-Nr. 334.

410 Vgl. BVerfG (1999), Absatz-Nr. 337.

411 Vgl. Gesetz über verfassungskonkretisierende allgemeine Maßstäbe für die Verteilung des Umsatzsteueraufkommens, für den Finanzausgleich unter den Ländern sowie für die Gewährung von Bundesergänzungszuweisungen (Maßstäbegesetz - MaßStG) vom 09.09.2001.

412 Vgl. Art. 5 FAG 2005. Die Darstellung der Neufassung des FAG ab 2005 erfolgt nach der Darstellung des derzeit gültigen Finanzausgleichsrechts im Kapitel C.4.2.

413 Problematisch erscheint hierbei die Konstruktion eines langfristigen Maßstäbegesetzes als Zwischenglied zwischen der Verfassung (Grundgesetz) und einem einfachen Gesetz (Finanzausgleichsgesetz), da es selbst als einfaches Gesetz ausgestaltet ist. Zu der Kritik an der zweistufigen Gesetzeshierarchie vgl. Welti, F. / Fakhreshafaei, R. (2001), S. 103. Zum Konzept eines Maßstäbegesetzes bei Wieland, J. (2000).

414 Vgl. § 4 MaßStG.

415 Vgl. BVerfG (1999), Absatz-Nr. 282.

416 Peffekoven fragt zu Recht, „was hinsichtlich des Länderfinanzbedarfs außer dem Ausgleichstarif eigentlich noch Regelungsmasse eines FAG bleibt“, Peffekoven, R. (2001a), S. 207.

417 Vgl. § 8 Abs. 3 MaßStG.

Ausgleichshöhe wird zwar einen eigenen Finanzausgleichsgesetz überlassen, das Maßstäbegesetz legt jedoch fest, dass eine Reihenfolgevertauschung der Finanzkraft unter den Ländern auszuschließen ist.[418] Bei den Bundesergänzungszuweisungen betont das Maßstäbegesetz deren ergänzenden und nachrangigen Charakter. Ihr Volumen darf grundsätzlich im Verhältnis zum Gesamtvolumen des Länderfinanzausgleichs nicht beträchtlich sein.[419] Allgemeine Bundesergänzungszuweisungen dürfen nicht zu einer Nivellierung der Finanzkraft der Länder führen[420], Sonderbedarfs-Bundesergänzungszuweisungen dürfen nur aufgrund von besonderen Gründe gewährt werden[421]. Letztere sind zudem zu befristen und nach Möglichkeit degressiv auszugestalten.[422] Damit soll der Ausnahmecharakter der Sonderbedarfs-Bundesergänzungszuweisungen betont werden. Das Maßstäbegesetz ist analog zur Laufzeit des Solidarpakts II bis zum 31.12.2019 befristet.[423]

418 Vgl. § 9 MaßStG.

419 Vgl. § 10 Abs. 3 MaßStG. Hierbei dürften sich Schwierigkeiten bei der Auslegung des unbestimmten Begriffs „nicht beträchtlich" ergeben.

420 Vgl. § 11 Abs. 2 MaßStG.

421 Vgl. § 12 Abs. 1 MaßStG.

422 Vgl. § 12 Abs. 3 MaßStG. Ausnahmen von der zeitlichen Befristung stellen die Sonderbedarfs-Bundesergänzungszuweisungen für die Kosten politischer Führung kleinerer Länder dar, vgl. § 12 Abs. 6 MaßStG.

423 Vgl. § 15 MaßStG i.V.m. § 20 Solidarpaktfortführungsgesetz (SFG). Die zeitliche Befristung zeigt nach Lenk die Scheu des Gesetzgebers „vor einem zu dichten ‚Schleier des Nichtwissens' ", Lenk, T. (2001d), S. 435.

6 UMSETZUNG DES EUROPÄISCHEN GEMEINSCHAFTSRECHTS IN DER FINANZVERFASSUNG

Bis zur Diskussion um die offizielle Rüge der Europäischen Kommission wegen des Defizits der öffentlichen Haushalte knapp unter 3% des BIP im Jahr 2001 wurden nur Absichtserklärungen für einen nationalen Stabilitätspakt veröffentlicht.[424] Im Februar 2002 haben sowohl die Deutsche Bundesbank[425] als auch das Deutsche Institut für Wirtschaftsforschung (DIW)[426] eine innerstaatliche Umsetzung des europäischen Gemeinschaftsrechts gefordert. Das DIW plädiert dabei für eine vertikale und eine horizontale Aufteilung der Defizitquote. Bei der vertikalen Verteilung wird eine jährliche Neuverschuldungsgrenze von jeweils 1,5% des BIP für den Bund und für die Länder empfohlen. Die Gemeinden werden hierbei den Ländern zugerechnet, da diese nur begrenzte Verschuldungsmöglichkeiten haben, weil ihre Haushaltspläne von den Ländern genehmigt werden müssen. Bei der horizontalen Aufteilung könnte die Defizitgrenze entsprechend den Einwohnerzahlen zwischen den einzelnen Bundesländern aufgeteilt werden.

Ende März 2002 haben sich Bund und Länder im Finanzplanungsrat[427], in dem Bund, Länder, Kommunen und Bundesbank vertreten sind, auf die vertikale Aufteilung des gesamtstaatlichen Verschuldungsspielraums geeignet. Danach darf der Bund einschließlich der Sozialversicherungen ab 2003[428] 45% und die Länder mit den Gemeinden 55% des zulässigen Defizits von 3% des BIP nutzen. Für den Bund mit den Sozialversicherungen ergibt sich somit eine maximale Verschuldung von 1,35%, für Länder und Gemeinden von 1,65% des BIP. Eine explizite horizontale Aufteilung auf die einzelnen Länder wurde nicht vereinbart. Länder und Gemeinden verpflichten sich lediglich, ihren jährlichen Ausgabenzuwachs auf 1% zu begrenzen, während der Bund seine Ausgaben in den nächsten Jahren um durchschnittlich 0,5% kürzen will.

---

[424] So das BMF Berlin: „Die Bundesregierung strebt weiterhin eine Einigung mit den Ländern über ein innerstaatliches Verfahren an, das es der Bundesrepublik Deutschland ermöglicht, die im Vertrag von Maastricht festgelegten Verpflichtungen zur Vermeidung eines übermäßigen öffentlichen Defizits nachhaltig zu erfüllen.", BMF Berlin (2000b), S. 80.

[425] Vgl. Deutsche Bundesbank (2002), S. 62-63 oder Remsperger, H. (2002), S. 16.

[426] Vgl. Vesper, D. (2002).

[427] Der Finanzplanungsrat hat nach § 51 Haushaltsgrundsätzegesetz (HGrG) die Aufgabe, die Finanzplanung von Bund, Ländern und Gemeinden zu koordinieren. Er setzt sich aus dem Bundesminister der Finanzen (Vorsitz) und die für Finanzen zuständigen Minister bzw. Senatoren aller 16 Bundesländer sowie Vertreter der Gemeinden und Gemeindeverbände zusammen. Die Deutsche Bundesbank nimmt als Gast an den Beratungen des Finanzplanungsrates teil, die zweimal jährlich stattfinden. Näheres zur Verschuldungsautonomie deutscher Gebietskörperschaften vgl. Fürst, B. (1997).

[428] Vgl. Peffekoven, R. (2002a), S. 20.

Allerdings konnten die Länder eine Lockerung der Verschuldungsgrenzen für Länder durchsetzen, die bereits für die Jahre 2002 und 2003 Doppelhaushalte verabschiedet haben. Zudem sollen auch Sondereffekte bei der Bewertung der Ausgabenzuwächse berücksichtigt werden, was zu einer Aufweichung der Vereinbarung führt.[429]

Seit dem 1. Juli 2002 ist der § 51a des Haushaltsgrundsätzegesetzes[430] in Kraft, nach dem der Finanzplanungsrat unter Berücksichtigung der volks- und finanzwirtschaftlichen Faktoren Empfehlungen zur Haushaltsdisziplin, insbesondere zu einer gemeinsamen Ausgabenlinie im Sinne des § 4 Abs. 3 Maßstäbegesetz, geben kann. Der Finanzplanungsrat erörtert auf dieser Grundlage die Vereinbarkeit der Haushaltsentwicklung, v.a. der Ausgaben und der Finanzierungssalden von Bund und Ländern einschließlich ihrer Gemeinden und Gemeindeverbände, mit den Bestimmungen des Maastricht-Vertrages und des europäischen Stabilitäts- und Wachstumspaktes[431] und gibt erforderlichenfalls Empfehlungen zur Wiederherstellung der Haushaltsdisziplin. Allerdings macht diese Form des kooperativen Föderalismus aufwendige Verhandlungslösungen notwendig und durch die Beteiligung von verschiedenen Ebenen büßt das gesamte Finanzsystem erheblich an Flexibilität ein.[432] Im Ergebnis hat das häufig dazu geführt, dass sich Bund und Länder in der Erfüllung ihrer Aufgaben gegenseitig blockieren. Die Länder können ihre Aufgaben aufgrund der Dominanz des Bundes bei der Gesetzgebungshoheit nicht mehr nach eigenen Vorstellungen gestalten, während der Bund in manchen Bereichen von den Ländern durch ihr Mitwirkungsrecht im Bundesrat bei zustimmungspflichtigen Gesetzen blockiert wird.[433] Die Länder haben sich ihre Kooperation in der Vergangenheit oftmals teuer bezahlen lassen. Der Bund konnte teilweise auch dann Länder durch die Versprechen finanzieller Vorteile zur Zustimmung bewegen, die eigentlich im Block der Opposition die Regierungspolitik ablehnen wollten.[434]

---

429 Vgl. Frankfurter Allgemeine Zeitung vom 22.03.2002, Nr. 69, S. 13.

430 Vgl. Gesetz über die Grundsätze des Haushaltsrechts des Bundes und der Länder (Haushaltsgrundsätzegesetz).

431 Zum Stabilitäts- und Wachstumspakt vorne unter B.6.

432 Dies kann man etwa an den häufigen Klagen beim Bundesverfassungsgericht über die Ausgestaltung des Länderfinanzausgleichs erkennen.

433 Der Verfassungsgesetzgeber ging 1949 davon aus, dass nur ein relativ geringer Anteil der Bundesgesetze zustimmungspflichtig sein wird. Das Bundesverfassungsgericht hat dies durch seine Rechtsprechung aber schon frühzeitig widerlegt, vgl. Lehmbruch, G. (2002), S. 323.

434 So etwa bei der Einigung beim neuen Finanzausgleich im Sommer 2001. Der Bund hatte zusätzliche 2,5 Mrd. DM für die Länder zugesagt und eine Zustimmung der Länder dadurch zumindest erleichtert, vgl. Frankfurter Allgemeine Zeitung vom 25.06.2001, Nr. 144, S. 2.

7 REFORMVORSCHLÄGE

Die Vorschläge zur Reform des Föderalismus reichen von sehr weitgehenden Einschnitten wie die Neugliederung der Bundesländer[435] zur Schaffung von in etwa gleich großen staatlichen Einheiten bis zu lediglich geringfügigen Modifikationen am bestehenden föderalen System.[436] Das Problem bei allen bisherigen Reformen war und wird auch für zukünftige sein, dass für die Ausgestaltung des Finanzausgleichs „nicht allein ökonomische Aspekte maßgeblich sind, sondern daß diese regelmäßig von politischen Überlegungen dominiert werden, so daß die getroffenen Entscheidungen häufig wenig überzeugende Kompromisse sind“[437].

Die Bertelsmann-Stiftung hat 1998 eine überparteiliche Sachverständigen-Kommission beauftragt, eine Studie über Reformmöglichkeiten des deutschen Föderalismus zu erstellen.[438] Im März 2000 hat sie ihren Bericht „Entflechtung 2005“ mit zehn Vorschlägen zur Reform des Föderalismus vorgelegt.[439] In diesem werden grundlegende Änderungen gefordert, ohne allerdings die bestehenden Systemvorgaben, wie beispielsweise die Struktur der einzelnen Bundesländer, in Frage zu stellen. Seitens der Finanzverfassung spricht sich die Sachverständigen-Kommission für einen weitgehenden Abbau der Mischfinanzierungen von Bund und Ländern aus. Im Rahmen der erforderlichen Reform der Finanzverfassung sollen die Länder eigene steuerpolitische Gestaltungsmöglichkeiten erhalten. Der Finanzausgleich zwischen den Bundesländern soll gemäß dem Urteil des Bundesverfassungsgerichts an klaren, langfristigen

435 Mit Fragen der Neugliederung des Bundesgebietes befassen sich Mielke, S. (2002), Jenkins, H. (2001), Leonardy, U. (2001), Ottnad, A. (2001), Rutz, W. (2001) und Ottnad, A. / Linnartz, E. (1997). Die ökonomischen Aspekte von Neugliederungen prägnant zusammenfassend bei Hansmeyer, K.-H. / Kops, M. (1990). Die monetären Folgen einer Länderneugliederung berechnen Gottfried, P. / Wiegard, W. (1991b), S. 22-25.

436 Es sind zahlreiche Arbeiten mit Reformvorschlägen veröffentlicht worden, vgl. etwa Ebert, W./ Meyer, S. (1999), Döring, T. (2001), Heilmann, M. (1992), Huber, B. (1998), S. 523-524, Huber, B. / Lichtblau, K. (2000), S. 20-36, Jung, I. (2000), Lenk, T. (1993a), Lenk, T. (2002), Mäding, H. (2000), Mende, G. (1994), Ottnad, A. / Linnartz, E. (1997), Renzsch, W. (2000), Renzsch, W. (2002b), Scharpf, F.W. (1994), S. 48 oder Thöne, M. / Jacobs, C. (2001).

437 Fischer, H. (1992), S. 22.

438 Der Kommission gehörten die ehemalige Bundestagspräsidentin Rita Süssmuth, der frühere Hamburger Bürgermeister Klaus von Dohnanyi, der hannoversche Verfassungsrechtler und sächsische Verfassungsrichter Hans-Peter Schneider, der Mannheimer Finanzrechtler Hans-Wolfgang Arndt, der ehemalige Bundesverfassungsrichter Hans Benda sowie als Vorsitzender Werner Weidenfeld vom Münchener Centrum für Angewandte Politikberatung an.

439 Vgl. Bertelsmann-Kommission (2000), S. 18-30. Weitere Arbeitspapiere der Kommission sind zur Neuordnung der Kompetenzen zwischen Bund und Gliedstaaten, vgl. Bertelsmann-Kommission (2001), zur Entflechtung des Bundesrats, vgl. Bertelsmann-Kommission (2002a) und zur Reform der föderalen Finanzordnung, vgl. Bertelsmann-Kommission (2002b), erschienen.

Maßstäben ausgerichtet und konsequent vereinfacht werden. Dabei wäre zu prüfen, ob dies durch ein einfaches Gesetz möglich ist oder ob es hier nicht grundgesetzlicher Regelungen mit Verfassungsrang bedarf. Zur Vereinfachung des Finanzausgleichs sollen die Umsatzsteuer-Ergänzungsanteile gestrichen werden, da sie ein systemfremdes Element darstellen. Die Lohnsteuer sollte nicht wie bisher allein dem Wohnsitzland, sondern zu gleichen Teilen dem Wohnsitzland und dem Arbeitsstättenland zustehen, um die Schaffung von Arbeitsplätzen steuerlich zu honorieren. Ein einfacher linearer Umverteilungstarif sollte die überdurchschnittliche Finanzkraft eines Landes zu beispielsweise 50% abschöpfen und gleichzeitig die unterdurchschnittliche Finanzkraft eines Landes mit dem gleichen Prozentsatz auffüllen. Bundesergänzungszuweisungen sollten nach den Vorstellungen der Bertelsmann-Kommission mit Ausnahme der Sonderbedarfs-Bundesergänzungszuweisungen für die neuen Bundesländer vollständig entfallen.

Als weitere Beispiele zur Reform des Finanzausgleichs seien die Vorschläge des Sachverständigenrates zur Begutachtung der gesamtwirtschaftlichen Entwicklung, des Wissenschaftlichen Beirats beim Bundesministerium der Finanzen und der Länder Baden-Württemberg und Bayern genannt.

Ersterer hat seine Position zur Reform des Finanzausgleichs in mehreren Jahresgutachten dargelegt und konkrete Reformvorschläge genannt.[440] Die Leitvorstellungen des Sachverständigenrates sind eine größere Autonomie der Bundesländer bei der Entscheidung über die eigenen Einnahmen und Ausgaben. Daher sollten sämtliche Formen der Mischfinanzierung, dies sind Gemeinschaftsaufgaben, Geldleistungsgesetze und Finanzhilfen, abgeschafft werden. Bei der Steuerverteilung sollte das bisher dominierende Verbundsystem zugunsten eines separierenden Trennsystems umgebaut werden.[441] Für diese Reformen wäre eine Grundgesetzänderung notwendig. Analog zum Bundesverfassungsgericht fordert der Sachverständigenrat ein einfaches, transparentes und anreizkompatibles System des Finanzausgleichs, bei dem der Wettbewerb unter den Bundesländern gefördert wird.[442] Des

[440] Vgl. Sachverständigenrat (1992), Ziff. 363, Sachverständigenrat (1997), Ziff. 339, 350, Sachverständigenrat (1998), Ziff. 394.

[441] Ähnlich Blankart, C.B. (2000), Lenk, T. (2001d), S. 434, Lenk, T. / Schneider, F. (2000) und Peffekoven, R. (2001a), S.213.

[442] Zum Spannungsfeld zwischen Solidarität und Wettbewerb vgl. Lammers, K. (2000).

weiteren sollte sich der Bund nicht mehr am eigentlichen Länderfinanzausgleich beteiligen, was eine weitgehende Verminderung der Bundesergänzungszuweisungen bedeutet. Der Nivellierungsgrad soll deutlich reduziert werden. Durch vertikale Transfers sollen finanzschwache Länder vorab auf ein bestimmtes Mindestniveau, etwa 85% der durchschnittlichen Finanzkraft aller Länder, angehoben werden. Dabei ist ein im Vergleich zur jetzigen Regelung deutlich geringerer Abschöpfungssatz von 60% anzuwenden. Der Sachverständigenrat verspricht sich durch eine solche Reform klarere Kompetenzen für politische Entscheidungen und damit eine Stärkung der Grundprinzipien des föderalen Staatssystems.[443]

Der Wissenschaftliche Beirat beim Bundesministerium der Finanzen schlägt einen linearen Ausgleichstarif vor, bei dem Ausgleichsbeiträge und Ausgleichszuweisungen als fester Prozentsatz der Differenz von Ausgleichsmesszahl und Finanzkraftmesszahl bestimmt werden. Auf einer Mindestausstattung aufbauend sollte ein Ausgleichsgrad von 50% bis 60% nicht überschritten werden. Im Gegensatz zum Sachverständigenrat spricht sich der Wissenschaftliche Beirat für eine Beibehaltung der Bundesergänzungszuweisungen als vertikale Ergänzung des horizontalen Ausgleichsverfahrens aus.[444] Durch die Einführung von länderspezifischen Zuschlagssätzen auf die Einkommen- und Körperschaftsteuer könnte den Ländern mehr Autonomie bei den eigenen Einnahmen gewährt werden. Dies setzt allerdings eine Änderung des Grundgesetzes voraus.[445] In den Stellungnahmen zum Finanzausgleichsurteil des Bundesverfassungsgerichts[446] und zum Entwurf des Maßstäbegesetzes der Bundesregierung[447] schlägt der Wissenschaftliche Beirat die Abschaffung des Deckungsquotenverfahrens zugunsten eines Ausgabenquotenverfahrens vor. Dabei solle nicht wie bisher von autonom geplanten Ausgaben des Bundes und der Länder, sondern nur von denjenigen Ausgaben ausgegangen werden, die bei dem gegebenen Steuersystem gesamtwirtschaftlich zulässig sind.[448]

---

[443] Vgl. Sachverständigenrat (1999), Ziff. 301.

[444] Vgl. Wissenschaftlicher Beirat (1992), S. 76-80.

[445] Vgl. Wissenschaftlicher Beirat (1992), S. 100.

[446] Vgl. Wissenschaftlicher Beirat (1999).

[447] Vgl. Wissenschaftlicher Beirat (2001).

[448] Dies schließt auch die Einhaltung der Maastricht-Kriterien und eines noch abzuschließenden nationalen Stabilitätspaktes ein, vgl. Wissenschaftlicher Beirat (1999), S. 31.

Die Länder Baden-Württemberg und Bayern fordern eine Verteilung der Länderanteile an der Umsatzsteuer zu 100% nach Einwohnern und damit eine Abschaffung des Umsatzsteuer-Vorwegausgleichs. Beim Finanzausgleich im engeren Sinne sollen Fehlbeträge und Überschüsse zur durchschnittlichen Finanzkraft einheitlich mit einer Quote von 50% abgeschöpft bzw. ausgeglichen werden. Auf eine Einwohnerveredelung, dem Abzug von Hafenlasten sowie den komplizierten Garantieregelungen soll grundsätzlich verzichtet werden. Fehlbetrags-Bundesergänzungszuweisungen sowie die Ergänzungszuweisungen zum Ausgleich erhöhter Kosten politischer Führung entfallen ebenfalls. Um die Folgen der Reform abzufedern, wird eine Besitzstandswahrung für die Empfängerländer vorgeschlagen, die die Ausgleichsleistungen im Jahr der Einführung eines neuen Finanzausgleichs als Festbeträge fortschreibt.[449]

[449] Vgl. Finanzministerium Baden-Württemberg / Bayerisches Staatsministerium der Finanzen (1998), Anhang 2, S. 3-4. Die Finanzminister der Länder Baden-Württemberg, Bayern und Hessen haben im Januar 2001 ein wesentlich moderateres Modell für die Neugestaltung des Finanzausgleichs vorgestellt, vgl. Bayerisches Staatsministerium der Finanzen (2001c).

3. TEIL: VERGLEICH DES BUNDESSTAATLICHEN FINANZAUSGLEICHS IN BEIDEN LÄNDERN

Nach der getrennten Vorstellung der Finanzausgleichssysteme beider Länder behandelt der dritte Teil nun den direkten Vergleich. Dieser soll in den folgenden Kapiteln 1 bis 4 anhand der Kriterien erfolgen, die im zweiten Teil für die Darstellung der praktischen Ausgestaltung des Finanzausgleichs in Österreich und Deutschland verwandt wurden. Abweichend davon wird im Kapitel 5 die Umsetzung des europäischen Gemeinschaftsrechts in der Finanzverfassung untersucht. Im Kapitel 6 erfolgt eine Bewertung anhand der im ersten Teil aus der ökonomischen Theorie des Föderalismus abgeleiteten Kriterien des föderalen Referenzsystems. Abschließend werden im Kapitel 7 Empfehlungen für die Ausgestaltung der Finanzausgleichssysteme in Österreich und Deutschland erarbeitet.

1 ALLGEMEINE DATEN

1.1 Gesamtwirtschaftliche Daten

Gesamt- und finanzwirtschaftliche Kennzahlen	Österreich	Deutschland
Fläche in km^2	83.859	357.020
Einwohner	8.065.000	82.087.000
Bevölkerungsdichte in Einwohnern pro km^2	96	230
Staatsquote (2000)	52,8	48,4
Abgabenquote (2000)	43,3	37,8
Steuerquote (2000)	28,5	23,0
Anstieg Verbraucherpreise (2001)	2,3	2,4
Arbeitslosenquote in % (2001)	3,6	7,9
BIP in Mio. € (2002)	215.970	2.108.200
BIP pro Einwohner in € (2002)	26.779	25.683
Haushaltssaldo in % des BIP (2002)	-0,6	-3,6
Staatsschuld in % des BIP (2002)	67,9	60,8

Tabelle 26: Gesamt- und finanzwirtschaftliche Kennzahlen

Quelle: Tabelle 1 und 13, BMF Berlin (2002b), S. 398, 399, 402, 403, 404, Daten für 2002: http://europa.eu.int/comm/eurostat/Public/datashop/print-product/EN?catalogue=Eurostat&product=2-17032003-EN-AP-EN&mode=download (17.03.2003).

Die österreichische Fläche beträgt knapp ein Viertel der bundesdeutschen Fläche, während die Einwohnerzahl lediglich 10% der deutschen entspricht.[1] Damit ist die Bevölkerungsdichte in Österreich mit 96 Einwohnern pro km^2 deutlich geringer als in Deutschland mit 230 Einwohnern pro km^2. Dabei weisen die österreichischen Bundesländer eine deutlich niedrigere Bevölkerungsdichte im Vergleich zu den deutschen Flächenländern auf, was v. a. an der Gebirgsnatur des Landes liegt. Die Ballungszentren Wien und Berlin sind mit 3.854 bzw. 3.799 Einwohnern pro km^2 ähnlich dicht besiedelt.[2] Das reale BIP-Wachstum war in Österreich im wirtschaftlich schwierigen Jahr 2001 mit 1,0% etwas dynamischer als in Deutschland mit 0,6%. Beim Anstieg der Verbraucherpreise lagen beide Länder mit etwas über 2% auf gleicher Höhe.

[1] Vgl. Statistisches Bundesamt (2001a), S. 36, 38.

[2] Vgl. Statistisches Bundesamt (2001a), S. 38 und Statistisches Bundesamt (2001b), S. 46.

Die Arbeitslosigkeit ist in Österreich mit 3,6% auch im europäischem Vergleich sehr niedrig.[3] In Deutschland ist sie mit 7,9% mehr als doppelt so hoch.[4] Der Dienstleistungssektor erreicht in Österreich einen Anteil von 66,5% an der Bruttowertschöpfung und ist damit etwas niedriger als in Deutschland mit 68,9%. Sowohl das produzierende Gewerbe spielen mit 31,4% als auch die Landwirtschaft mit 2,1% eine etwas höhere Rolle als in Deutschland (29,8% bzw. 1,2%). Auch im Vergleich zu anderen Ländern der EU ist der Dienstleistungssektor in Österreich damit weniger stark ausgeprägt.[5]

Insgesamt zeigen die gesamtwirtschaftlichen Daten eine bemerkenswert hohe Konvergenz beider Länder.[6] Diese bestand bereits vor der Mitgliedschaft Österreichs in der Europäischen Union ab 1995 und der Einführung der Europäischen Einheitswährung im Jahr 1999. In den letzten Jahrzehnten wurde durch die Bindung des Österreichischen Schillings an die Deutsche Mark eine einheitliche Währungspolitik und auch eine in den Grundzügen vergleichbare Wirtschaftspolitik verfolgt. Der Anpassungsdruck lag naturgemäß eher beim kleineren Land Österreich, so dass der Spielraum der österreichischen Währungspolitik aufgrund der Dominanz des um ca. 10fachen größeren Nachbarn eher gering war. Das österreichische Pro-Kopf-BIP war 2002 mit 26.779 € um etwa 4% höher als das deutsche mit € 25.683.[7] Um Aussagen über die regionale Verteilung des Wohlstandes treffen und die Ausgangsbedingungen für einen innerstaatlichen Finanzausgleich untersuchen zu können, sollen die folgenden Abbildungen 10 und 11 die unterschiedliche Wirtschaftskraft der einzelnen Bundesländer im Verhältnis zum jeweiligen Landesdurchschnitt verdeutlichen.[8]

---

3 Innerhalb der EU können lediglich Luxemburg und die Niederlande niedrigere Arbeitslosenraten als Österreich aufweisen, vgl. BMF Berlin (2002b), S. 398-399.

4 Die vorliegenden Zahlen entsprechen nicht den nationalen Berechnungsmodalitäten in Österreich und Deutschland, vielmehr liegt die harmonisierte Arbeitslosenstatistik nach der Definition der Internationalen Arbeitsorganisation in Genf zugrunde, um einen internationalen Vergleich zu ermöglichen.

5 Vgl. Statistisches Bundesamt (2001a), S. 154.

6 Vgl. Bach, S. u.a. (2001), S. 136.

7 Betrachtet man den Zeitraum 1830 bis 1985, so zeigt sich, dass lediglich in den Jahren 1830-1850 das österreichische reale Pro-Kopf-Einkommen höher war als das deutsche. 1985 betrug der Abstand zugunsten Deutschlands noch etwa 12% des Pro-Kopf-Einkommens, vgl. Kausel, A. (1985), S. 26-27. Der Beitritt der neuen Bundesländer durch die Wiedervereinigung Deutschlands 1990 hat das durchschnittliche bundesdeutsche Pro-Kopf-BIP deutlich verringert und dürfte damit maßgeblich zum Vorsprung Österreichs beigetragen haben.

8 Auf einen Vergleich aller österreichischen und deutschen Bundesländer mit einem gemeinsamen Basiswert wurde aus Gründen der Übersichtlichkeit (25 Bundesländer) verzichtet.

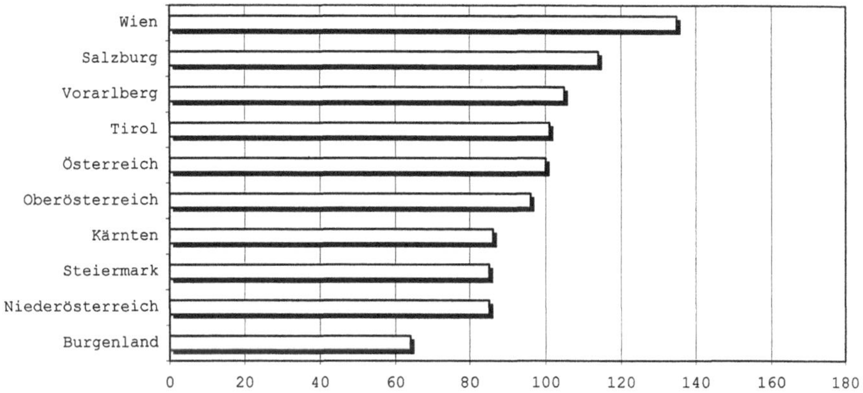

Abb. 10: BIP pro Kopf der österreichischen Bundesländer in % des Bundesdurchschnitts

Quelle: Tabelle 1.

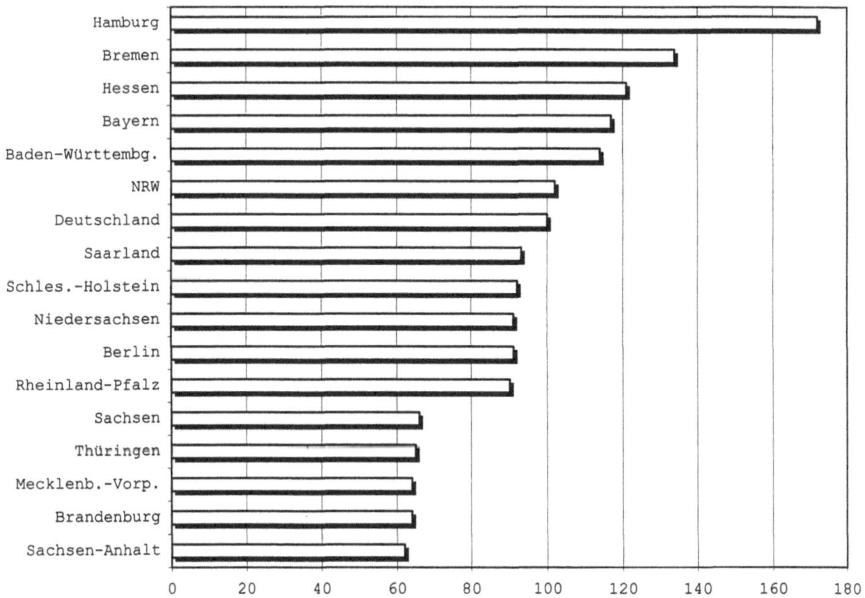

Abb. 11: BIP pro Kopf der deutschen Bundesländer in % des Bundesdurchschnitts

Quelle: Tabelle 13.

Beim direkten Vergleich der Wirtschaftsleistung der einzelnen österreichischen und deutschen Bundesländer zeigen sich mehrere Parallelen. Die meisten Bundesländer liegen in einem Mittelbereich von 85% bis 115% des jeweiligen BIP pro Kopf. In Österreich weichen nur zwei von neun Länder, in Deutschland neun von 16 Ländern von diesem Bereich ab. In Österreich überschreitet lediglich die Bundeshauptstadt Wien diesen Mittelbereich mit 135% des österreichischen Durchschnitts, während das östlichste Bundesland Burgenland mit 64% des österreichischen BIP je Einwohner deutlich darunter liegt. In Deutschland befinden sich die Stadtstaaten Hamburg mit 172% und Bremen mit 134% sowie die Bundesländer Hessen mit 121% und Bayern mit 117% des Pro-Kopf-BIP über den Mittelbereich, den alle ostdeutschen Flächenländer mit Werten von 62% (Sachsen-Anhalt) bis 66% (Sachsen) des bundesdeutschen BIP je Einwohner deutlich unterschreiten. In Österreich leben etwa 19% der Bevölkerung in Wien und nur etwa 3,5% im Burgenland[9], während in Deutschland in den genannten Stadtstaaten Hamburg und Bremen sowie den Bundesländern Hessen und Bayern 25% und in den fünf ostdeutschen Flächenländern immerhin 17% der Bevölkerung leben.[10] Das Verhältnis der Bevölkerungszahlen zwischen „reichen“ und „armen“ Bundesländern ist damit in Deutschland deutlich ungünstiger als in Österreich. Bedingt durch diese Größenordnungen dürften die wirtschaftlichen Divergenzen damit in Österreich leichter zu bewältigen sein als in Deutschland.

Zudem ist der Faktor der Wirtschaftsleistung bezogen auf die beiden am weitesten auseinander liegenden Bundesländer in Österreich mit 2,11[11] deutlich geringer als der bundesdeutsche Faktor von 2,77[12]. Ohne Berücksichtigung der stark konglomerierten Hauptstadt Wien und der Stadtstaaten Hamburg und Bremen beträgt der Faktor 1,78[13] in Österreich und 1,95[14] in Deutschland. Die Wirtschaftsleistung der Bundesländer streut also in Deutschland weit mehr als in Österreich. Inwieweit dies Auswirkungen auf den praktizierten Finanzausgleich in beiden Ländern hat, soll hinten in Kapitel 6.4 näher untersucht werden.

9 Siehe Tabelle 1.

10 Siehe Tabelle 13.

11 Wien 135% i. V. zum Burgenland 64%.

12 Hamburg 172 % i. V. zu Sachsen-Anhalt 62%.

13 Salzburg 114% i. V. zum Burgenland 64%.

14 Hessen 121% i. V. zu Sachsen-Anhalt 62%.

1.2 Öffentliche Finanzen

Die Staatsquote[15] ist mit 52,8% in Österreich um 4,4 Prozentpunkte höher als in Deutschland mit 48,4%. Noch 1995 betrug sie in Österreich 57,3% und ist seitdem stark rückläufig, für 2003 sind 50,6% geplant. Die deutsche Staatsquote schwankte in den letzten Jahren nur geringfügig um 48% bis 49% und soll 2003 47,5% betragen.[16] Die österreichische Abgabenquote[17] ist mit 43,3% ebenso wie die Steuerquote[18] mit 28,5% um jeweils 5,5% deutlich höher als in Deutschland (Abgabenquote: 37,8%; Steuerquote: 23,0%).[19]

Das Haushaltsdefizit des Staates betrug 2002 in Österreich 0,6% des BIP. In Deutschland wurde die Maastricht-Verschuldungsgrenze von 3,0% im Jahr 2002 mit 3,6% des BIP deutlich überschritten.[20] Der absolute Schuldenstand war Ende 2002 in Österreich mit 67,9% des BIP um sieben Prozentpunkte höher als in Deutschland mit 60,8% des BIP.[21] Die österreichische Verschuldungspolitik war während langer Phasen der Nachkriegszeit geprägt vom „Austro-Keynesianismus“[22], der Staat versuchte also, die gesamtwirtschaftliche Nachfragelücke durch kreditfinanzierte Ausgabenprogramme zu schließen. Dadurch hat sich die öffentliche Verschuldung im Zeitraum zwischen 1975 und 1985 (Ölkrisen 1973 und 1979) auf 51% des BIP verdoppelt.[23] Auch in Deutschland hat sich die Staatsverschuldung in den siebziger Jahren des 20. Jahrhunderts ähnlich stark erhöht wie in Österreich.[24] Ein zusätzlicher Schub wurde durch die deutsche Wiedervereinigung ab 1990 ausgelöst. So hat sich die öffentliche Gesamtverschuldung[25] infolge der hohen Transfers in die neuen Bundesländer innerhalb von nur sieben Jahren von 474

---

15 Staatsausgaben in % des BIP.

16 Vgl. BMF Berlin (2002b), S. 402.

17 Steuern und Sozialabgaben in % des BIP.

18 Steuern in % des BIP.

19 Siehe Tabelle 26.

20 Sowohl Österreich als auch Deutschland planten, im Jahr 2004 einen nahezu ausgeglichenen Haushalt auszuweisen, vgl. Deutsche Bundesbank 2001, S. 103. Die deutsche Bundesregierung geht inzwischen erst im Jahr 2006 von einem ausgeglichen Haushalt aus, vgl. BMF Berlin (2001c), S. 5, 73.

21 Siehe Tabelle 26.

22 Nowotny, E. / Winckler, G. (1997), S. 254.

23 Vgl. Nowotny, E. / Winckler, G. (1997), S. 254. Näheres zur österreichischen Staatsverschuldung nach dem 2. Weltkrieg bis 1985 bei Wysocki, J. (1989b), S. 57-75.

24 Zur Entwicklung der deutschen Staatsverschuldung von 1933 bis 1988 vgl. Caesar, R. (1989), S. 9-55.

25 Gebietskörperschaften und Sondervermögen.

Mrd. € im Jahr 1989 auf 1.089 Mrd. € im Jahr 1996 mehr als verdoppelt.[26] Diese drastische Erhöhung „war nur zu geringen Teil der reinen Gebietserweiterung zuzuschreiben, sondern beruhte vor allem auf viel zu optimistischen Erwartungen über das Ausmaß der einigungsbedingten Finanzierungsbelastungen und auf der zunächst offen gebliebenen Verteilung dieser Lasten“[27].

2 POLITISCHES SYSTEM

Die politischen Systeme in Österreich und Deutschland sind durch eine ausgeprägte Konsenskultur geprägt. Obwohl es jeweils zwei starke politische Lager (sozialdemokratisch und konservativ) gibt[28], hatte ein Regierungswechsel nicht wie etwa in den Vereinigten Staaten oder in Großbritannien einen völligen Politikwechsel zufolge, sondern bedeutete i. d. R. nur relativ geringfügige Modifikationen am bestehenden System. So sind sich auch die großen Parteien in grundsätzlichen Fragen weitgehend einig. Das Verhältniswahlrecht macht zudem die Suche nach einem Koalitionspartner und damit eine gewisse grundsätzliche Kompromissbereitschaft erforderlich. Dies führte in beiden Länder zu einer langfristig eher stabilen Politik ohne große Brüche. Grundlegende Reformen wie etwa der sozialen Sicherungssysteme und der Abbau der strukturellen Arbeitslosigkeit wurden dagegen eher verhalten angegangen.[29]

In Österreich zeigt sich die relativ starke Stellung des Bundes dadurch, dass die meisten politischen Entscheidungen durch Bundesgesetze geregelt sind, gegen die der Bundesrat lediglich ein Einspruchsrecht hat, das der Nationalrat mit einfacher Mehrheit zurückweisen kann. In Österreich fehlen den Bundesländern im Gegensatz zu Deutschland wichtige Elemente einer

---

26 Vgl. Andel, N. (1998), S. 395.

27 Andel, N. (1998), S. 396.

28 Das Erstarken der FPÖ in den österreichischen Nationalratswahlen 1999 dürfte hier nicht als eine Auflösung des klassischen Zwei-Parteien-Systems zu interpretieren sein, sondern vielmehr als Ausdruck der Unzufriedenheit vieler Wähler mit der bisherigen Konsensdemokratie.

29 Ein umfangreicher Vergleich der politischen Systeme findet sich bei Armingeon, K. / Freitag, M. (1997).

Gliedstaatlichkeit wie etwa eine eigene Gerichtsbarkeit oder Polizei- und Kulturhoheit, was ihre Eigenständigkeit stark einschränkt.[30]

In Deutschland sind auch die Bundesländer eigenständige Staaten. Bundesgesetze, die Landesinteressen berühren, sind von der Zustimmung der Länderkammer (Bundesrat) abhängig. Dies kann zu einer Blockade führen, wenn die politischen Mehrheiten in Bundestag und Bundesrat verschieden sind. Die Mehrheit der Opposition im Bundesrat kann diese Gesetze der Bundesregierung blockieren, was zu einer Hemmung der politischen Gestaltungs-möglichkeiten der jeweiligen Regierung führt.[31] Diese Ausgestaltung des Zwei-Kammern-Systems fördert somit mit dem Zwang zur überparteilichen Verständigung das Bestehen der Konsensdemokratie.[32]

3 VERTEILUNG DER AUFGABEN UND AUSGABEN

3.1 Aufgabenverteilung

Sowohl in Österreich als auch in Deutschland liegt die grundsätzliche Aufgabenvermutung zunächst bei den Ländern.[33] Der Bund schränkt jedoch in beiden Ländern den Handlungsspielraum der Gliedstaaten zu seinen Gunsten massiv ein. So bleiben in Österreich lediglich Teilbereiche wie Raumordnung, Natur- und Landschaftsschutz, Jagd und Fischerei sowie Kindergarten- und Hortwesen im ausschließlichen Zuständigkeitsbereich der Länder.[34] In

---

[30] Vgl. Pernthaler, P. / Samsinger, E. (1984), S. 37.

[31] „Die Bundespolitik ist gelähmt durch den Bundesrat. Die Länder müssen sich nach den Finanzgesetzen des Bundes richten. Fast nirgendwo in der demokratischen Welt wird die staatliche Macht derart beschränkt wie in Deutschland. Deshalb sind Reformen so schwer.", Scharpf, F.W. (2002), S. 9.

[32] Hesse hält diese Verständigung für die freiheitlich-demokratische Gesamtordnung wesentlich passender als „Anordnungen der Zentrale und damit Formen straffer Über- und Unterordnung", Hesse, K. (1962), S. 21.

[33] Die Gesetzestexte dazu sind inhaltlich nahezu identisch. Die österreichische Regelung: Soweit eine Aufgabe nicht ausdrücklich dem Bund übertragen ist, „verbleibt sie im selbständigen Wirkungsbereich der Länder" (Art. 15 Abs. 1 B-VG) korrespondiert sehr stark mit der deutschen: Soweit keine anderen Regelungen getroffen werden, ist die „Ausübung der staatlichen Befugnisse und die Erfüllung der staatlichen Aufgaben (...) Sache der Länder" (Art. 30 GG).

[34] Siehe 2. Teil, Kapitel B.3.1.

Deutschland beschränkt sich der Handlungsspielraum der Länder auf den Kultur- und Bildungsbereich, die soziale Sicherung sowie das Polizeiwesen.[35]

Dabei spielt der Bund in Österreich eine wesentlich bedeutendere Rolle als in Deutschland. Zu den auch in Deutschland dem Bund vorbehaltenen Kompetenzen für äußere Sicherheit, Verteidigung, Regelungen zur Wahrung der Staats-, Rechts- und Wirtschaftseinheit sowie das Post- und Fernmeldewesen kommen in Österreich noch die innere Sicherheit, die soziale Sicherung und das höhere Schulwesen mit den Universitäten hinzu.[36] Damit ist in Österreich die grundsätzliche Zuständigkeitsvermutung der Länder noch mehr ausgehöhlt als in Deutschland.

3.2 Ausgabenverteilung

Die folgende Verteilung der Ausgaben soll abweichend von der beschriebenen Aufgabenverteilung die tatsächliche Aufgabenerfüllung in Österreich und Deutschland aufzeigen. Tabelle 27 zeigt die Verteilung der Ausgaben der auf Bund und Länder für Österreich, Tabelle 28 für Deutschland.

[35] Siehe 2. Teil, Kapitel C.3.1.

[36] Vgl. Nowotny, E. (1999), S. 141.

ÖSTERREICH Aufgabenbereich	Ausgaben Bund		Ausgaben Länder	
	in Mrd. €	in %	in Mrd. €	in %
Vertretungskörper und allgemeine Verwaltung	0,4	11	3,2	89
Auswärtige Angelegenheiten	0,3	100	-	-
Verteidigung	1,7	100	-	-
Öffentliche Sicherheit	1,7	94	0,1	6
Justiz	0,8	100	-	-
Bildung und Forschung [a]	7,8	62	4,8	38
Kunst und Kultur	0,3	38	0,5	62
Soziale Sicherheit [b]	16,1	74	5,6	26
Gesundheit und Umwelt	1,0	16	5,1	84
Verkehr [c]	3,3	70	1,4	30
Land- und Forstwirtschaft	2,0	100	-	-
Wirtschaftsförderung und Dienstleistungen	-	-	1,7	100
Bereinigte [d] Ausgaben im Jahr 2000	35,4	61	22,5[e]	39

Tabelle 27: Aufteilung der Ausgaben nach Aufgabenbereichen (Österreich)

[a] Erziehung, Unterricht, Forschung und Wissenschaft.
[b] Inklusive Wohnungsbau.
[c] Straßen und sonstiger Verkehr.
[d] Ohne Finanzierungsvorgänge. Beim Bund sind dies v.a. die Posten Kassenverwaltung, Finanzschuld, Währungstauschverträge, Sonst. Finanzierungen und Veranlagungen. Ohne einer Bereinigung würde die Vergleichbarkeit mit den Länderhaushalten stark beeinträchtigt werden. Aus den gleichen Grund wurde bei den Ländern der Bereich Finanzwirtschaft herausgerechnet, Differenzen durch Rundung.
[e] Länder ohne Wien 17.191,4 Mio. € zzgl. geschätzter Anteil Wiens von 5.344,0 Mio. € an den Länderausgaben. Die bereinigten Nettoausgaben von Wien als Land und Gemeinde in Höhe von 9.113,3 Mio. € wurden dabei im Verhältnis der Länder- und Gemeindeausgaben ohne Wien auf diese umgelegt.

Quelle: Statistik Austria (2002b), S. 444-445.

Lediglich in den Bereichen Vertretungskörper und allgemeine Verwaltung[37] (89% der Gesamtausgaben), Gesundheit und Umwelt (84%) sowie Kunst und Kultur (62%) finanzieren die Länder nennenswerte Teile des Gesamtbudgets. Der größte Ausgabenposten ist sowohl beim Bund als auch bei den Ländern die Finanzierung der sozialen Sicherheit. Der Bund übernimmt vollständig die Finanzierung der auswärtigen Angelegenheiten, der Landesverteidigung, des Justizwesens und der Land- und Forstwirtschaft.

[37] Vergleichbar mit den Posten „Politische Führung und zentrale Verwaltung“ in Deutschland.

61% der um Finanzierungsvorgänge bereinigten Ausgaben von Bund und Ländern entfallen auf den Bund, der damit das gesamte öffentliche Aufgabenspektrum in Österreich stark dominiert. Die grundsätzliche Zuständigkeitsvermutung zugunsten der Länder wird damit in der Realität ad absurdum geführt.

DEUTSCHLAND	**Ausgaben Bund**		**Ausgaben Länder**	
Aufgabenbereich	**in Mrd. €**	**in %**	**in Mrd. €**	**in %**
Politische Führung und zentrale Verwaltung	7,0	36	12,3	64
Auswärtige Angelegenheiten	6,6	99	0,1	1
Verteidigung	23,1	100	0,0	0
Öffentl. Sicherheit, Ordnung und Rechtsschutz	2,4	10	21,7	90
Bildung und Forschung	9,5	13	62,4	87
Kultur	0,4	10	3,8	90
Sozial- und Gesundheitswesen	102,7	80	26,2	20
Wohnungswesen und Raumordnung	1,6	23	5,4	77
Ernährung, Landwirtschaft und Forsten	1,6	32	3,4	68
Energie-, Wasserwirt., Gewerbe, Dienstleistg.	12,7	62	7,7	38
Verkehr und Nachrichtenwesen	9,4	61	5,9	39
Wirtschaftsunternehmen	9,1	75	3,1	25
Bereinigte [a] Ausgaben im Jahr 2000[b]	186,2	55	152,0	45

Tabelle 28: Aufteilung der Ausgaben nach Aufgabenbereichen (Deutschland)

[a] Ohne Finanzierungsvorgänge. Die Posten Allg. Finanzwirtschaft sowie Allg. Grund-, Kapital- und Sondervermögen wurden beim Bundeshaushalt und bei den Länderhaushalten herausgerechnet, da diesen keine originären Aufgaben, sondern lediglich Finanztransaktionen zu Grunde liegen. Damit wäre die Vergleichbarkeit zwischen Bundes- und Landessektor beeinträchtigt.

[b] Differenzen durch Rundung.

Quelle: Statistisches Bundesamt (2003), S. 40-109.

Der Bund übernimmt in Deutschland nahezu vollständig die Kosten für auswärtige Angelegenheiten und Verteidigung. Hingegen tragen die Länder in den Bereichen Kultur (90% der Gesamtausgaben), öffentliche Sicherheit, Ordnung und Rechtsschutz (90%), Bildung und Forschung (87%), Wohnungswesen und Raumordnung (77%) und Ernährung, Landwirtschaft und Forsten (68%) den Großteil der Ausgaben. Die höchsten Ausgaben des Bundes fallen im Bereich Sozial- und Gesundheitswesen vor der Verteidigung an. Die Länder geben ihre Mittel v.a. für die Aufgabenbereiche Bildung und Forschung, Sozial- und Gesundheitswesen sowie öffentliche Sicherheit, Ordnung und Rechtsschutz aus. Die gesamten, um Finanzierungsvorgänge bereinigten, Ausgaben des Bundes betrugen 2000 186,2 Mrd. € (55% der Gesamtausgaben), die gesamten bereinigten Ausgaben der Länder 152,0 Mrd. € (45% der Gesamtausgaben).

Am in beiden Ländern größten Posten, dem Aufgabenbereich Soziales und Gesundheit, beteiligen sich der Bund in Österreich mit 74% und die Länder mit 26% an den Kosten[38], während dieses Verhältnis in Deutschland 80% zu 20% beträgt[39]. Wegen der deutlich niedrigeren Beteiligung der österreichischen Bundesländer am Gesamthaushalt wenden diese für den genannten Aufgabenbereich 25%, die deutschen Bundesländer hingegen nur 17% der bereinigten Ausgaben der Länderhaushalte auf.

Die anhand der vorliegenden Aufteilung der Ausgaben von Bund und Ländern in Österreich und Deutschland vorgefundene tatsächliche Aufgabenerfüllung weicht also erheblich von der grundsätzlichen Aufgabenvermutung der Länder ab. Während das Verhältnis zwischen gesamten Bundes- und Landesausgaben in Deutschland nicht allzu weit von einer gleichmäßigen Aufteilung entfernt ist (55% Bund und 45% Länder), ist dieses Verhältnis in Österreich noch etwas einseitiger zu Lasten des Bundes verschoben (61% Bund und 39% Länder). In beiden Ländern kann deshalb im Widerspruch zur verfassungsrechtlichen Intention von einer faktischen Zuständigkeitsvermutung des Bundes ausgegangen werden.

[38] Siehe Tabelle 27: Aufgabenbereiche Soziale Sicherheit und Gesundheit.

[39] Siehe Tabelle 28: Aufgabenbereich Sozial- und Gesundheitswesen.

4 VERTEILUNG DER EINNAHMEN

4.1 Der originäre aktive Finanzausgleich

4.1.1 Vertikaler Teil

Grundsätzlich sind sich das österreichische und das deutsche Steuersystem in den Grundzügen wie auch in vielen institutionellen Einzelheiten sehr ähnlich.[40] Ein paar kurze Beispiele mögen dies verdeutlichen. So erfolgt etwa die Ermittlung des Einkommens bei der Einkommensteuer in beiden Ländern nach den gleichen Prinzipien mit sieben Einkunftsarten. Die Vermögensteuer wurde 1994 in Österreich abgeschafft und in Deutschland seit 1997 nicht mehr erhoben. Bei der Grundsteuer können die Gemeinden in beiden Ländern auf den ermittelten Steuermessbetrag einen individuellen Hebesatz anwenden.[41] Die Umsatzsteuer wird in Österreich und Deutschland nach dem Mehrwertsteuerkonzept der Europäischen Union[42] erhoben, wobei der Normalsatz in Österreich 20% und in Deutschland 16% beträgt.[43]

Die *Entscheidungskompetenz* im Bereich der Steuergesetzgebung und beim Finanzausgleich liegt in Österreich ausschließlich beim Bund, da dieser mit seiner Regierungsmehrheit das FAG als Bundesgesetz beschließen und ändern kann. Der österreichische Bundesrat kann zwar ein suspensives Veto einlegen, dieses kann aber vom Nationalrat mit einfacher Mehrheit mit einem sog. „Beharrungsbeschluss" zurückgewiesen werden. Den österreichischen Bundesländern verbleibt nur die Regelung von einzelnen Abgaben mit geringer fiskalischer Bedeutung, wie Jagd- und Fischereiabgaben, Fremdenverkehrsabgaben, Getränke- und Vergnügungssteuer, Zweitwohnsitzabgaben und Hundesteuer.[44] Auch in Deutschland ist die Steuerautonomie der Länder verschwindend gering. Bei deutschen Steuergesetzen, die nicht zustimmungspflichtig

[40] „Dies liegt vor allem daran, dass nach dem „Anschluss" im Jahre 1938 die deutschen Regelungen weitgehend übernommen wurden und beide Länder somit in der Nachkriegszeit mit sehr ähnlichen Regelungen starteten.", Bach, S. u.a. (2001), S. 138.

[41] Vgl. Andreae, C.-A. (1980), S. 582.

[42] Vgl. Sechste Richtlinie des Rates vom 17.05.1977 zur Harmonisierung der Rechtsvorschriften der Mitgliedsstaaten über die Umsatzsteuer – Gemeinsames Mehrwertsteuersystem: einheitliche steuerpflichtige Bemessungsgrundlage.

[43] Vgl. Bach, S. u.a. (2001), S. 138-140.

[44] Vgl. Bach, S. u.a. (2001), S. 138.

sind, hat der Bundesrat lediglich ein Einspruchsrecht[45], das der Bundestag mit einfacher Mehrheit zurückweisen kann. Hat der Bundesrat mit mindestens zwei Dritteln seiner Stimmen den Einspruch beschlossen, so muss der Bundestag diesen mit mindestens zwei Dritteln seiner Stimmen zurückweisen.[46] Die Entscheidungskompetenz bei den Gemeinschaftssteuern liegt in Deutschland beim Bund und bei den Ländern, da die Länder über den Bundesrat Änderungen zustimmen müssen, wenn ihre eigenen Interessen berührt werden. Zudem sind die Anteilssätze von Bund und Ländern bei der Einkommen- und Körperschaftsteuer grundgesetzlich geregelt[47] und lassen sich nur mit einer doppelten Mehrheit der Stimmen von zwei Drittel sowohl im Bundestag als auch im Bundesrat ändern. Lediglich die Umsatzsteuerverteilung kann mit einfacher Mehrheit der Stimmen von Bundestag und der Zustimmung der einfachen Mehrheit des Bundesrates geändert werden.[48] Änderungen der Steuerverteilung bei den Verbundsteuern sind damit in Deutschland mit vergleichsweise höheren gesetzlichen Hürden verbunden als in Österreich.

Die *Durchführungskompetenz* liegt in Österreich ausschließlich beim Bund. Dem Bundesministerium für Finanzen sind die Finanzlandesdirektionen unmittelbar unterstellt. Die Finanzlandesdirektionen haben die ihnen durch Abgabenvorschriften und sonstige Gesetze übertragenen Aufgaben zu besorgen und sind unmittelbare Oberbehörde der Finanzämter und Zollämter. In Deutschland sind ausschließlich die Länder für die Verwaltung der Steuern zuständig. Dabei sind die Oberfinanzdirektionen als vorgesetzte Behörden der Finanzämter gleichzeitig Bundes- und Landesbehörden und dem Bundesministerium für Finanzen und den jeweiligen Landesfinanzministerien unterstellt.[49] Der Präsident bzw. die Präsidentin einer Oberfinanzdirektion ist dabei auf seinem/ihrem Dienstposten zugleich Bundes- und Landesbeamter/in (Doppelbeamtenverhältnis)[50], während die anderen Mitarbeiter je nach

[45] Vgl. Art. 77 Abs. 3 GG.

[46] Vgl. Art. 77 Abs. 4 GG.

[47] Vgl. Art. 106 Abs. 3 GG.

[48] Vgl. Andel, N. (1998), S. 520.

[49] Vgl. §§ 7-9 FVG.

[50] Vgl. § 9 Abs. 2 FVG. Damit vergleichbar ist die Stellung eines österreichischen Landeshauptmanns, der gleichzeitig Vorsitzender der Landesregierung (Ministerpräsident des Landes) und Dienstvorgesetzter der mittelbaren Bundesverwaltung in diesem Land ist, vgl. Teil 2, Kap. B.3.2.

Abteilung Bundes- oder Landesbeamte sind.[51] Allerdings ist durch diese Vermischung von Bundes- und Landeskompetenzen die Steuergerechtigkeit in Deutschland nicht in Frage gestellt, da ein einheitliches Erhebungsverfahren im gesamten Bundesgebiet für gleiche rechtliche Rahmenbedingungen sorgt.[52]

In beiden Ländern besteht das Steuerverteilungssystem aus einem Mischsystem mit einer Kombination von Elementen des Trenn- und Verbundsystems. Tabelle 29 stellt die Steueranteile am Verbund- und Trennsystem in beiden Ländern im Jahr 2000 dar.

Anteil am Steueraufkommen in %	Verbundsteuern	Trennsteuern
Österreich	78,3	21,7
Deutschland	71,3	28,7

Tabelle 29: Anteile der Verbund- und Trennsteuern

Quelle: Teil 2, Kap. B. 4.1.1. und C. 4.1.1.

In Österreich wurden im Jahr 2000 78,3% und in Deutschland 71,3% der gesamten Steuereinnahmen als Gemeinschaftssteuern erhoben und über bestimmte Anteilssätze auf die einzelnen Gebietskörperschaften verteilt.[53] Es liegen damit Mischsysteme mit Elementen des Verbund- und Trennsystems vor, wobei das Verbundsystem in beiden Ländern deutlich dominiert.[54] Sowohl in Österreich als auch in Deutschland besteht ein Steuerverbund, bei dem eine Aufteilung von mehreren ertragreichen Steuerquellen mittels Anteilssätzen auf die Gebietskörperschaften erfolgt. Die *Ertragskompetenz* wird damit auf die Bundes-, Länder- und Gemeindeebene verteilt.

Mit dem Verbundsystem kann eine gute Koordination der Allokations- und Distributionspolitik ohne Mehrfachbelastungen erreicht werden. Zudem ist eine flexible Anpassung der Ertragsanteile

[51] Die Oberfinanzdirektionen gliedern sich in Abteilungen der Bundesverwaltung (z.B. Zoll- und Verbrauchsteuerabteilungen) und der Landesverwaltung (z.B. Besitz- und Verkehrsteuerabteilungen), vgl. Tipke, K. (1994), S. 697.

[52] So werden auch die Durchführungsverordnungen für die einzelnen Steuergesetze als Rechtsverordnungen zentral vom Bundesfinanzministerium für alle Bundesländer erlassen, vgl. Zurek, R.A. (1995), S. 5.

[53] Zur Verteilung der einzelnen Gemeinschaftssteuern siehe oben unter Teil 2, B.4.1.1 und C.4.1.1.

[54] Vgl. Teil 1, Kap. 4.2.3.3.

bei unterschiedlicher Entwicklung des Finanzbedarfs der einzelnen Körperschaftsebenen möglich. Allerdings besteht hierbei in beiden Ländern die Gefahr, dass sich einzelne Ebenen durch eine überdurchschnittliche Ausgabenexpansion eine bessere Position bei der Verteilung der variablen Ertragsanteile zu verschaffen versuchen.[55] Durch die Möglichkeit einer Zuschlagserhebung auf die festgelegten Anteilssätze könnte dem entgegengewirkt werden.[56] Weder in Österreich noch in Deutschland sind bisher derartige Zuschläge zu den Gemeinschaftssteuern erhoben worden. Bei der Aufteilung der Gemeinschaftssteuern ergaben sich im Jahr 2000 die in der folgenden Tabelle 30 dargestellten Anteilssätze.

Aufteilung der Gemeinschaftssteuern	**Bundesanteil**	**Länderanteil**	**Gemeindeanteil**
Österreich	70,7	16,5	12,8
Deutschland	47,4	44,8	7,8

Tabelle 30: Aufteilung der Gemeinschaftssteuern auf die Körperschaftsebenen

Quelle: Tabelle 5 und 20.

Während in Österreich die Verbundsteuern zu über 70% den Bund zufließen, ist die Aufteilung in Deutschland zwischen Bund und Ländern mit gut 47% bzw. knapp 45% annähernd pari. Änderungen der Verteilungsschlüssel sind in Österreich nur nach Auslaufen einer Finanzausgleichsperiode vorgesehen. Dabei werden Änderungen der Steueraufteilung in langwierigen politischen Verhandlungen zu Beginn einer neuen Finanzausgleichsperiode vorgenommen.[57] Die zum jetzigen Zeitpunkt angewandten Aufteilungssätze gelten noch bis zum Ende des Jahres 2004.[58] In Deutschland besteht das variable Element des Verbundsystem in der Änderung der Länderanteile an der Umsatzsteuer. Dabei werden die Deckungsquoten vom Bund und der Ländergesamtheit für eine Änderung der Umsatzsteueranteile herangezogen. Trotz der Kritik an der Deckungsquotenberechnung[59] ist eine Änderung der Steuerverteilung damit an objektive ökonomische Kriterien gekoppelt und keine reine politische Verhandlungslösung wie in

[55] In Deutschland trifft dies v.a. auf die Verteilung des Umsatzsteueraufkommens auf Bund und Länder zu, vgl. Teil 2, Kap. C.4.1.1.

[56] Vgl. Teil 1, Kap. 4.2.3.2.

[57] „Die Aushandlung der Steueranteile am Steuerverbund anderseits kann als politischer Finanzausgleichs-Prozess, der unter Umständen jährlich neu abläuft, bezeichnet werden." Stalder, K. (1999), S. 37.

[58] Siehe 2. Teil, Kapitel B.5.3.

[59] Vgl. Teil 2, Kapitel C.4.1.1.

Österreich. Die Flexibilität bei der Umsatzsteuerverteilung ist nötig, da die Aufteilung der anderen ertragsstarken Gemeinschaftssteuern grundgesetzlich geregelt ist und einer Änderung damit hohe Hürden entgegenstehen.[60] Die Aufteilung der Länderanteile an der Umsatzsteuer erfolgte im Jahr 2000 zu etwa 14% nach Steuerkraftgesichtspunkten und zu 86% nach den Einwohnerzahlen.[61] Die Abschaffung dieses relativ komplizierten Umsatzsteuer-Vorwegausgleichs wird zwar vielfach gefordert[62], allerdings müsste dann auf einen anderen Ausgleichsmodus zurückgegriffen werden, da diese erste Stufe eines Finanzkraftausgleichs immerhin 26% des gesamten Transfervolumens des bundesdeutschen Finanzausgleichs im Jahr 2000 ausmachte.[63] Nach Aufteilung der Verbundsteuern ergaben sich in Tabelle 31 folgende Anteile der einzelnen Ebenen am gesamten Steueraufkommen.

Anteil der einzelnen Ebenen am Steueraufkommen in %	Österreich	Deutschland
Europäische Union (Eigenmittel)	3,7	4,7
Bund	68,3	42,5
Länder	12,4	40,6
Gemeinden	15,6	12,2
Summen	100,0	100,0

Tabelle 31: Aufteilung des Steueraufkommens in Österreich und Deutschland[64]

Quelle: Tabelle 6 und 22.

Während der Bund in Österreich mehr als zwei Drittel der gesamten österreichischen Steuereinnahmen vereinnahmt und damit sehr deutlich das Einnahmensystem beherrscht, sind in Deutschland Bund und Länder zu über 40% am Steueraufkommen beteiligt. In Österreich zeigt sich hierdurch sehr deutlich die Dominanz des Bundes bei der Einnahmeverteilung ebenso wie schon bei der Erfüllung öffentlicher Aufgaben[65], während in Deutschland zumindest quantitativ von einer annähernden Gleichrangigkeit von Bund und Ländern ausgegangen werden kann.

60 Vgl. Art. 106 Abs. 3 GG i.V.m. § 1 Gemeindefinanzreformgesetz.

61 Siehe Kapitel 4.1.2.2.

62 So etwa Fischer, H. (1992), S. 27.

63 Vgl. Tabelle 25.

64 Zur Verbindung mit der Ausgabenbelastung der Körperschaftsebenen siehe Tabelle 39.

65 Siehe oben in Kapitel 3.2.

4.1.2 Horizontaler Teil

Da in beiden Ländern der Steuerverbund mit über 70% der gesamten Steuereinnahmen dominiert, kommt der horizontalen Aufteilung dieser Steuern auf die einzelnen Bundesländer besondere Bedeutung zu. In Österreich wurden im Jahr 2000 die Ertragsanteile der Länder an den Verbundsteuern zu über 80% anhand der „veredelten“[66] Einwohnerzahlen und nur zu 0,4% nach dem örtlichen Aufkommen der Steuern verteilt.[67] In Deutschland dominiert hingegen bei der Verteilung der Gemeinschaftssteuern das Prinzip des örtlichen Aufkommens. Dieses wird lediglich bei der Lohn- und Körperschaftsteuer abgeschwächt und bei der Umsatzsteuer vollständig außer Kraft gesetzt. Durch die Zerlegung der Lohn- und Körperschaftsteuer und des Zinsabschlags wurden im Jahr 2000 5,3 Mrd. €[68] und damit 7,2% von den Länderanteilen dieser Steuern nach dem Wohnsitz- bzw. Betriebsstättenprinzip[69] und 92,8% nach dem örtlichem Aufkommen verteilt. Bei der Umsatzsteuer erfolgt die Aufteilung der Länderanteile zu mindestens 75% nach der Einwohnerzahl und zu maximal 25% als Ergänzungsanteile.[70] Dieser Umsatzsteuer-Vorwegausgleich hatte im Jahr 2000 ein Volumen von 8,7 Mrd. €.[71] In der folgenden Tabelle 32 sind die Kriterien für die Verteilung der Länderanteile aller Verbundsteuern für beide Länder dargestellt.

in % der Länderanteile	örtliches Aufkommen	Einwohnerzahlen	sonstige Kriterien [a]
Österreich	0,4	80,3	19,3
Deutschland	54,2	39,9	5,9

Tabelle 32: Kriterien für die Verteilung der Länderanteile der Verbundsteuern

[a] Diese sind in Österreich hauptsächlich fixe Schlüssel und in Deutschland der Umsatzsteuer-Vorwegausgleich nach Steuerkraftgesichtspunkten.

Quelle: Lehner, G. (2001), S. 501-502, Bayerisches Staatsministerium der Finanzen (2001a), S. 6-7 und eigene Berechnungen.

66 Näheres zur „Veredelung“ und damit zum abgestuften Bevölkerungsschlüssel unter B.4.1.2 im 2. Teil der Arbeit.

67 Der Rest wird nach fixen Schlüsseln (17,7%) und sonstigen Kriterien (1,6%) verteilt, vgl. Lehner, G. (2001), S. 501-502.

68 Vgl. Bayerisches Staatsministerium der Finanzen (2001a), S. 6.

69 Näheres zu den Zerlegungsprinzipien im 2. Teil, Kap. C.4.1.2.1.

70 Vgl. Art. 107 Abs. 1 Satz 4 GG. Ausführlich im 2. Teil, Kap. C.4.1.2.2.

71 Vgl. Bayerisches Staatsministerium der Finanzen (2001a), S. 7.

Während in Österreich die Verteilung nach den Einwohnerzahlen mit über 80% deutlich dominiert, kommt in Deutschland der Verteilung nach dem örtlichen Aufkommen mit über 54% die größte Bedeutung zu. Somit dürfte die in Österreich praktizierte Form der Verteilung der Länderanteile an den Gemeinschaftssteuern mehr finanzkraftnivellierend wirken als in Deutschland, da das örtliche Aufkommen der Steuern stärker streut als die Einwohnerzahlen.[72] Kritisch anzumerken ist bei einer zu starken Fokussierung auf die Einwohnerzahlen die mangelnde Anreizwirkung in Bezug auf die Pflege der eigenen Steuerquellen. Eine ausschließliche Orientierung auf das örtliche Aufkommen hätte jedoch eine unerwünscht starke Zentralisierung des Steueraufkommens auf wirtschaftlich prosperierende Ballungszentren zur Folge. Es muss also versucht werden, einen Ausgleich zwischen einer zu wenig anreizorientierten und einer zu stark zentralisierten Steuererhebung zu finden. In Deutschland scheint dies vergleichsweise besser gelungen zu sein als in Österreich mit der einseitigen Fokussierung auf die Einwohnerzahlen bei einer fast vollständigen Vernachlässigung des örtlichen Aufkommens.

4.2 Der ergänzende aktive Finanzausgleich

4.2.1 Horizontaler Teil

Der in Deutschland angewandte horizontale Finanzausgleich dürfte in dieser Form einmalig sein und in keinem anderen föderativen Staat zur Anwendung kommen.[73] Dem Länderfinanzausgleich im engeren Sinne in Deutschland mit seinen direkten horizontalen Transfers zwischen Gebietskörperschaften der gleichen Ebene[74] steht in Österreich kein vergleichbares Ausgleichsinstrument gegenüber. Ohne auf Details eingehen zu können, seien hier nur drei Punkte genannt, wo eine Änderung des bestehenden deutschen Systems geboten erscheint.

(1) Beim Länderfinanzausgleich werden bei der Ermittlung der Finanzkraft der Länder die Gemeindesteuern nur zur Hälfte herangezogen. Ab 2005 erhöht sich zwar die Anrechnung von 50% auf 64%, ökonomisch sinnvoll wäre aber die volle Anrechnung, da die Gemeinden Teile der Länder darstellen.[75] Durch die Hinzurechnung der halbierten anstelle der vollen

[72] Vgl. Andel, N. (1998), S. 523.

[73] Vgl. Biehl, D. (1983), S. 83-84.

[74] Siehe 2. Teil, Kap. C.4.2.1.

[75] Vgl. Fischer, H. (1992), S. 38, Hidien, J.W. (2001), Peffekoven, R. (2001b), S. 428 und Sievert, O. (2000).

Steuereinnahmen der Gemeinden vermindert sich das Volumen der Finanzkraftmesszahl um etwa 12%. Damit reduzieren sich die Finanzkraftunterschiede zwischen den Bundesländern, was eine geringere Umverteilung als bei vollständiger Anrechnung zur Folge hat.[76] Lenk kommt folgerichtig zu dem Ergebnis, „dass es keine sachliche Begründung für die nur hälftige Berücksichtigung der Gemeindefinanzkraft gibt und außer der Absenkung des Ausgleichsniveaus keine wichtigen Gründe für eine solche Regelung sprechen“[77].

(2) Des weiteren werden bei der Ermittlung der Finanzkraft noch Bedarfselemente mit einbezogen, was von der Systematik her nicht überzeugen kann. Die Hafenlast-Abgeltungsbeträge für die Länder Hamburg, Bremen, Mecklenburg-Vorpommern, Niedersachsen und Schleswig-Holstein entfallen ab der Reform 2005. Dies ist zu begrüßen, da damit die unsystematischen Bedarfselemente bei der Finanzkraftmesszahl durch zweckgebunden Finanzzuweisungen des Bundes in Form von Investitionshilfen nach Art. 104a Abs. 4 GG ersetzt werden.[78]

(3) Das Ausgleichsmaß bestimmt, inwieweit Unterschiede in der Finanzausstattung der Länder durch den Länderfinanzausgleich angeglichen werden. Hier werden insbesondere die hohen Abschöpfungen der Zahlerländer kritisiert. Vor 1995 wurden Überschreitungen der Finanzkraftmesszahl von über 110% vollständig abgeschöpft, von 1995 bis einschließlich 2004 erfolgt eine Abschöpfung zu 80% und ab 2005 werden die Beträge, die eine Finanzkraftmesszahl von 120% übersteigen, zu 75% abgeschöpft werden. Darüber hinaus wurde eine Abschöpfungsobergrenze von 72,5% der überdurchschnittlichen Steuerkraft als Deckelung ab 2005 installiert. Es hat sich damit eine leichte Verminderung der Grenzbelastung für die Zahlerländer ergeben. Trotzdem ist zu fragen, ob die Abschöpfungen nicht zu hoch im Sinne einer Verminderung der Anreizwirkungen zur Pflege der eigenen Steuerquellen und damit einer Übernivellierung sind. Im Jahr 2000 betrug die Abschöpfungsquote in Hessen 75%, in Baden-Württemberg 66%, in Hamburg 65%, in Bayern 64% und in Nordrhein-Westfalen 57% der über den Länderdurchschnitt liegenden

[76] Davon profitieren hauptsächlich die Bundesländer Baden-Württemberg mit 1,6 Mrd. DM, Hessen und Bayern mit je 1,4 Mrd. DM sowie Nordrhein-Westfalen mit 0,7 Mrd. DM und damit wirtschaftlich besonders prosperierende sowie dicht besiedelte Gebiete, vgl. Finanzministerium Niedersachsen (2002), S. 17.

[77] Lenk, T. (2001b), S. 75.

[78] Vgl. Art. 9 Solidarpaktfortführungsgesetz (SFG).

Finanzkraft.[79] „Dem politisch vorgegebenen Ausgleichsziel wird man in der Regel umso eher gerecht, je stärker sich die Länder in der Finanzausstattung annähern. Gleichzeitig nehmen dann auch die negativen Anreizeffekte zu, und es kommt zu Effizienzverlusten, so dass die zu verteilende Finanzmasse zurückgeht. Insoweit gibt es bei der Gestaltung des Finanzausgleichs einen immanenten Konflikt zwischen allokativen und distributiven Zielsetzungen. Dieser ist im Rahmen der gegenwärtig geltenden Regelungen eindeutig zugunsten der Verteilungszielsetzung entschieden worden."[80] Dies wird auch die Reform des Finanzausgleichs ab 2005 nicht grundlegend ändern.

4.2.2 Vertikaler Teil

Finanzzuweisungen kommen wegen Unzulänglichkeiten bei der Aufgabenverteilung und des primären aktiven Finanzausgleichs zum Einsatz.[81] Die folgende Tabelle 33 zeigt das Volumen insgesamt und pro Einwohner von direkt nivellierenden Finanzzuweisungen (Landeskopfquotenausgleich in Österreich und Fehlbetrags-Bundesergänzungszuweisungen in Deutschland) sowie der Summe der Finanzzuweisungen des Bundes an die Länder.

Ausgleichs-volumen	**Landeskopfquotenausgleich (A) bzw. Fehlbetrags-BEZ (D)**		**Summe der Finanzzuweisungen des Bundes an die Länder**	
	in Mrd. €	**in €/Einwohner**	**in Mrd. €**	**in €/Einwohner**
Österreich	0,1	12	2,8 [a]	344
Deutschland	3,7	45	13,3 [b]	163

Tabelle 33: Ausgleichsvolumen vom Bund zu den Ländern

[a] In Österreich sind dies die Finanzzuweisungen des Bundes an die Länder (36,84 Mrd. S, vgl. Tabelle 10) und der Landeskopfquotenausgleich (1,36 Mrd. S, vgl. Kap. B.4.2.1).

[b] In Deutschland ist dies die Summe der Bundesergänzungszuweisungen (26,1 Mrd. DM, vgl. Tabelle 25).

Quelle: Lehner, G. (2001), S. 506-507, BMF Berlin (2001a), S. 45, BMF Berlin (2001b), S. 166, eigene Berechnungen.

Von der nivellierenden Wirkung vergleichbar sind der sog. Landeskopfquotenausgleich in Österreich und die Fehlbetrags-Bundesergänzungszuweisungen in Deutschland. Durch den Landeskopfquotenausgleich werden die Ertragsanteile an den Verbundsteuern in Österreich

[79] Vgl. Finanzministerium Niedersachsen (2002), S. 22.

[80] Peffekoven, R. (2002b), S. 21. Zu den negativen Folgen eines zu stark nivellierenden Ausgleichs bei Baretti, C. u.a. (2001).

[81] Siehe 1. Teil, Kap. 4.3.1.

angeglichen. Der Bund gleicht 87,9% der Differenz zum Bundesdurchschnitt aus.[82] Im Jahr 2000 hatte diese Angleichung der Ertragsanteile einen Umfang von 0,1 Mrd. €[83] bzw. 12 €/Einwohner. In Deutschland führten die Fehlbetrags-Bundesergänzungszuweisungen im Jahr 2000 mit einem Volumen von 3,7 Mrd. €[84] bzw. 45 €/Einwohner zu einer Angleichung der Finanzkraft auf mindestens 99,5% des Länderdurchschnitts.[85] Im Unterschied zu Deutschland, wo ein expliziter Finanzkraftausgleich stattfindet, wird in Österreich lediglich ein Ausgleich der Anteile an den Gemeinschaftssteuern vorgenommen und beträgt deshalb auch lediglich etwa ein Viertel des bundesdeutschen Wertes pro Einwohner. Damit ist der distributionspolitische Ausgleich in Österreich deutlich geringer.

Die Summe der Finanzzuweisungen des Bundes an die Länder[86] (inkl. Landeskopfquotenausgleich und Fehlbetrags-BEZ) zeigt dagegen ein anderes Bild. In Österreich hat der Bund den Ländern im Jahr 2000 2,8 Mrd. €[87] bzw. 344 €/Einwohner überwiesen. Die Summe aller Bundesergänzungszuweisungen betrug im gleichen Jahr in Deutschland 13,3 Mrd. €[88] bzw. 163 €/Einwohner und damit pro Einwohner lediglich knapp die Hälfte des österreichischen Wertes. Dies dürfte v.a. daran liegen, dass die Finanzausstattung der Länder mit eigenen Einnahmen in Österreich deutlich geringer ist als in Deutschland. Während in Österreich die Länder lediglich 12,4% der gesamten Steuereinnahmen für sich beanspruchen können, beträgt dieser Wert in Deutschland 40,6%.[89] Tabelle 34 zeigt das Verhältnis zwischen eigenen Einnahmen der Länder und Finanzzuweisungen des Bundes an die Länder.[90]

---

82 Siehe 2. Teil, Kap. B.4.2.1.

83 Vgl. Lehner, G. (2001), S. 506.

84 Vgl. BMF Berlin (2001b), S. 166.

85 Siehe 2. Teil, Kap. C.4.2.2.

86 Diese sind gemäß der Definition aus Tabelle 33 abgegrenzt.

87 Vgl. Lehner, G. (2001), S. 507.

88 Vgl. BMF Berlin (2001a), S. 45.

89 Siehe Tabelle 31.

90 Sonstige Transfers bleiben hierbei unberücksichtigt, um eine bessere Vergleichbarkeit der Einnahmearten zu ermöglichen.

Einnahmen der Länder	Österreich		Deutschland	
	in Mrd. €	in %	in Mrd. €	in %
Eigene Einnahmen der Länder	7,1	71,7	189,5	93,4
Finanzzuweisungen Bund an Länder [a]	2,8	28,3	13,3	6,6

Tabelle 34: Zusammensetzung der Ländereinnahmen

[a] Abgrenzung gemäß Definition aus Tabelle 33.

Quelle: Tabelle 6, 22, 33.

Dabei zeigt sich, dass die österreichischen Bundesländer in weit höherem Maße auf Finanzzuweisungen des Bundes angewiesen sind. Mehr als 28% ihrer Einnahmen stammen aus Finanzzuweisungen des Bundes, in Deutschland hingegen nur knapp 7%.

Der wichtigste Unterschied ist, dass in Österreich die hohe Kostenerstattung an die Länder mit einer massiven Umverteilung von Finanzströmen verbunden ist. Dies bedeutet aber im Ergebnis eine Schwächung der föderalen Struktur, da die Länder nicht eigenverantwortlich über ihre Einnahmen bestimmen können, sondern von der Alimentation des Bundes abhängig sind. In Deutschland sind die Zuwendungen des Bundes an die Bundesländer deutlich geringer, da diese mit ihren vergleichsweise hohen Einnahmen einen höheren Anteil ihrer Aufgaben bestreiten können.

5 UMSETZUNG DES EUROPÄISCHEN GEMEINSCHAFTSRECHTS IN DER FINANZVERFASSUNG

In beiden Ländern sind Regelungen getroffen worden, um die Einhaltung des Maastricht-Kriteriums für das gesamtwirtschaftliche Defizit von 3% des BIP zu gewährleisten. Während Österreich bereits Ende 1998 noch vor der Einführung der europäischen Gemeinschaftswährung zum 1. Januar 1999 einen nationalen Stabilitätspakt zur Aufteilung der Defizitquoten auf Bund, Länder und Gemeinden beschlossen hat[91], um das Maastricht-Kriterium von maximal 3% Neuverschuldung im Verhältnis zum Bruttoinlandsprodukt einzuhalten, ist eine derartige innerstaatliche Regelung in Deutschland erst im März 2002 vereinbart worden, allerdings ohne Sanktionsmöglichkeiten.[92] Zudem fehlen in Deutschland Regelungen zur Aufteilung des Defizits sowie eines evtl. Bußgeldes auf die einzelnen Bundesländer.[93]

Das detaillierte Sanktionsprogramm des Maastricht-Vertrages ist laut Krause-Jung geprägt von „unfreiwilliger Komik“[94]. Die Möglichkeit der Verhängung von Geldstrafen nennt er dabei „reichlich skurril“[95], da es nur Länder treffen würde, die sich wegen akuter Finanznöte höher als geplant verschulden müssen und eine von der EU verhängte Geldbuße diese noch weiter verschärfen würde, so dass in Zweifel zu ziehen ist, ob in der beschriebenen Situation eine Geldstrafe überhaupt verhängt und dann auch bezahlt werden würde. Dem ist zwar grundsätzlich zuzustimmen, wobei die Wirksamkeit des öffentlichen Prangers für das betreffende Land nicht unterschätzt werden darf. So ziehen Bonitätsverschlechterungen von Schuldnerländern in aller Regel auch höhere Einstandskosten für Kredite nach sich.[96] Inwieweit die detaillierten Regelungen des österreichischen Stabilitätspaktes also disziplinierend auf die einzelnen Bundesländer wirken, muss die Realität noch zeigen. Während die Vereinbarungen zwischen Bund, Länder und Gemeinden zum innerösterreichischen Stabilitätspakt rechtlich bindend in

---

91 Siehe 2. Teil, Kapitel B.5.

92 Siehe 2. Teil, Kapitel C.5.

93 Vgl. Peffekoven, R. (2002a), S. 19-20.

94 Krause-Jung, G. (1993), S. 67.

95 Krause-Jung, G. (1993), S. 69.

96 Die größten Ratingagenturen zur Einstufung der Bonität von Schuldnern sind Moody's Investors Service und Standard & Poor's, beide New York. Bei Standard & Poor's reichen die Ratingstufen bei langfristigen Anleihen von AAA (außergewöhnlich große Fähigkeit zur Zinszahlung und Kapitalrückzahlung) bis zu D (Schuldtitel ist in Zahlungsverzug oder Schuldner hat Insolvenz angemeldet), vgl. Wimmer, H. (2003), S. 167.

Gesetzesform zwischen den Gebietskörperschaften festgelegt wurden,[97] fehlt in Deutschland eine vergleichbare formelle Bindungskraft. Auch der neu eingeführte § 51a HGrG[98] zur innerstaatlichen Umsetzung des Maastricht-Vertrages ist völlig unverbindlich. Das schärfste Mittel sind dabei „Empfehlungen zur Wiederherstellung der Haushaltsdisziplin“[99]. Auch die bisherigen Vereinbarungen im Finanzplanungsrat sind lediglich Empfehlungen und wurden in der Vergangenheit nicht annähernd befolgt.[100] Insofern darf bezweifelt werden, ob eine derartige innerstaatliche Umsetzung sich bei kontroversen Standpunkten als vorteilhaft erweist. Notwendig wären nach Peffekoven „automatisch einsetzende Sanktionen bei Fehlverhalten“[101] der Gebietskörperschaften. Dazu wäre allerdings eine Änderung des Art. 109 Abs. 1 GG nötig, der die Haushaltsautonomie der Bundesländer garantiert.

Tabelle 35 stellt die Aufteilung des Maastricht-Defizits von 3% des BIP auf die Körperschaftsebenen in Österreich und Deutschland gegenüber.

Gebiets-körperschaften	Aufteilung des Maastricht-Defizits von 3% des BIP			
	Österreich		Deutschland	
	in % des BIP	in % (absolut)	in % des BIP	in % (absolut)
Bund	2,70	90	1,35[a]	45
Länder und Gemeinden	0,30[b]	10	1,65	55

Tabelle 35: Aufteilung des Maastricht-Defizits auf die Gebietskörperschaften

[a] Einschließlich der Sozialversicherungen. Das Maastricht-Kriterium ist im Sinne der Volkswirtschaftlichen Gesamtrechnung definiert und umfasst damit die Finanzierungssalden der Sozialversicherungsträger, die dem Sektor Staat zugerechnet werden. In Österreich ist im Stabilitätspakt 1999, der die Aufteilung der Defizitquoten auf die Gebietskörperschaften festlegt, nicht auf diese Problematik eingegangen worden.

[b] Die 0,30% Defizitquote des BIP der Länder und Gemeinden teilt sich wie folgt auf: Länder ohne Wien 0,11%, Wien als Land und Gemeinde 0,09% und die Gemeinden ohne Wien 0,10%, vgl. Art. 5 Abs. 2 Stabilitätspakt 1999.

Quelle: Art. 4 Abs. 2 Stabilitätspakt 1999, Frankfurter Allgemeine Zeitung vom 22.03.2002, Nr. 69, S. 13.

---

97 Vgl. Stabilitätspakt 1999 und Stabilitätspakt 2001.

98 Gesetz über die Grundsätze des Haushaltsrechts des Bundes und der Länder (Haushaltsgrundsätzegesetz - HGrG).

99 § 51a Abs. 3 HGrG.

100 Vgl. Krause-Jung, G. (1993), S. 71.

101 Peffekoven, R. (2002a), S. 21.

Auch bei der Aufteilung des Maastricht-Defizits auf die Gebietskörperschaften zeigt sich in Österreich die Dominanz des Bundes, der 90% des gesamtstaatlichen Defizits von maximal 3% des BIP für sich beansprucht, während in Deutschland die Aufteilung des Defizits leicht zugunsten der Länder mit 55% des Defizits aller öffentlichen Haushalte ausfällt.

Im Jahr 2001 wurde in Österreich das Ziel eines ausgeglichenen Haushalts erreicht. Der gesamtstaatliche Überschuss betrug 0,26% des BIP, wobei das Defizit des Bundes von 0,54% durch den Überschuss der Länder (0,52%) und Gemeinden (0,26%) ausgeglichen werden konnte.[102] 2002 musste ein Defizit von 0,56% des BIP ausgewiesen werden. Die Länder und Gemeinden konnten mit ihren Überschüssen von 0,32% des BIP bzw. 0,16% des BIP das Defizit des Bundes in Höhe von 1,04% nicht mehr ausgleichen.[103] Der Bund hat damit die Vorgaben des Stabilitätspakts im Jahr 2002, wo nur ein Defizit von maximal 0,75% des BIP[104] vorgesehen war, nicht halten können. Auch die Länder konnten 2001 und 2002 ihre Verpflichtung, einen Überschuss von 0,75% des BIP[105] zu erzielen, nicht erfüllen. Lediglich den Gemeinden gelang in beiden Jahren die Erzielung von Überschüssen und damit die Einhaltung des Stabilitätspaktes. Für das Jahr 2003 wird ein deutlich höhere gesamtstaatliches Defizit von 1,6% des BIP prognostiziert.[106]

In Deutschland betrug das Defizit im Jahr 2001 2,8% des BIP. Davon entfielen auf den Bund einschl. Sozialversicherungen 1,5% und auf die Länder und Gemeinden 1,3% des BIP. Im Jahr 2002 betrug das gesamtstaatliche Defizit 3,6% des BIP, wobei der Bund einschl. Sozialversicherungen für 2,0% und die Länder und Gemeinden für 1,6% des BIP verantwortlich waren.[107] Würde die Aufteilung des Maastricht-Defizits, die ab 2003 gelten soll, wonach der Bund einschl. Sozialversicherungen ein Defizit von maximal 1,35% des BIP aufweisen sollte, schon in 2002 angewandt, hätte der Bund diese Grenze mit 2,0% deutlich überschritten. Die

[102] Die Sozialversicherungen erwirtschafteten im Jahr 2001 einen Überschuss von 0,1% des BIP, Differenzen durch Rundung.

[103] Vgl. E-Mail von Statistik Austria, Direktion Volkswirtschaft vom 03.03.2003.

[104] Vgl. Art. 2 Abs. 2 Stabilitätspakt 2001.

[105] Vgl. Art. 3 Abs. 1 Stabilitätspakt 2001.

[106] Vgl. Die Zeit vom 20.03.2003, Nr. 13, S. 26.

[107] Die Zahlen für 2002 für die Aufteilung des Gesamtdefizits sind noch nicht endgültig, vgl. www.bundesfinanzministerium.de/Anlage16208/Deutsches-Stabilitaetsprogramm-Aktualisierung-Dezember-2002.pdf (20.03.2003).

Länder und Gemeinden konnten die ab 2003 vereinbarten 1,65% mit 1,6% knapp einhalten. Die Prognose für das gesamtstaatliche Defizit im Jahr 2003 liegt mit 3,1% des BIP knapp über den Maastricht-Referenzwert.[108]

Die Umsetzung des Europäischen Gemeinschaftsrechts in der Finanzverfassung ist in Österreich mit dem Stabilitätspakt sowohl schneller[109] als auch institutionell verbindlicher geregelt worden. Während die Vereinbarungen im Finanzplanungsrat in Deutschland eher freiwilliger und nicht einklagbarer Natur sind, ist der österreichische Stabilitätspakt als formelles Gesetz quasi als Staatsvertrag zwischen dem Bund, den Ländern und den Gemeinden verabschiedet worden und lässt auch bei Nichteinhaltung konkrete Schritte bis zur Aufteilung einer eventuellen Geldbuße auf die Gebietskörperschaften im Verhältnis der Überschreitung ihrer Defizitquoten folgen.[110]

6 BEWERTUNG ANHAND DER ÖKONOMISCHEN THEORIE DES FÖDERALISMUS

6.1 Das Kongruenzprinzip

Beim Kongruenzprinzip soll eine möglichst große Deckung von Zuständigkeitsbereich einer Gebietskörperschaft und dem Wirkungsbereich einer von dieser Körperschaft verursachten Maßnahme erreicht werden. Sind Zuständigkeits- und Wirkungsbereich kongruent, führt dies zu einer Minimierung der Ressourcenkosten.[111] Im folgenden soll das Kongruenzprinzip zum einen bezüglich der Aufgaben- bzw. Ausgabenverteilung und zum anderen bezüglich der Einnahmenverteilung untersucht werden.

Bei der Aufgabenverteilung sollen Aufgaben, die einen begrenzten Wirkungsbereich aufweisen, auf Gebietskörperschaften übertragen werden, deren Zuständigkeitsbereich ähnlich begrenzt ist.

[108] Vgl. Die Zeit vom 20.03.2003, Nr. 13, S. 26.

[109] Der österreichische Stabilitätspakt wurde Ende 1998 verhandelt und trat am 15. Januar 1999 in Kraft, während die innerstaatliche Umsetzung des Maastricht-Kriteriums in Deutschland erst auf einer Sitzung des Finanzplanungsrates am 21.03.2002 erfolgte.

[110] Vgl. Art. 15 Abs. 1 Stabilitätspakt 2001.

[111] Siehe Teil 1, Kap. 2.6.1.

Da hier nicht der Wirkungs- und Zuständigkeitsbereich für einzelne öffentliche Aufgaben untersucht werden kann, ohne den Rahmen der Arbeit zu sprengen, soll die Verteilung der gesamten um Finanzierungsvorgänge bereinigten Ausgaben auf die verschiedenen Ebenen der Gebietskörperschaften als Annäherung an das Kongruenzprinzip untersucht werden. Tabelle 36 zeigt die Ausgabenverteilung zwischen Bund, Ländern und Gemeinden in Österreich und Deutschland im Jahr 2000.

Bereinigte [a] Ausgaben im Jahr 2000	**Österreich**		**Deutschland**	
	Mrd. €	**in %**	**Mrd. €**	**in %**
Bund	35,4	48,0	186,2	41,5
Länder	22,5[b]	30,5	152,0	33,9
Gemeinden	15,9[c]	21,5	110,2	24,6
Summen	73,8	100,0	448,4	100,0

Tabelle 36: Ausgabenverteilung auf Gebietskörperschaftsebenen

[a] Ohne Finanzierungsvorgänge, vgl. Tabelle 27, 28.

[b] Länder ohne Wien 17.191,4 Mio. € zzgl. geschätzter Anteil Wiens von 5.344,0 Mio. € an den Länderausgaben. Die bereinigten Nettoausgaben von Wien als Land und Gemeinde in Höhe von 9.113,3 Mio. € wurden dabei im Verhältnis der Länder- und Gemeindeausgaben ohne Wien auf diese umgelegt.

[c] Gemeinden ohne Wien 12.125,8 Mio. € zzgl. geschätzter Anteils Wiens von 3.769,3 Mio. € an den Gemeindeausgaben.

Quelle: Tabelle 27, 28, Statistik Austria (2002b), S. 445-446, Statistisches Bundesamt (2003), S. 40-109.

Hierbei lässt sich feststellen, dass bei der staatlichen Aufgabenerfüllung der Bund in Österreich eine etwas bedeutendere Rolle spielt als in Deutschland. In Österreich entfallen 48% der um Finanzierungsvorgänge bereinigten Ausgaben der Gebietskörperschaften auf den Bund, in Deutschland hingegen nur 41,5%. In Deutschland spielen die Länder mit einem Anteil von 33,9% eine größere Rolle als in Österreich mit 30,5%. Auf die kommunale Ebene entfallen in Österreich 21,5%, in Deutschland 24,6% der Staatsausgaben.

Die Divergenz bei den Bundes- und Landesausgaben könnte auch mit der Größenordnung der Länder zusammenhängen. Bezogen auf die Einwohnerzahl ist das gesamte Land Österreich mit etwa 8,1 Mio. Einwohnern vergleichbar mit dem deutschen Bundesland Niedersachsen mit etwa 7,9 Mio. Einwohnern. Während eine Leistungserstellung wie etwa im Bildungsbereich in Niedersachsen auf Landesebene erfolgt, ist dies in Österreich auf Bundesebene angesiedelt. Dem widerspricht allerdings die Ausgabenverteilung im „Musterland" des Föderalismus, der Schweiz. Obwohl mit knapp 7 Mio. Einwohner noch etwas kleiner als Österreich, erfolgte die Aufteilung der Ausgaben im Jahr 2000 zwischen Bund (32,5%), Kantonen (40,0%) und Gemeinden (27,5%) in etwa zu gleichen Teilen.[112] Die schweizerischen Kantone entsprechen dabei der gliedstaatlichen Ebene der Bundesländer in Österreich und Deutschland.

Bei der Einnahmenverteilung sollen gemäß dem Kongruenzprinzip Steuern mit einer hohen räumlichen Streuung eher dem Zentralstaat, örtlich gut radizierbare Steuern hingegen den Ländern und Kommunen zugeordnet werden. „Hierdurch wird der Finanzausgleichsbedarf zwischen den Ländern tendenziell gering gehalten."[113] Auch hier kann nicht auf einzelne Steuern eingegangen werden, vielmehr soll der Zentralisierungsgrad des Steuersystems beider Länder verglichen werden. Die folgende Tabelle 37 vergleicht den Anteil der zentralen Gemeinschafts- und Bundessteuern mit dem der dezentralen Landes- und Gemeindesteuern.

Steuereinnahmen im Jahr 2000	**Österreich**		**Deutschland**	
	Mrd. €	**in %**	**Mrd. €**	**in %**
Zentral (Gemeinschafts- und Bundessteuern)[a]	54,0	93,9	412,1	88,2
Dezentral (Landes- und Gemeindesteuern)	3,5	6,1	55,1	11,8
Summen	57,5	100,0	467,2	100,0

Tabelle 37: Zentralisierungsgrad des Steuersystems

[a] Inklusive EU-Eigenmittel.

Quelle: Tabelle 6 und 22.

In Österreich entfallen auf die zentrale Verteilung von Gemeinschafts- und Bundessteuern 93,9% der gesamten Steuereinnahmen, in Deutschland 88,2%. Damit dürfte das Kongruenzprinzip auf der Einnahmenseite in Deutschland nur marginal besser umgesetzt sein als in Österreich, da fast 12% der deutschen Steuereinnahmen im Gegensatz zu 6% der Steuereinnahmen in Österreich nicht über den Zentralstaat, sondern direkt an Länder und Gemeinden verteilt werden.[114] So

[112] Vgl. Bundesamt für Statistik (2002), S. 811.

[113] Fischer, H. (1992), S. 20.

[114] Vor knapp zehn Jahren betrugen die Landes- und Gemeindesteuern in Österreich 7,0% und in Deutschland 12,4% der gesamten Steuereinnahmen. Damit hat sich deren Anteil in beiden Ländern auf niedrigen Niveau noch weiter verringert, vgl. Nowotny, E. (1997), S. 116.

empfiehlt etwa auch der Beirat für Wirtschafts- und Sozialfragen in Österreich bei örtlich gut radizierbaren Steuern, das Trennsystem zugunsten der Länder und Gemeinden weiter auszubauen.[115]

6.2 Das Korrespondenzprinzip

Das Korrespondenzprinzip empfiehlt zur *Minimierung der Ressourcenkosten* die Identität von Entscheidern, Nutzern und Zahlern bei der Bereitstellung von öffentlichen Gütern. Stimmen diese nicht überein, ergeben sich je nach Interessenlage der Entscheider eine zu geringe (Entscheider sind Zahler, aber nicht Nutzer) oder eine zu hohe (Entscheider sind Nutzer, aber nicht Zahler) Leistungserstellung.[116]

In Österreich wird mit dem beschriebenen Konsultationsmechanismus[117] versucht, das Korrespondenzprinzip zu verwirklichen. „Damit wird das Verursacherprinzip für die finanziellen Folgen rechtsetzender Maßnahmen erstmals auch für den Bund wirksam, der bisher von der Möglichkeit der Abwälzung auf andere Gebietskörperschaften reichlich Gebrauch gemacht hat."[118] Die umfangreichen Mitteltransfers zwischen den Körperschaftsebenen sind aber ein Beleg für die Trennung von Aufgabenerfüllung (Entscheider) und Finanzierung (Zahler).[119] Der Bund finanziert mit diesen Transferzahlungen zu einem erheblichen Teil Leistungen, die von anderen Gebietskörperschaftsebenen erbracht werden.[120] Dabei entfielen im Jahr 2000 3,5 Mrd. € (47,9 Mrd. S) und damit 10% der bereinigten Ausgaben des Bundes auf die Finanzierung der

[115] Explizit werden hier die Grunderwerbsteuern, die Bodenwertabgabe und die Kraftfahrzeugbesteuerung genannt, vgl. Beirat für Wirtschafts- und Sozialfragen (1992), S. 15.

[116] Siehe Teil 1, Kap. 2.6.2.

[117] Siehe Teil 2, Kap. B.3.2.

[118] Pernthaler, P. (2002), S. 31.

[119] Vgl. Lehner, G. (2001), S. 510. Zu dem gleichen Resultat kommen Bauer/Rossmann: „Zu einem komplizierten Abgabenteilungssystem kommt ein komplexes Tranfersystem hinzu. In der öffentlichen Finanzverfassung Österreichs ist zwar der Grundsatz verankert, dass jede Regierungsebene die Lasten, die sich aus der Besorgung ihrer Aufgaben ergeben, selbst trägt. Es wird jedoch im Finanzausgleichsgesetz sowie anderen spezifischen Materiengesetzen verletzt. Im Lauf von Jahrzehnten hat sich zur Sicherung des gerechten Ausgleichs zwischen den Gebietskörperschaften und Aufgabenträgern ein komplexes System von finanziellen Transfers und Kostentragungen herausgebildet. Dabei ist eine Körperschaft für die Aufgaben und Ausgaben zuständig, während zur (teilweisen) Finanzierung eine andere herangezogen wird. ",Bauer/Rossmann 2001, S. 305. Dies ist auch ein demokratiepolitisches Problem, wenn "die politische und wirtschaftliche Verantwortbarkeit für die inhaltliche Aufgabenerledigung und deren Finanzierung nicht mehr eindeutig erkennbar und zurechenbar ist.", Bauer/Rossmann (2001), S. 307-308.

[120] Vgl. Fleischmann, E. (2002), S. 22.

Landeslehrer. Im Pflichtschulbereich ist der Bund für Lehrplan und Lehrinhalte zuständig, die Lehrer von allgemeinbildenden Schulen und Berufsschulen werden hingegen von den Ländern angestellt, die auch wesentliche schulorganisatorische Zuständigkeiten besitzen.[121] Durch dieses Auseinanderfallen von Personalhoheit und Finanzierungsverantwortung wurde keine eindeutige Kompetenzzuordnung im Sinne des Korrespondenzprinzips getroffen, da hier Zahler (Bund) und Entscheider (Länder) nicht identisch sind. Dadurch haben die Länder keinen Anreiz, die Kosten für die Landeslehrer gering zu halten, da sie nicht für deren Finanzierung aufkommen müssen. „Das geltende System, steigende Kosten automatisch durch höhere Bundestransfers abzugelten und gleichzeitig die Ausgabenentscheidungen bei den unteren Gebietskörperschaften zu lassen, schafft Anreize zur Verschwendung und führt tendenziell zu einer Überversorgung. Es wird daher verstärkt gefordert, dass der Zusammenhang zwischen eigener Mittelaufbringung und autonomer Mittelverwendung für jede Gebietskörperschaft möglichst umfassend sein soll."[122]

In Deutschland gibt es zahlreiche Bereiche, in denen der Bund den Ländern und Kommunen strikte Vorgaben bezüglich der Leistungserstellung ohne Mitwirkungsrechte der ausführenden Körperschaften macht. Die Gesetzgebung liegt zum überwiegenden Teil beim Bund,[123] während die Ausführung den Ländern überlassen bleibt.[124] Aufgaben- und Ausgabenverantwortung fallen regelmäßig auseinander, da die bundesstaatliche Ausgabenverantwortung (Zahler) an die Verwaltungszuständigkeit und nicht an die Gesetzgebungskompetenz (Entscheider) anknüpft.[125] Das Korrespondenzprinzip ist damit verletzt, da der Entscheider (Bund) nur dann mit den Zahlern (Länder) übereinstimmt, wenn der Bund auch die Kosten übernimmt, die sich aus seiner Gesetzgebungshoheit ergeben. Bei der Bundesauftragsverwaltung der Länder übernimmt der Bund zwar die Sach- und Zweckaufwendungen, die Länder müssen jedoch die damit verbundenen Verwaltungsausgaben tragen.[126] Bei den Bund-Länder-Mischfinanzierungen[127] besteht die Tendenz, dass nicht alle Kosten in die Entscheidung für oder gegen die Bereitstellung einfließen, da von den Entscheidern nur ein Teil der Kosten zu tragen ist, was zu einer

[121] Vgl. Matzinger, A. (2002), S. 75.

[122] Fleischmann, E. (2002), S. 22.

[123] Vgl. Art. 73-82 GG.

[124] Vgl. Art. 83-85 GG.

[125] Vgl. Finanzministerium Niedersachsen (2002), S. 2.

[126] Siehe Teil 2, Kap. B.3.2.

[127] Siehe Teil 2, Kap. B.3.2.

Verwischung der Verantwortlichkeiten und tendenziell höheren Ausgaben führt.[128] Die Mischfinanzierungen von Bund und Ländern betrugen im Jahr 2000 21,2 Mrd. € (41,5 Mrd. DM) und damit etwa 11% der bereinigten Nettoausgaben des Bundes.[129] Im Sinne des Korrespondenzprinzips sollten vorhandene Mischfinanzierungstatbestände zugunsten klarer Zuständigkeits- und Finanzierungsverantwortlichkeiten abgebaut werden.[130]

Aber auch in Bereichen, die in beiden Ländern in die Kompetenz der Bundesländer fallen, lassen sich Abweichungen von Aufgabenerfüllung und Finanzierung feststellen. Dies soll am Beispiel des Vorschulwesens gezeigt werden. Sowohl in Österreich als auch Deutschland legt der Bund durch eine einheitliche Gesetzgebung für das gesamte Bundesgebiet bestimmte Standards fest, die dann von den Ländern oder Kommunen ausgeführt und meist auch finanziert werden müssen. So hat in Deutschland jedes dreijähriges Kind einen Rechtsanspruch auf einen Kindergartenplatz. Dieser wird aber nicht vom Bund, sondern von den Gemeinden zur Verfügung gestellt und muss auch von diesen und damit indirekt auch von den Ländern finanziert werden.[131] Ähnlich dazu die Regelung in Österreich, nach denen Eltern Zahlungen zustehen, wenn in der Wohnsitzgemeinde kein Kindergartenplatz zur Verfügung steht. Hier werden die Gemeinden mit einem Drittel an den Kosten beteiligt.[132] Entscheider (Bund) und Zahler (Kommunen bzw. Länder) fallen auseinander. Durch die Verletzung des Korrespondenzprinzips dürfte das Budget zu hoch ausfallen, da die Entscheider nicht oder nicht im vollen Umfang für die Kosten ihrer Beschlüsse aufkommen müssen. In beiden Ländern lassen sich damit aufgrund zunehmender Vermischung von Aufgabenzuständigkeiten und Finanzierungsverantwortung erhebliche Verletzungen des Korrespondenzprinzips feststellen.

6.3 Das Subsidiaritätsprinzip

Das Subsidiaritätsprinzip drückt den Vorrang von kleineren vor größeren Einheiten bei der Erfüllung von staatlichen Aufgaben aus. Es ist eindeutig präferenzkostenorientiert und kann bei einer extrem hohen Gewichtung der Präferenzenkosten zu einer Kompetenzverlagerungssperre

[128] Vgl. Vesper, D. (1998), S. 6.

[129] Siehe Tabelle 14 und 28.

[130] Ähnlich argumentieren Arndt, H.-W. (2002), S. 21 und Stein, H.-G. (2002), S. 10.

[131] Vgl. Renzsch, W. (2002), S. 349.

[132] Siehe 2. Teil, Kapitel B.3.2.

führen, auch wenn die Bereitstellung durch größere Einheiten deutlich günstiger in Bezug auf die Ressourcenkosten durchzuführen wäre.[133]

Ähnlich der bundesdeutschen Regelung, nach der die „Ausübung der staatlichen Befugnisse und die Erfüllung der staatlichen Aufgaben (...) Sache der Länder“[134] ist, soweit keine anderen Regelungen getroffen werden, sieht auch die österreichische Verfassung die grundsätzliche Zuständigkeit der Länder vor. Soweit eine Aufgabe nicht ausdrücklich dem Bund übertragen ist, „verbleibt sie im selbständigen Wirkungsbereich der Länder“[135]. Damit wird in beiden Ländern grundsätzlich den Ländern der Vorrang bei der öffentlichen Aufgabenerfüllung eingeräumt.

Die Ausgabenverteilung zwischen den verschiedenen Körperschaftsebenen soll, wie bei der Untersuchung des Kongruenzprinzips, als Indiz für den Grad der Aufgabenerfüllung von Bund, Ländern und Gemeinden im Sinne des Subsidiaritätsprinzips herangezogen werden. Während in Österreich der Landes- und Gemeindeanteil an den gesamten um Finanzierungsvorgänge staatlichen Ausgaben lediglich 52% beträgt, ist dieser in Deutschland mit 58,5% etwas höher.[136] Dies dürfte zumindest ein Anhaltspunkt für eine bessere Möglichkeit der Berücksichtigung der lokalen Präferenzen in Deutschland sein, da hier die Länder und Gemeinden mehr Möglichkeiten haben, auf die regionalen und lokalen Besonderheiten einzugehen. Die österreichischen Länder haben schon aufgrund ihrer vergleichsweise geringen eigenen Einnahmen[137] weniger politische Gestaltungsmöglichkeiten.

Aber auch in Deutschland wird das Subsidiaritätsprinzip v.a. durch die praktizierte konkurrierende Gesetzgebung des Bundes verletzt. Der Bund macht von seinen Recht der konkurrierenden Gesetzgebung[138] sehr umfangreich Gebrauch, so dass er trotz der grundsätzlichen Zuständigkeitsvermutung der Länder nach Art. 30 GG über weit größere Aufgabenkompetenzen als die Länder verfügt.

---

133 Siehe Teil 1, Kap. 2.6.3.

134 Art. 30 GG.

135 Art. 15 Abs. 1 B-VG

136 Siehe Tabelle 36.

137 Siehe Tabelle 34.

138 Vgl. Art. 72, 74, 75, 105 Abs. 2 GG.

6.4 Das Finanzausgleichsprinzip

Das Finanzausgleichsprinzip minimiert die Präferenzenkosten durch einen Steuerkraftausgleich zwischen reichen und armen Regionen, um innerhalb eines Staatsgebiets inakzeptabel große Unterschiede in der Versorgung mit öffentlichen Leistungen zu vermeiden. Ohne einen Ausgleich der Steuerkraft würden besser mit Potentialfaktoren[139] ausgestattete Regionen ihren Bürgern eine deutlich höhere Versorgung mit öffentlichen Leistungen bieten können als schlechter ausgestattete Regionen. Dies würde im Extremfall zu Wanderungsbewegungen von den ärmeren zu den reicheren Regionen führen. Je nach den Präferenzen der Bevölkerung bezüglich der Intensität der Solidarität kann die Umverteilungsintensität und damit der Grad des Steuerkraftausgleichs variieren.[140]

Die österreichische Finanzverfassung kennt keinen expliziten Finanzausgleich zwischen den einzelnen Bundesländern. In Deutschland ist ein expliziter Finanzausgleich zwischen reichen und armen Gebietskörperschaften installiert worden, um das Verfassungspostulat der „Einheitlichkeit der Lebensverhältnisse“[141] im Bundesgebiet zu verwirklichen. Diesen einheitlichen Lebensbedingungen wird in beiden Ländern große Bedeutung beigemessen. Um gravierende regionale Unterschiede im Versorgungsniveau der Bevölkerung zu vermeiden, werden in beiden Ländern jedoch unterschiedliche Instrumente herangezogen.

Die folgende Tabelle 38 vergleicht die Art der Ausgleichsinstrumente in Österreich und Deutschland. Finanzkraftorientierte Ausgleichsinstrumente haben explizit zum Ziel, Unterschiede in der Finanzausstattung der Länder zu verringern und sind damit der distributionspolitischen Ebene zuzuordnen, während bedarfsorientierte Ausgleichsinstrumente auf einen konkreten Bedarf bei der Erfüllung von öffentlichen Aufgaben gerichtet sind.

---

[139] Siehe Teil 1, Kap. 2.3.

[140] Siehe Teil 1, Kap. 2.6.4.

[141] Vgl. Art. 72 Abs. 2 GG und Art. 106 Abs. 3 Satz 4 Nr. 2 GG.

Ausgleichs-instrumente (Vergleich)	Finanzkraftorientierte Ausgleichsinstrumente			Bedarfsorientierte Ausgleichsinstrumente			Summe der Ausgleichsinstrumente		
	Mrd. €	€/Einw	in %	Mrd. €	€/Einw	in %	Mrd. €	€/Einw	in %
Österreich	0,1[a]	12	3,5	2,7[b]	332	96,5	2,8	344	100,0
Deutschland	20,7[c]	252	62,5	12,4[d]	151	37,5	33,1	403	100,0

Tabelle 38: Finanzkraft- und bedarfsorientierte Ausgleichsinstrumente

[a] Landeskopfquotenausgleich 1,36 Mrd. S (0,1 Mrd. €), vgl. Teil 2, Kap. B.4.2.1.
[b] Sonstige Finanzzuweisungen des Bundes an die Länder 36,8 Mrd. S (2,7 Mrd. €), vgl. Teil 2, Kap. B.4.2.1.
[c] Umsatzsteuer-Vorwegausgleich 17,0 Mrd. DM + Länderfinanzausgleich im engeren Sinne 16,3 Mrd. DM + Fehlbetrags-Bundesergänzungszuweisungen 7,2 Mrd. DM = 40,5 Mrd. DM (20,7 Mrd. €), vgl. Teil 2, Kap. C.4.1.2.2, C.4.2.1 und C.4.2.2.
[d] Allgemeine bedarfsorientierte Bundesergänzungszuweisungen 18,9 Mrd. DM + Finanzierung des Fonds „Deutsche Einheit" durch alte Länder 5,3 Mrd. DM = 24,2 Mrd. DM (12,4 Mrd. €), vgl. Teil 2, Kap. C.4.2.2.

Quelle: Teil 2, Kap. B.4.2.1, C.4.1.2.2, C.4.2.1 und C.4.2.2.

In Österreich erfolgt der Ausgleich zum überwiegenden Teil (96,5%) durch bedarfsorientierte Instrumente wie etwa die Zweckzuschüsse zur Wohnbauförderung. Nur ein sehr geringer Teil von 3,5% des gesamten Ausgleichsvolumens wird über den finanzkraftorientierten Landeskopfquotenausgleich durchgeführt.[142] Dieses Verhältnis ist in Deutschland umgekehrt. Hier macht der Finanzkraftausgleich 62,5% und der bedarfsorientierte Ausgleich lediglich 37,5% des gesamten Volumens aus. Der finanzkraftorientierte Ausgleich wird in Deutschland durch den Umsatzsteuer-Vorwegausgleich, den Länderfinanzausgleich im engeren Sinne und die Fehlbetrags-Bundesergänzungszuweisungen durchgeführt, während der bedarfsorientierte Ausgleich über die allgemeinen Bundesergänzungszuweisungen und der Beteiligung an der Finanzierung des Fonds „Deutsche Einheit" durch die alten Länder erfolgt. Es zeigt sich, dass in Deutschland der Umfang des distributionspolitischen Finanzausgleichs mit fast zwei Drittel an den gesamten Ausgleichsinstrumenten dominiert. Eine stärkere Berücksichtigung allokativer Elemente durch eine deutliche Verringerung der finanzkraftorientierten Ausgleichsinstrumente erscheint deshalb in Deutschland dringend geboten.[143]

Das Ausgleichsvolumen insgesamt ist pro Einwohner in Deutschland mit 403 € um etwa 17% höher als in Österreich mit 344 €. Dies korrespondiert mit der höheren Heterogenität bezüglich der Wirtschaftskraft der deutschen Bundesländer, wo ein höheres Ausgleichsvolumen benötigt

[142] Siehe Teil 2, Kap. B.4.2.1.

[143] Näher dazu hinten in Kap. 7.3.2.

wird, um regionale Divergenzen zu glätten. In Deutschland ist diese Heterogenität v.a. auf die Wiedervereinigung zurückzuführen. In den fünf ostdeutschen Bundesländern, die alle eine im Vergleich zum Landesdurchschnitt sehr geringe Wirtschaftsleistung aufweisen[144], leben 17% der deutschen Bevölkerung. In Österreich wird ein vergleichbar niedriges Pro-Kopf-BIP von 64% des österreichischen Durchschnitts nur im Bundesland Burgenland erreicht[145], wo aber lediglich 3,5% der österreichischen Bevölkerung leben.[146] Es werden daher im vergleichsweise homogenen Österreich weniger Mittel für einen Finanzausgleich benötigt als im heterogenen Deutschland.[147]

7 EMPFEHLUNGEN

Im folgenden sollen auf Grundlage der im 1. Teil der Arbeit behandelten ökonomischen Theorie des Föderalismus und der Theorie des Finanzausgleichs sowie den vorgestellten Finanzausgleichssystemen beider Länder im 2. Teil und dem bisherigen direkten Vergleich im 3. Teil zunächst die beiden Ausgestaltungsformen des kompetitiven und des kooperativen Föderalismus gegenübergestellt werden (Kapitel 7.1), um anschließend für die Verteilung der Aufgaben und Ausgaben (Kapitel 7.2) und die Verteilung der Einnahmen (Kapitel 7.3) Empfehlungen zur Optimierung der Finanzausgleichssysteme erarbeiten zu können. Hierbei wird v.a. auf die im 6. Kapitel des dritten Teils erfolgte Bewertung anhand der ökonomischen Theorie des Föderalismus zurückgegriffen werden. Auf Empfehlungen, die sich auf die Kapitel 1 und 2 des dritten Teils beziehen, wurde verzichtet, da sowohl der Zuschnitt der Bundesländer als auch die beschriebenen politischen Systeme als Konstanten angesehen werden müssen, die sich nur mit großen Widerständen ändern lassen.[148]

[144] Die Werte reichen hierbei von 62% für Sachsen-Anhalt bis zu 66% für Sachsen, bezogen auf den Bundesdurchschnitt, vgl. Tabelle 13.

[145] Vgl. Tabelle 1.

[146] Zur Wirtschaftskraft der österreichischen und deutschen Bundesländer siehe oben unter 1.1.

[147] Jeweils bezogen auf € pro Einwohner.

[148] So ist etwa der Zuschnitt der österreichischen und deutschen Bundesländer, mit Ausnahme der fünf neuen ostdeutschen Länder, seit dem 2. Weltkrieg unverändert geblieben und auch das politische System zeigt eine demokratische Konstanz, die aufgrund der historischen Vergangenheit beider Länder nicht unerwünscht sein dürfte.

7.1 Kompetitiver versus kooperativer Föderalismus

Bei der Übertragung aller für die selbständige Erfüllung einer Aufgabe notwendigen Kompetenzen liegt eine Vollkompetenz vor. Diese kann in Teilkompetenzen zerteilt und von unterschiedlichen Gebietskörperschaften oder Staatsebenen wahrgenommen werden.[149] Eine Vollkompetenz besteht aus den Teilkompetenzen Entscheidungskompetenz, Durchführungskompetenz und Finanzierungskompetenz.[150] So teilen sich in Österreich und Deutschland die Gebietskörperschaften die Vollkompetenz der Steuerhoheit. Dabei ist bei den meisten Steuern dem Bund die Entscheidungskompetenz und den Ländern die Durchführungskompetenz zugeordnet, während sich die Ertragskompetenz je nach Steuerart zwischen Bund, Ländern und Gemeinden aufteilt. Die Zuteilung von Vollkompetenzen ist Voraussetzung für einen „kompetitiven" Föderalismus. Dabei kann jede mit solchen Vollkompetenzen ausgestattete Körperschaft ihre eigenen Vorstellungen über die Bereitstellung eines öffentlichen Gutes verwirklichen, was zu einem Wettbewerb um die besten Lösungen führen kann. Bei zu großer Heterogenität der realisierten Lösungen kommt es aber zu einer unterschiedlichen Versorgung mit öffentlichen Leistungen.[151] Ob dies hingenommen wird, hängt von den Präferenzen der jeweiligen Bevölkerung ab. In Österreich und Deutschland war bisher die Bereitschaft, regional unterschiedliche Entwicklungen hinzunehmen, nur begrenzt vorhanden, um nicht das Ziel der „Einheitlichkeit der Lebensverhältnisse" zu verletzen. Die Diskussionen über Reformen der bundesstaatlichen Finanzordnung zeigen jedoch in beiden Ländern eine größere Bereitschaft, in Teilbereichen auch eigenständige gliedstaatliche Lösungen zuzulassen.[152] Überwiegt in einem föderalen System die Zuteilung von Teilkompetenzen, sind meist umfangreiche Kooperationsmechanismen zwischen den verschiedenen Ebenen erforderlich, um eine für alle Beteiligten tragfähige Lösung zu erhalten. Dieser „kooperative" Föderalismus überwiegt in der Republik Österreich und in der Bundesrepublik Deutschland. Zu viele Teilkompetenzen verursachen ein System der „Politikverflechtung", in dem die Zuständigkeiten verwischt sind und gegenseitige Schuldzuweisungen dominieren.[153] Das Optimum wird hier „zwischen dem Polarfall ausschließlicher Zuteilung von Vollkompetenzen und vollständiger Zerlegung in

---

149 Vgl. Biehl, D. (1994), S. 109.

150 Siehe 1. Teil, Kapitel 3.3.3.4.

151 Vgl. Biehl, D. (1995c), S. 132.

152 Vgl. dazu 2. Teil, Kapitel B.7 und C.7.

153 Vgl. Scharpf, F.W. (1985), S. 323-356. Nähere Untersuchungen zur Politikverflechtung finden sich bei Hesse, J.J. (1978).

Teilkompetenzen“[154] liegen. Die Ausführungen im 2. Teil der Arbeit haben deutlich gemacht, dass die Länder Österreich und Deutschland im Bereich der Steuerhoheit eher Richtung zu vieler Teilkompetenzen einzuordnen sind.

Durch eine ausschließliche Kompetenz erhält eine Körperschaft die Berechtigung, ausschließlich die ihr übertragenen Angelegenheiten zu regeln. So ist etwa in Österreich und Deutschland die Kulturhoheit der Länder als ausschließliche Landeskompetenz ausgestaltet. Damit ist gleichzeitig die Vergabe einer Vollkompetenz verbunden.[155] Konkurrierende Kompetenzen können hingegen Voll- oder Teilkompetenzen sein. Hier kann die übergeordnete Einheit ohne Verfassungsänderung und damit kostengünstig Kompetenzen, die bisher bei den nachgeordneten Ebenen zugewiesen waren, an sich ziehen. Dabei kann bei intensiver Nutzung der konkurrierenden Kompetenz des Gesamtstaates die Unabhängigkeit der Gliedstaaten enorm beschnitten werden. Bei heterogenen Präferenzen des Gliedstaates im Verhältnis zu denen des Gesamtstaates können die Frustrationskosten erheblich ansteigen.[156] Auch hier dürfte das Optimum bei einem ausgeglichenen Verhältnis der Nutzung von ausschließlichen und konkurrierenden Kompetenzen liegen. Zieht der Gesamtverband durch eine starke Beanspruchung der konkurrierenden Kompetenzen zu viele Regelungen an sich, besteht die Gefahr einer Unitarisierung im Sinne einer nicht gewünschten Einheitlichkeit einer Föderation. Dies lässt sich sowohl in Österreich als auch in Deutschland feststellen, da die grundsätzliche Aufgabenkompetenz in den jeweiligen Verfassungen den Ländern zugesprochen wird, diese aber durch bundeseinheitliche Regelungen stark ausgehöhlt wird.[157]

7.2 Verteilung der Aufgaben und Ausgaben

Bei der Aufgabenverteilung sollten die Bundesländer in Österreich und Deutschland mehr eigene Kompetenzen erhalten. Der in beiden Ländern in der Verfassung verankerte Grundsatz der Länderzuständigkeit[158] würde dadurch umgesetzt werden. Bei der Aufteilung der gesamten Ausgaben von Bund und Ländern betrug im Jahr 2000 in Österreich der Anteil des Bundes 61% gegenüber einen Länderanteil von 39%, in Deutschland betrug der Bundesanteil 55% und der

[154] Biehl, D. (1995c), S. 132-133.

[155] Vgl. Biehl, D (1994), S. 109.

[156] Vgl. Biehl, D. (1995c), S. 133.

[157] Vgl. Kapitel 3.1.

[158] Vgl. Art. 15 Abs. 1 B-VG und Art. 30 GG.

Länderanteil 45% der Gesamtausgaben.[159] Um den Grundsatz der Länderzuständigkeit erfüllen zu können, sollte der Anteil der Länder an den Ausgaben mindestens 50% der gesamten Ausgaben von Bund und Ländern betragen.

Österreich ist hier noch vergleichsweise weit davon entfernt. Hier wäre zu fragen, ob zumindest Teile der bisher zum Großteil dem Bund vorbehaltenen Aufgaben, wie die innere Sicherheit, die soziale Sicherung, das höhere Schulwesen sowie die universitäre Bildung, nicht auf die österreichische Länderebene verlagert werden könnten. Bei einer am Kongruenzprinzip orientierten Ausgabenverteilung sollen Aufgaben gemäß ihrem Wirkungsbereich auf die verschiedenen Körperschaftsebenen aufgeteilt werden. Bei dem obigen Vergleich der bereinigten Ausgaben der Ebenen Zentralstaat, Gliedstaaten und Kommunen hat sich gezeigt, dass auf den Landesanteil in Österreich 30,5% der gesamten Ausgaben entfallen, während dieser Wert in Deutschland mit 33,9% etwas höher liegt. Die kommunale Ebene ist in Österreich für 21,5% und in Deutschland für 24,6% der gesamten bereinigten Staatsausgaben verantwortlich, der Bund dominiert in beiden Ländern mit 48,0% (Österreich) bzw. 41,5% (Deutschland).[160]

In Deutschland sollten die umfangreichen Gemeinschaftsaufgaben mit ihren Mischfinanzierungen von Bund und Ländern zugunsten von eindeutigen Zuständigkeiten abgebaut werden. Sie widersprechen v.a. dem Korrespondenzprinzip, nach dem Entscheider, Zahler und Nutzer identisch sein sollen. Bei den Gemeinschaftsaufgaben geht es um die Sicherstellung eines einheitlichen Versorgungsniveaus an öffentlichen Leistungen im gesamten Bundesgebiet.[161] Dieser Zweck kann besser mit zweckgebundenen Finanzzuweisungen des Bundes mit Eigenbeteiligung der Länder erreicht werden.[162]

[159] Siehe Kapitel 3.2.

[160] Siehe Tabelle 36.

[161] Siehe 2. Teil, Kapitel C.3.2.

[162] Vgl. 1. Teil, Kapitel 4.3.4.3.2 und 4.3.4.3.3.

7.3 Verteilung der Einnahmen

7.3.1 Der originäre aktive Finanzausgleich

In beiden Ländern wird das Einnahmensystem sehr stark vom gemeinsamen Steuerverbund dominiert. In Österreich werden knapp 80% und in Deutschland etwas über 70% der gesamten Steuereinnahmen als Gemeinschaftssteuern erhoben.[163] Zur Stärkung der Länderautonomie wird deshalb vielfach der Abbau der Gemeinschaftssteuern zugunsten eigener Besteuerungskompetenzen der Länder vorgeschlagen.[164] Allerdings sollte vor überzogenen Erwartungen gewarnt werden, da Untersuchungen über das U.S.-amerikanische Steuersystem gezeigt haben, dass auch ein ausgeprägtes Trennsystem in einem Bundesstaat Absprachen und Koordination zwischen den verschiedenen Ebenen benötigt, um keine inakzeptablen Unterschiede zwischen den Gliedstaaten hervorzurufen.[165] Grundsätzlich vermag das System der Gemeinschaftssteuern in föderalen Staaten zu überzeugen, da nur durch einen Steuerverbund eine gute Koordination unter allokations- und distributionspolititschen Gesichtspunkten ohne Mehrfachbelastungen gewährleistet werden kann. Durch Änderungen der Ertragsquoten der einzelnen Körperschaftsebenen lassen sich flexible Anpassungen an sich verändernde Finanzbedarfe durchführen. Damit sind Verbundsysteme in hohem Grade koordinationsfähig und flexibel. Allerdings zum Preis eines geringen Grades der Einnahmenautonomie der einzelnen Ebenen.[166] Zudem besteht die Gefahr, dass sich einzelne Ebenen durch eine überdurchschnittliche Ausgabenexpansion eine bessere Position bei der Verteilung der variablen Ertragsanteile zu verschaffen versuchen.[167] Durch die Möglichkeit einer Zuschlagserhebung der Länder auf die festgelegten Anteilssätze könnte dem entgegengewirkt werden.[168] Damit hätten die Bundesländer die Möglichkeit, schnell und flexibel auf eine Änderung ihres Finanzbedarfs zu reagieren, ohne dass hierbei eine aufwändige Quotenrevision notwendig würde. Allerdings trifft dies nicht bei Verbrauchssteuern zu, da länderspezifische Steuersätze nicht praktikabel wären und örtliche

---

[163] Vgl. Tabelle 29.

[164] Siehe 2. Teil, Kapitel B.7 und C.7.

[165] Vgl. Fischer, H. (1989), S. 383.

[166] Vgl. 1. Teil, Kapitel 4.2.3.2.

[167] In Deutschland trifft dieses Argument v.a. auf die Verteilung des Umsatzsteueraufkommens auf Bund und Länder zu, vgl. Teil 2, Kap. B.4.1.1.

[168] Eine höhere Steuerkompetenz der Länder wird sowohl in Österreich als auch in Deutschland immer wieder diskutiert, so etwa in Deutschland vom Sachverständigenrat (1990), S. 210-216 oder in Österreich vom Beirat für Wirtschafts- und Sozialfragen (1992), S. 14-16.

Steuerausweichungen zur Folge hätten.[169] Zudem ist die Umsatzsteuer durch die europäische Harmonisierung bis auf den Steuersatz nicht mehr durch den nationalen Gesetzgeber gestaltbar.[170] Für eine Zuschlagserhebung bieten sich Ertragssteuern an, wo eine örtliche Substitution mit einem wesentlich größerem Aufwand verbunden ist.[171] Gegen eigene Steuergestaltungsmöglichkeiten der Länder wird das Argument des unfairen Steuerwettbewerbs angeführt, den sich ohnehin nur die bessergestellten Länder leisten könnten.[172] Hierbei wird aber übersehen, dass dieser Wettbewerb bereits jetzt, nur auf der Ausgabenseite, stattfindet.[173] So versuchen sich die Länder durch Subventionsgewährung regelmäßig Vorteile bei der Standortwahl von Industrieansiedlungen zu verschaffen.[174]

Um Divergenzen zwischen Aufgabenzuteilung und finanzieller Ausstattung der einzelnen Gebietskörperschaftsebenen erkennen zu können, vergleicht Tabelle 39 die Ausgaben- und Ertragshoheit von Bund, Ländern und Gemeinden in Österreich und Deutschland im Jahr 2000.

Körperschafts-ebenen in %	Österreich (2000)		Deutschland (2000)	
	Ausgabenhoheit	Ertragshoheit	Ausgabenhoheit	Ertragshoheit
Bund [a]	48,0	72,0	41,5	47,2
Länder	30,5	12,4	33,9	40,6
Gemeinden	21,5	15,6	24,6	12,2
Summen	100,0	100,0	100,0	100,0

Tabelle 39: Aufteilung der Ausgaben- und Ertragshoheit

[a] einschließlich EU-Eigenmittel

Quelle: Tabelle 6, 22, 36.

[169] Vgl. Andel, N. (1998), S. 113.

[170] Vgl. Sechste Richtlinie des Rates vom 17.5.1977 zur Harmonisierung der Rechtsvorschriften der Mitgliedsstaaten über die Umsatzsteuer – Gemeinsames Mehrwertsteuersystem: einheitliche steuerpflichtige Bemessungsgrundlage.

[171] Für eine Zuschlagserhebung geeignet wäre die Einkommen- und Körperschaftsteuer. In Deutschland wird seit Anfang 1995 ein landeseinheitlicher Solidaritätszuschlag zur „Finanzierung der Vollendung der Einheit Deutschlands" auf die festgesetzte Einkommensteuer erhoben, vgl. BMF Berlin (2002d), S. 90. Hier müsste allerdings eine Änderung des Grundgesetzes erfolgen, da der Solidaritätszuschlag als Ergänzungsabgabe nach Art. 106 Abs. 1 Nr. 6 GG ausschließlich dem Bund zusteht.

[172] Vgl. Finanzministerium Niedersachsen (2002), S. 3.

[173] Vgl. Peffekoven, R. (2002b), S. 20.

[174] Ausführlich zu Subventionen bei Andel, N. (1998), S. 273-285.

Dabei zeigt sich in Österreich, dass bei Bund und Ländern erhebliche Unterschiede zwischen Ausgaben- und Ertragshoheit bestehen. Durch eine höhere Beteiligung der Länder an den Gemeinschaftssteuern in Richtung einer Parität wie annähernd in Deutschland kann dieses Ungleichgewicht bei den Einnahmen verringert werden. In Österreich fließen von den gesamten Einnahmen an den Gemeinschaftssteuern nur 16,5% an die Länder (Bund: fast 71%), in Deutschland hingegen knapp 45% (Bund: 47,4%).[175] Durch das hohe Volumen der Gemeinschaftssteuern würde sich damit das Steueraufkommen insgesamt gleichmäßiger zwischen Bund und Ländern aufteilen. Der Anteil des Bundes von 72%[176] am gesamten Steueraufkommen macht in Österreich umfangreiche Transfers notwendig, um die Länder mit den für ihre Aufgabenerfüllung erforderlichen Finanzmitteln auszustatten. Diese Trennung von Aufgabenerfüllung und Finanzierung sollte im Sinne des Korrespondenzprinzips abgebaut werden.

In Deutschland erscheinen die Unterschiede zwischen Ausgaben- und Ertragshoheit beim Bund und bei den Ländern vergleichsweise vertretbar. Allerdings bestehen im Gemeindesektor erhebliche Divergenzen. Die Gemeinden sind in Deutschland für 24,6% der bereinigten Ausgaben verantwortlich, während ihnen lediglich 12,2% an den gesamten Einnahmen zustehen. Die Differenz wird größtenteils durch Transfers vom Landes- an den Gemeindesektor durch landesspezifisch geregelte kommunale Finanzausgleiche gedeckt. Diese Lösung vermag aber nicht zu überzeugen, wenn das Selbstverwaltungsrecht der Kommunen nicht ausgehöhlt werden soll. In letzter Zeit sind zahlreiche Vorschläge für eine Gemeindefinanzreform in Deutschland diskutiert worden. Die Industrie befürwortet dabei ein kommunales Zuschlagsrecht auf die Einkommen- und Körperschaftsteuer, um keine ertragsunabhängigen Elemente bei der Steuerbemessung mit aufzunehmen. Die kommunalen Spitzenverbände fordern hingegen die Revitalisierung der bestehenden Gewerbesteuer. Peffekoven hat sich für das Zuschlagsrecht der Gemeinden auf die Einkommen- und Körperschaftsteuer oder für eine breit angelegte Wertschöpfungsteuer ausgesprochen.[177] Das Zuschlagsrecht stellt auf das Leistungsfähigkeits-

[175] Vgl. Tabelle 30.

[176] Einschließlich EU-Eigenmittel.

[177] Vgl. Frankfurter Allgemeine Zeitung vom 24.03.2003, Nr. 70, S. 17.

prinzip ab, während die Wertschöpfungsteuer jeden, der eine kommunale Leistung in Anspruch nimmt, nach dem Äquivalenzprinzip zu deren Finanzierung heranzieht.[178]

Die horizontale Aufteilung des Steueraufkommens auf die einzelnen Bundesländer erfolgt in Österreich zu über 80% nach Einwohnerzahlen und nur zu 0,4% nach dem örtlichen Aufkommen der Steuern. In Deutschland dominiert hingegen das Prinzip des örtliches Aufkommens mit 54% vor den Einwohnerzahlen mit 40%.[179] Die Regelung in Österreich führt zu einer vergleichsweise höheren Angleichung der Steuerkraft zwischen den Ländern, da die Einwohnerzahlen wesentlich geringer streuen als das örtliche Aufkommen. Die grundsätzliche Verteilung nach dem örtlichen Aufkommen mit Korrekturen bei der Lohn- und Körperschaftssteuer und dem Zinsabschlag sowie die Verteilung der Umsatzsteuer zu 86% nach Einwohnerzahlen in Deutschland überzeugen insofern, als dass dadurch eine zu starke Zentralisierung des Steueraufkommens vermieden wird. Die österreichische Fokussierung auf die Einwohnerzahlen vernachlässigt hingegen fast vollständig den Zusammenhang zwischen Steuerentstehung und Steuerverwendung. Eine Stärkung der Länderautonomie durch Zuschlagsrechte für bestimmte Einzelsteuern sollte deshalb mit einem grundsätzlichen Wechsel der Verteilungskriterien zugunsten des örtlichen Aufkommens verbunden werden, um entsprechende Anreizwirkungen zur Pflege der eigenen Steuerquellen herzustellen. Bei Änderungen des horizontalen Finanzbedarfs von einzelnen Bundesländern bieten sich Zuschläge zu bestimmten Steuern, etwa der Einkommen- oder Körperschaftsteuer, an, die von Land zu Land variiert werden können. Allerdings müssten vorher die zentral erhobenen Steuern gesenkt werden, damit es nicht zu einem Anstieg der gesamtwirtschaftlichen Steuerquote kommt.[180]

---

178 Die Finanzwissenschaft unterscheidet das *Äquivalenzprinzip* und das *Leistungsfähigkeitsprinzip* als die grundlegenden Prinzipien zur Aufteilung der Finanzierung von öffentlichen Ausgaben. Beim Äquivalenzprinzip kann die erhobene Steuer als Preis des erhaltenen öffentlichen Gutes interpretiert werden. Entgegen der allgemeinen Definition von Steuerzahlungen besteht hier analog zum Finanzierungsprinzip privater Güter, wo Äquivalenz immer gewährleistet ist, ein Zusammenhang zwischen Leistung und Gegenleistung. Hingegen wird beim Leistungsfähigkeitsprinzip die Steuer anhand der individuellen Kriterien Einkommen, Konsum oder Vermögen ohne den direkten Zusammenhang zwischen Leistung und Gegenleistung erhoben, vgl. Musgrave, R.A. / Musgrave, P.B. / Kullmer, L. (1993), S. 13-32.

179 Siehe Tabelle 32.

180 Diese liegt in Österreich bei 28,5% des BIP und ist damit um 5,5 Prozentpunkte höher als in Deutschland (für das Jahr 2000), vgl. Tabelle 26.

7.3.2 Der ergänzende aktive Finanzausgleich

Beim ergänzenden aktiven Finanzausgleich sollen Unzulänglichkeiten der Aufgabenverteilung und des primären aktiven Finanzausgleichs durch innerstaatliche Zuweisungen beseitigt werden.[181] Die Höhe dieser Zuweisungen dürfte somit ein Indikator für eine mangelhafte Aufgabenverteilung bzw. eines ungenügenden primären aktiven Finanzausgleichs sein. Bei einem Vergleich der Zusammensetzung der Ländereinnahmen hat sich gezeigt, dass die österreichischen Bundesländer in weit höherem Maße von Bundeszuweisungen abhängig sind als die deutschen Länder. Über 28% der gesamten Einnahmen der österreichischen Länder entfielen im Jahr 2000 auf Finanzzuweisungen des Bundes, während dieser Wert in Deutschland lediglich knapp 7% betrug.[182] Hier schlägt sich die mangelnde Finanzausstattung der Bundesländer in Österreich im primären aktiven Finanzausgleich nieder. Sie erhielten im Jahr 2000 lediglich 16,5% des gesamten Verbundsteuern und nur 12,4% der gesamten österreichischen Steuereinnahmen.[183] Um ihren Aufgaben nachkommen zu können, sind umfangreiche Transfers der Bundesebene nötig. Hier müsste die primäre Finanzausstattung der Länder zulasten des Bundes verbessert werden, um durch Finanzzuweisungen tatsächlich nur noch „ergänzende" Korrekturen vornehmen zu müssen.

In Deutschland müssen zum ergänzenden aktiven Finanzausgleich der Länderfinanzausgleich im engeren Sinne[184] und die Bundesergänzungszuweisungen[185] gezählt werden, da beide die Finanzausstattung der Länder korrigieren. Insbesondere der Umfang der Bundesergänzungszuweisungen widerspricht deren Intention als lediglich ergänzendes Instrument nach erfolgter primärer Steuerverteilung, Umsatzsteuer-Vorwegausgleich und Länderfinanzausgleich. Im Jahr 2000 betrugen die Bundesergänzungszuweisungen 13,3 Mrd. € (26,1 Mrd. DM) und damit über 40% des gesamten bundesstaatlichen Transfervolumens.[186] Davon entfielen mit 7,2 Mrd. € (14,0 Mrd. DM) über 50% auf Sonderbedarfs-Bundesergänzungszuweisungen an die neuen Bundesländer und Berlin im Rahmen des Solidarpakts I. Wegen der immer noch vorhandenen

[181] Vgl. 1. Teil, Kapitel 4.3.1.

[182] Vgl. Tabelle 34.

[183] Vgl. Tabelle 30 und 31.

[184] Siehe 2. Teil, Kapitel C.4.2.1, zur Kritik siehe 3. Teil, Kapitel 4.2.1.

[185] Siehe 2. Teil, Kapitel C.4.2.2.

[186] Vgl. Tabelle 25.

Infrastrukturlücke sind diese Zahlungen notwendig, um den Aufholprozess der neuen Länder nicht zu gefährden.[187] Die Fehlbetrags-Bundesergänzungszuweisungen waren mit 3,7 Mrd. € (7,2 Mrd. DM) im Jahr 2000 für fast 30% der gesamten Bundesergänzungszuweisungen verantwortlich. Durch die Reform werden zwar nicht mehr wie bisher 90% der an 100% der durchschnittlichen Finanzkraft fehlenden Beträge, sondern ab 2005 nur noch 77,5% der an 99,5% des Durchschnitts fehlenden Finanzkraft aufgefüllt.[188] Damit verringert sich das Ausgleichsniveau geringfügig von den bisher garantierten 99,5% auf etwa 98% der durchschnittlichen Finanzkraft, was sich in einer betragsmäßigen Minderung von ca. 0,7 Mrd. € pro Jahr niederschlägt.[189] Unter allokationspolitischen Erwägungen wäre hier eine deutlichere Absenkung des Ausgleichsniveaus notwendig gewesen, um wettbewerbliche Elemente im Finanzausgleich zu stärken.

[187] Allein der infrastrukturelle Nachholbedarf der ostdeutschen Bundesländer wird auf fast 82 Mrd. € (160 Mrd. DM) geschätzt, vgl. Vesper, D. (2001b), S. 297.

[188] Siehe 2. Teil, Kapitel C.4.2.2.

[189] Vgl. Peffekoven, R. (2001b), S. 429-431.

ERGEBNIS

In beiden Ländern wird zwar nahezu ununterbrochen über Reformen der föderalen Finanzbeziehungen zwischen den Gebietskörperschaften diskutiert, dennoch sind die Grundzüge der Finanzausgleichsregelungen seit über 30 Jahren ohne grundlegende Änderungen beibehalten worden.[1] Dabei gibt es durchaus erstaunliche Parallelen in der Reformdiskussion. Da sowohl Österreich als auch Deutschland eher dem kooperativen Föderalismus zuzurechnen sind, der die Einheitlichkeit der Lebensbedingungen im gesamten Staatsgebiet als zentrales Ziel auffasst, wurde dadurch zwangsläufig die Eigenständigkeit der Gliedstaaten stark eingeschränkt. Deshalb wird hier empfohlen, den Bundesländern mehr eigene Besteuerungsrechte, oder zumindest Zuschläge auf bestimmte Steuern, zur Stärkung ihrer Eigenverantwortlichkeit hin zu mehr regionaler Differenzierung einzuräumen. Dies müsste natürlich mit einem Abbau des in beiden Ländern sehr ausgeprägten Steuerverbundsystems[2] einhergehen. In den Reformvorschlägen wird sowohl in Österreich als auch in Deutschland versucht, die Verwischung von Zuständigkeiten zugunsten eindeutig bestimmbarer Verantwortlichkeiten zu beseitigen. So sollen etwa in Österreich die umfangreichen Transfers vom Bundes- an den Landessektor mit den konkreten Zweckbindungen abgebaut werden.[3] In Deutschland soll das gleiche Ziel durch den Abbau der Mischfinanzierungen erfolgen.[4] Hier wird insbesondere bei den Gemeinschaftsaufgaben und den Geldleistungsgesetzen das Korrespondenzprinzip massiv verletzt.[5]

Es fehlt also weder an Reformbedarf noch an Reformvorschlägen. Das Problem dürfte eher in der Umsetzung liegen, da sehr divergierende Interessen verschiedener Körperschaftsebenen beachtet werden wollen. Andere Länder wie z.B. die Schweiz haben es hingegen geschafft, ihre föderalen

1 In Österreich erfolgte der letzte Modernisierungsschub in den 1970er Jahren, in Deutschland geht das praktizierte System auf die umfassende Finanzverfassungsreform von 1969 zurück.

2 In Österreich entfallen 78,3% der gesamten Steuern auf den Steuerverbund, in Deutschland 71,3%, vgl. oben unter 4.1.1.

3 Siehe 2. Teil, Kapitel B.7.

4 Siehe 2. Teil, Kapitel C.7.

5 Siehe oben unter 6.2.

Finanzbeziehungen grundlegend zu reformieren.[6] Es sind auch in Österreich und Deutschland mutige Schritte nötig, um den Finanzausgleich mit neuem Leben zu erfüllen. Die Dominanz des Bundes in Österreich sowohl bei den Ausgaben als auch bei den Einnahmen führt zusammen mit der vergleichsweise schwachen Stellung des Bundesrates bei der Gesetzgebung zu einer stärkeren Zentralisierung als in Deutschland.

Damit kann als Ergebnis kann festgehalten werden, dass sich die Einstufung Österreichs und Deutschlands von Stalder[7] als unitarischer Bundesstaat bestätigt hat. In beiden Ländern wird der Einheitlichkeit der Lebensbedingungen im gesamten Staatsgebiet große Bedeutung beigemessen. Wobei Österreich einer Unitarisierung in Richtung eines Einheitsstaates näher ist als Deutschland. Somit ist Österreich im Vergleich zu Deutschland auf einer Skala mit den Extrempunkten zentripetaler und zentrifugaler Staat etwas mehr Richtung zentripetaler Staat (dezentraler Einheitsstaat) einzuordnen. Die im 2. Teil der Arbeit vorgestellte Abbildung 8: Ausprägungen des Föderalismus wird nunmehr durch die folgende Abbildung 12 modifiziert.

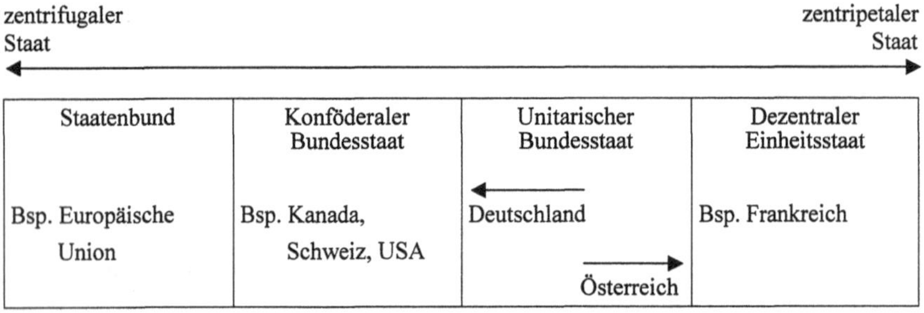

Abb. 12: Föderale Einordnung Österreichs und Deutschlands

[6] „Während die Schweiz längst dieses Thema (Reform des Finanzausgleichs, Anm. d. Verf.) zu einer fast ein Jahrzehnt andauernden wissenschaftlichen und politischen Reformarbeit – sie wird dort als NFA (Neuer Finanzausgleich) bezeichnet und steht vor der Umsetzung – gemacht hat, haben Deutschland und Österreich noch einen deutlichen Nachholbedarf.“, Bauer, H. / Rossmann, B. (2001), S. 315. Näheres zur Reform des Finanzausgleichs in der Schweiz von Jörg, A. (1998) und Mäder, H. / Schedler, K. (1996).

[7] Vgl. Stalder, K. (1999), S. 12.

Literaturverzeichnis

I. Literaturquellen

Achatz, M. (1990), Finanzausgleichstheoretische Überlegungen, in: Smekal, C / Theurl, E. (Hrsg.), Finanzkraft und Finanzbedarf von Gebietskörperschaften, Wien u.a.O., S. 22-35 und 174-198.

Andel, N. (1992), Finanzwissenschaft, 3. Aufl., Tübingen.

Andel, N. (1998), Finanzwissenschaft, 4. Aufl., Tübingen.

Andreae, C.-A. (1980), Grundsteuern, in: Handbuch der Finanzwissenschaft, Bd. 2, 3. Aufl., Tübingen, S. 576-608.

Armingeon, K. / Freitag, M. (1997), Deutschland, Österreich und die Schweiz – Die politischen Systeme im Vergleich, Opladen.

Arndt, H.-W. (2002), Alternative Wege für die Finanzierung von Aufgaben, in: Bertelsmann-Stiftung / Kommission Verfassungspolitik & Regierungsfähigkeit (Hrsg.), Neugestaltung der Finanzbeziehungen / Restructing Fiscal Relations, Gütersloh, S. 19-21.

Arndt, H.-W. / Rudolf, W. (1992), Öffentliches Recht, München.

Bach, S. u.a. (2001), Internationale Entwicklungstendenzen nationaler Steuersysteme – von der direkten zur indirekten Besteuerung?, in: Deutsches Institut für Wirtschaftsforschung (Hrsg.), Sonderheft Nr. 172, Berlin.

Baretti, C. u.a. (2001), Weniger Wachstum und Steueraufkommen durch den Finanzausgleich, in: Wirtschaftsdienst, 81. Jg., S. 38-44.

Bauer, H. / Rossmann, B. (2001), Wirtschafts- und finanzpolitische Reformpotenziale des Finanzausgleichs, in: Österreichischer Gemeindebund, Österreichischer Städtebund (Hrsg.), Finanzausgleich 2001 – Das Handbuch für die Praxis, Wien, S. 302-317.

Becker, R. (1981), Der Reich-Länder-Finanzausgleich im Bismarckreich und in der Weimarer Republik, Diss., Kiel.

Beirat für Wirtschafts- und Sozialfragen (1992), Finanzverfassung und Finanzausgleich – Herausforderungen und Anpassungserfordernisse, Wien.

Bennett, R. J. (1985), Intergovernmental financial relations in Austria, Canberra.

Benz, W. (2000), Geschichte des Dritten Reiches, München.

Bertelsmann-Stiftung / Kommission Verfassungspolitik & Regierungsfähigkeit (Hrsg.) – **Bertelsmann-Kommission (2000)**, Entflechtung 2005 - Zehn Vorschläge zur Optimierung der Regierungsfähigkeit im deutschen Föderalismus, Gütersloh.

Bertelsmann-Stiftung / Kommission Verfassungspolitik & Regierungsfähigkeit (Hrsg.) – **Bertelsmann-Kommission (2001)**, Neuordnung der Kompetenzen zwischen Bund und Ländern / Re-distribution of Powers Between the Federal Level and the States, Gütersloh.

Bertelsmann-Stiftung / Kommission Verfassungspolitik & Regierungsfähigkeit (Hrsg.) – **Bertelsmann-Kommission (2002a)**, Institutionelle Entflechtung in Zweiten Kammern / Institutional Reform in Second Chambers, Gütersloh.

Bertelsmann-Stiftung / Kommission Verfassungspolitik & Regierungsfähigkeit (Hrsg.) – **Bertelsmann-Kommission (2002b)**, Neugestaltung der Finanzbeziehungen / Restructing Fiscal Relations, Gütersloh.

Bickel, W. (1956), Der Finanzausgleich, in: Handbuch der Finanzwissenschaft, Bd. II, 2. Aufl., S. 730-788.

Biehl, D. (1976a), Bestimmungsfaktoren des regionalen Entwicklungspotentials – Lage, Verkehrsinfrastruktur und Umwelt als Anwendung des Potentialfaktorkonzepts, in: Institut für Weltwirtschaft (Hrsg.), Die Weltwirtschaft, Heft 1, Kiel, S. 60-65.

Biehl, D. (1976b), Ursachen interregionaler Einkommensunterschiede und Ansatzpunkte für eine potentialorientierte Regionalpolitik in der Europäischen Gemeinschaft, in: von der Groeben, H. / Moeller, H. (Hrsg.), Möglichkeiten und Grenzen einer Europäischen Union, Bd. 2: Verteilung der wirtschaftlichen Kräfte im Raum, Baden-Baden, S. 71-99.

Biehl, D. (1979), Dezentralisierung als Chance für größere Effizienz und mehr soziale Gerechtigkeit, in: Schuster, F. (Hrsg.), Dezentralisierung des politischen Handelns (II), Forschungsbericht der Konrad-Adenauer-Stiftung, Nr. 4, St. Augustin, S. 85-132.

Biehl, D. (1983), Die Entwicklung des Finanzausgleichs in ausgewählten Bundesstaaten: Bundesrepublik Deutschland, in: Handbuch der Finanzwissenschaft, Bd. 4, 3. Aufl., Tübingen, S. 69-122.

Biehl, D. (1986), The Contribution of Infrastructure to Regional Development, 2 Bände, Series Documents, Commission of the European Community, Brüssel.

Biehl, D. (1987), Stabilisierungspolitik im Spannungsfeld von Zentralisierung und Dezentralisierung, in: Schuster, F. (Hrsg.), Dezentralisierung des politischen Handelns (III), Forschungsberichte der Konrad-Adenauer-Stiftung, Bd. 61, St. Augustin, S. 350-393.

Biehl, D. (1988), Finanzausgleich IV: Internationaler Finanzausgleich, in: Handwörterbuch der Wirtschaftswissenschaft, 2. Bd., Stuttgart u.a.O., S. 689-713.

Biehl, D. (1991), Die EG-Finanzverfassung: Struktur, Mängel und Reformmöglichkeiten, in: Wildenmann, R. (Hrsg.), Staatswerdung Europas? Optionen für eine Europäische Union, Studien zur gesellschaftlichen Entwicklung, Bd. 9, Baden-Baden, S. 355-391.

Biehl, D. (1994), Zur ökonomischen Theorie des Föderalismus: Grundelemente und ihre Anwendung auf die EU-Finanzunion, in: Schneider, H. / Wessels, W. (Hrsg.), Föderale Union – Europas Zukunft?, München, S. 99-122.

Biehl, D. (1995a), Infrastruktur als Bestimmungsfaktor regionaler Entwicklungspotentiale in der Europäischen Union, in: Karl, H. / Henrichsmeyer. W. (Hrsg.), Regionalentwicklung im Prozess der Europäischen Integration, Institut für Europäische Integrationsforschung e.V., Bonner Schriften zur Integration Europas, Bd. 4, Bonn, S. 53-86.

Biehl, D. (1995b), Internationaler Finanzausgleich, in: Akademie für Raumforschung und Landesplanung (Hrsg.), Handwörterbuch der Raumordnung, Hannover, S. 293-298.

Biehl, D. (1995c), Wechselspiel zwischen Prozess und Institutionalisierung im Zuge der europäischen Integration, in: Schefold, B. (Hrsg.), Wandlungsprozesse in den Wirtschaftssystemen Westeuropas, Marburg, S. 109-152.

Biehl, D. (1996), Zum Problem der Konnexität von Aufgaben- und Ausgabenverantwortung am Beispiel der Sozialhilfe, in: Junkernheinrich, M. / Klemmer, P. (Hrsg.), Neuordnung des Gemeindefinanzsystems, Forum Öffentliche Finanzen, Bd. 3, Berlin, S. 73-114.

Biehl, D. / Münzer, U. A. (1980), Agglomerationsoptima und Agglomerationsbesteuerung – Finanzpolitische Konsequenzen aus der Existenz agglomerationsbedingter sozialer Kosten, in: Akademie für Raumforschung und Landesplanung (Hrsg.), Ballung und öffentliche Finanzen, Forschungs- und Sitzungsberichte der Akademie für Raumforschung und Landesplanung, Bd. 134, Hannover, S. 113-150.

Biehl, D. / Ungar, P. (1995), Regionale Disparitäten, in: Akademie für Raumplanung und Landesplanung (Hrsg.), Handwörterbuch der Raumordnung, Hannover, S. 185-189.

Biehl, D. / Winter, H. (1990), Europa finanzieren – ein föderalistisches Modell, Veröffentlichung der Bertelsmann Stiftung, Gütersloh.

Blankart, C. B. (2000), Steuerautonomie mit Finanzausgleich, in: Schmidt-Trenz, H.-J. / Fonger, M. (Hrsg.), Bürgerföderalismus – Zukunftsfähige Maßstäbe für den bundesdeutschen Finanzausgleich, Baden-Baden, S. 96-103.

Blankart, C. B. (2001), Öffentliche Finanzen in der Demokratie: eine Einführung in die Finanzwissenschaft, 4. Aufl., München.

Blankart, C. B. / Stoetzer, M-W. (1991), Ökonomische Theorien des Staates, in: WiSt, Heft 4, S. 164-170.

Blazejczak, J. (2002), Förderung aus dem Europäischen Regionalfonds in Berlin: Trotz hoher Wirkung Umgestaltung notwendig, in: Deutsches Institut für Wirtschaftsforschung (Hrsg.), Wochenbericht 11/2002, 69. Jg., Berlin, S. 183-187.

Bödecker, W. (1972), Allokations- und Distributionsprobleme bei Kollektivgütern, Meisenheim am Glan.

Bohley, P. (1977), Gebühren und Beiträge, Tübingen.

Bös, D. (1971), Eine ökonomische Theorie des Finanzausgleichs. Finanzwissenschaftliche Untersuchung am österreichischen Beispiel, Wien-New York.

Bös, D. u.a. (1983), Die Entwicklung des Finanzausgleichs in ausgewählten Bundesstaaten: Österreich, in: Handbuch der Finanzwissenschaft, Bd. 4, 3. Aufl., Tübingen, S. 123-162.

Bösinger, R. (1999), Die Neuordnung des bundesstaatlichen Finanzausgleichs 1995, Diss., Frankfurt am Main.

Brecht, A. (1932), Internationaler Vergleich der öffentlichen Ausgaben, Leipzig-Berlin.

Brenke, K. u.a. (2002), Bausteine für die Zukunft Berlins, in: Deutsches Institut für Wirtschaftsforschung (Hrsg.), Wochenbericht 10/2002, 69. Jg., Berlin, S. 163-180.

Breton, A. (1965), A Theory of Government Grants, in: Canadian Journal of Economic and Political Science, Bd. 31, S. 175-187.

Breton, A. (1974), The Economic Theory of Representative Government, Chicago.

Breton, A. / Scott, A. (1977), The Assignment Problem in Federal Structures, in: Feldstein, M.S. / Inman, R.P. (Hrsg.), The Economics of Public Services, London, S. 344-357.

Brümmerhoff, D. (1999), Föderalismus und Transaktionskosten, in: Henke, K.-D. (Hrsg.), Öffentliche Finanzen zwischen Wachstum und Verteilung, Baden-Baden., S. 53-65.

Brümmerhoff, D. (2001), Finanzwissenschaft, 8. Aufl., München u.a.

Buchanan, J. M. (1950), Federalism and Fiscal Equity, in: American Economic Review, Jg. 40, S. 583-599.

Buchanan, J. M. (1965), An Economic Theory of Clubs, in: Economica, Bd. 32, S. 1-14.

Buchanan, J. M. (1984), Die Grenzen der Freiheit – zwischen Anarchie und Leviathan, Tübingen.

Buchanan, J. M. / Flowers, M. R. (1980), The Public Finances - An introductory Textbook, 5. Aufl., Homewood, Illinois.

Buchanan, J. M. / Goetz, Ch. J. (1972), Efficiency Limits of Fiscal Mobility: An Assessment of the Tiebout Model, in: Journal of Public Economics, Bd. 1, S. 25-43.

Buchanan, J. M. / Tullock; G. (1962), The Calculus of Consent, Logical Foundations of Constitutional Democracy, Ann Arbor.

Buchsteiner, S. (1998), Die Verpflichtung der Gebietskörperschaften zur Tragung ihres Aufwands, Diss., Wien.

Bundschuh, P. (2000), Vergleichende Untersuchung der Organisation und Funktion der 2. Kammer im föderalen System, Wien.

Caesar, R. (1989), Öffentliche Verschuldung in Deutschland seit der Weltwirtschaftskrise: Wandlungen in Politik und Theorie, in: Petzina, D. (Hrsg.), Probleme der Finanzgeschichte des 19. und 20. Jahrhunderts, Schriften des Vereins für Socialpolitik, N.F., Bd. 188, Berlin, S. 9-55.

Carl, D. (1995), Bund-Länder-Finanzausgleich im Verfassungsstaat, Baden-Baden.

Colm, G. (1927), Volkswirtschaftliche Theorie der Staatsausgaben, Tübingen.

Dietrich, B. (1996), Das Prinzip der Einwohnerveredelung in den Finanzausgleichssystemen der Bundesrepublik Deutschland, Diss., Bonn.

Doralt, W. (1996), Grundriss des österreichischen Steuerrechts, 3. Aufl. Wien.

Döring, T. (2001), Institutionenökonomische Fundierung finanzwissenschaftlicher Politikberatung, Marburg.

Döring, T. / Stahl, D. (2000), Institutionenökonomische Aspekt der Neuordnung des Finanzausgleichs, Stuttgart.

Ebert, W. / Meyer, S. (1999), Reform des Länderfinanzausgleichs, in: WiSt, Heft 9, S. 484-487.

Ehrlicher, W. (1988), Finanzausgleich III: Der Finanzausgleich in der Bundesrepublik Deutschland, in: Handwörterbuch der Wirtschaftswissenschaft, 2. Bd., Stuttgart u.a.O., S. 662-689.

Esterbauer, F. / Thöni, E. (1981), Föderalismus und Regionalismus in Theorie und Praxis, Wien.

Farny, O. u.a. (1990), Der Finanzausgleich in Österreich, Wien.

Feess, E. (1997), Mikroökonomie: eine spieltheoretisch- und anwendungsorientierte Einführung, Marburg.

Fischer, H. (1984), Zur Problematik von Finanzzuweisungen, in: WiST, H. 5, S. 229-234.

Fischer, H. (1988), Finanzzuweisungen: Theoretische Grundlegung und praktische Ausgestaltung im bundesstaatlichen Finanzausgleich Australiens und der Bundesrepublik Deutschland, in: Volkswirtschaftliche Schriften, Heft 379, Berlin.

Fischer, H. (1989), Der Einfluß der U.S.-Steuerreform auf die Steuereinnahmen der Bundesstaaten, in: List Forum für Wirtschafts- und Finanzpolitik, 4/1989, S. 367-384.

Fischer, H. (1990a), Der Fliegenpapier-Effekt, in: WiST, H. 19, S. 293-295.

Fischer, H. (1990b), Sozialhilfe und Bund-Länder-Finanzausgleich, in: Kitterer, W. (Hrsg.), Sozialhilfe und Finanzausgleich, Heidelberg, S. 131-143.

Fischer, H. (1992), Hat der Länderfinanzausgleich im vereinten Deutschland Zukunft?, in: Wegner, E. (Hrsg.), Finanzausgleich im vereinten Deutschland, Marburg, S. 17-44.

Fischer, H. / Gündisch, K. (1999), Eine kleine Geschichte Ungarns, Frankfurt am Main.

Fischer, T. u.a. (2002), Ansatzpunkte für die Modernisierung der föderalen Finanzverfassung, in: Bertelsmann-Stiftung / Kommission Verfassungspolitik & Regierungsfähigkeit (Hrsg.), Neugestaltung der Finanzbeziehungen / Restructing Fiscal Relations, Gütersloh, S. 9-18.

Fischer-Menshausen, H. (1978), Unbestimmte Rechtsbegriffe in der bundesdeutschen Finanzverfassung, in: Dreißig, W. (Hrsg.), Probleme des Finanzausgleichs I, Schriften des Vereins für Socialpolitik, N.F., Bd. 96/I, Berlin, S. 135-164.

Fischer-Menshausen, H. (1988), Finanzausgleich II: Grundzüge des Finanzausgleichsrechts, in: Handwörterbuch der Wirtschaftswissenschaft, Bd. 2, Stuttgart u.a.O., S. 636-662.

Fischer-Menshausen, H. (1996), Das Finanzwesen, in: Münch, I. / Kunig, P. (Hrsg.), Grundgesetz-Kommentar, Bd. 3, 3. Aufl., München, S. 871-1238.

Fleischmann, E. (2002), Öffentliche Haushalte in Österreich im Überblick, in: Steger, G. (Hrsg.), Öffentliche Haushalte in Österreich, Wien, S. 7-26.

Forte, F. (1977), Grundsätze der Zuordnung öffentlicher ökonomischer Funktionen im Rahmen von Gebietskörperschaften, in: Kommission der Europäischen Gemeinschaften (Hrsg.), Bericht der Sachverständigengruppe zur Untersuchung der Rolle der öffentlichen Finanzen bei der Europäischen Integration (sog. MacDougall-Bericht), Bd. II: Einzelbeiträge und Arbeitsunterlagen, Reihe Wirtschaft und Finanzen, Brüssel, S. 333-376.

Frey, D. (1982), Die Finanzverfassung des Grundgesetzes, in: Bundesministerium für Finanzen (Hrsg.), Die Finanzbeziehungen zwischen Bund, Ländern und Gemeinden aus finanzverfassungsrechtlicher und finanzwirtschaftlicher Sicht, Bonn, S. 13-86.

Frey, R. L. (1977), Zwischen Föderalismus und Zentralismus. Ein volkswirtschaftliches Konzept des schweizerischen Bundesstaates, Bern u.a.O.

Fuest, W. / Lichtblau, K. (1991), Finanzausgleich im vereinten Deutschland, in: Institut der deutschen Wirtschaft (Hrsg.), Beiträge zur Wirtschafts- und Sozialpolitik, Nr. 192, Köln.

Fürst, B. (1997), Die Maastrichter Budgetkriterien im Konflikt mit der Verschuldungsautonomie der deutschen Gebietskörperschaften, Frankfurt am Main u.a.O.

Gantner, M. (1978), Der abgestufte Bevölkerungsschlüssel als Problem der Länder und Gemeinden, Wien.

Gassner, W. (1996), Österreich – Der steuerrechtliche EU-Nachbar, München.

Geske, O.-E. (2001a), Der bundesstaatliche Finanzausgleich, Bonn.

Geske, O.-E. (2001b), Wenn gesetzliche Konkretisierungen zu allgemeinen Maßstäben führen sollen, in: Wirtschaftsdienst, 81. Jg., S. 214-221.

Gottfried, P. / Wiegard, W. (1991a), Finanzausgleich nach der Vereinigung: Gewinner sind die alten Länder, Regensburg.

Gottfried, P. / Wiegard, W. (1991b), Finanzausgleich zum Selberreichnen – Ein Simulationsmodell, Regensburg.

Gramlich, E.M. / Galper, H. (1973), State and Local Fiscal Behavior an Federal Grant Policy, in: Brookings Papers on Economic Activity, Bd. 1, S. 15-58.

Gros, J. (2002), Deutschland, in: Weidenfeld, W. (Hrsg.), Europa-Handbuch, Bonn, S. 99-112.

Hammer, A. (1985), Der österreichische Finanzausgleich 1985-1988, Graz.

Hansmeyer, K.-H. / Kops, M. (1984), Die Kompetenzarten der Aufgabenzuständigkeit und deren Verteilung im föderativen Staat, in: Hamburger Jahrbuch für Wirtschafts- und Gesellschaftspolitik, 29. Jg., S. 127-140.

Hansmeyer, K.-H.. / Kops, M. (1990), Die Gliederung der Länder in einem vereinten Deutschland, in: Wirtschaftsdienst, 70. Jg., S. 234-239.

Hedtkamp, G. (1977), Lehrbuch der Finanzwissenschaft, 2. Aufl., Neuwied.

Hedtkamp, G. (1980), Klassifikation der öffentlichen Einnahmen, in: Handbuch der Finanzwissenschaft, Bd. II, 3. Aufl., S. 63-80.

Heilmann, M. (1992), Vorschläge zur Neuordnung des Bund-Länder-Finanzausgleichs im vereinten Deutschland – eine kritische Bestandsaufnahme, in: Wegner, E. (Hrsg.), Finanzausgleich im vereinten Deutschland, Marburg, S. 45-106.

Heinemann, F. (2000), Haushalt und Finanzen, in: Weidenfeld, W. / Wessels, W. (Hrsg.), Europa von A bis Z, 7. Aufl., Bonn, S. 242-250.

Hendricks, B. (1999), Sanierungsbeihilfen nur noch bis 2004, Das Parlament, Nr. 19, S. 5.

Hengstschläger, J. (1997), Der Finanzausgleich im Bundesstaat, in: Schambeck, H. (Hrsg.), Bundesstaat und Bundesrat in Österreich, Wien, S. 181-220.

Henle, W. (1964), Die Ordnung der Finanzen in der Bundesrepublik Deutschland, Berlin.

Hensel, A. (1922), Der Finanzausgleich im Bundesstaat in seiner staatsrechtlichen Bedeutung, Berlin.

Herber, B. P. (1983), Die öffentliche Finanzwirtschaft einiger ausgewählter Länder, United States of America, in: Neumark, F. (Hrsg.), Handbuch der Finanzwissenschaft, Bd. 4, 3. Aufl., S. 795-822.

Hesse, J. J. (1978), Politikverflechtung im föderativen Staat, Baden-Baden.

Hesse, K. (1962), Der unitarische Bundesstaat, Karlsruhe.

Hidien, J. W. (1999a), Der bundesstaatliche Finanzausgleich in Deutschland: Geschichtliche und staatsrechtliche Grundlagen, Baden-Baden.

Hidien, J. W. (1999b), Handbuch Länderfinanzausgleich, Baden-Baden.

Hidien, J. W. (2001), Die Berücksichtigung der Finanzkraft und des Finanzbedarfs der Gemeinden (Gemeindeverbände) im Finanzausgleich nach Art. 107 Abs. 2 Satz 1 Grundgesetz, Baden-Baden.

Hoffmann, J. (1996), Alles pendelt sich ein, in: Piper, N. (Hrsg.), Die großen Ökonomen, 2. Aufl., Stuttgart, S. 50-54.

Huber, B. (1998), Der deutsche Finanzausgleich – Konzeption und Reformbedarf, in: WiSt, Heft 10, S. 517-524.

Huber, B. (2001), Beim Finanzausgleich nichts Neues, in: WiSt, Heft 10, S. 505.

Huber, B./Lichtblau, K. (2000), Ein neuer Finanzausgleich – Reformoptionen nach dem Verfassungsgerichtsurteil, Köln.

Hüttner, B. (2000), Der Finanzausgleich 2001 bis 2004, in: Österreichische Gemeindezeitung, Ausg. 12/2000, S. 6-13.

Hüttner, B. (2001), Der Finanzausgleich: Grundlagen, Entwicklung, Finanzausgleichsgesetz 2001, in: Österreichischer Gemeindebund, Österreichischer Städtebund (Hrsg.): Finanzausgleich 2001 – Das Handbuch für die Praxis, Wien, S. 23-157.

Isensee, J. (1968), Subsidiaritätsprinzip und Verfassungsrecht, Berlin.

Jenkins, H. (2001), Die Neugliederung des Bundesgebietes: Schwächung oder Stärkung des Föderalismus? – Effizienzüberlegungen, in: Eckart, K./Jenkins, H. (Hrsg.), Föderalismus in Deutschland, Berlin, S. 95-148.

Jesse, J. (1931), Finanzausgleich, in: Wörterbuch der Volkswirtschaft, Bd. 1, 4. Aufl., Jena, S. 786-795.

Jevons, W. S. (1970), The Theory of Political Economy, Harmondsworth.

Jörg, A. (1998), Finanzverfassung und Föderalismus in Deutschland und in der Schweiz, Baden-Baden.

Jung, I. (2000), Die Reform des Länderfinanzausgleichs zum Jahr 2005 – Modellvorschlag für einen konsensfähigen Finanzausgleich der Zukunft, Diss., München.

Kausel, A. (1985), 150 Jahre Wirtschaftswachstum in Österreich und der westlichen Welt im Spiegel der Statistik, Wien.

Kirsch, G. (1978), Föderalismus – Die Wahl zwischen intrakollektiver Konsenssuche und interkollektiver Auseinandersetzung, in: Dreißig, W. (Hrsg.), Probleme des Finanzausgleichs I, Schriften des Vereins für Socialpolitik, N. F., Bd. 96/I, Berlin, S. 9-43.

Kirsch, G. (1987), Über zentrifugale und zentripetale Kräfte im Föderalismus, in: Schmidt, K. (Hrsg.), Beiträge zu ökonomischen Problemen des Föderalismus, Schriften des Vereins für Socialpolitik, N. F., Bd. 166, Berlin, S. 13-34.

Kirsch, G. (1977), Föderalismus, Wirtschaftswissenschaftliches Seminar, Bd. 5, Stuttgart.

Kirsch, G. / Theiler, J. (1976), Zur Verallgemeinerung von Buchanan – Tullocks allgemeiner ökonomischer Verfassungstheorie, in: Finanzarchiv, N. F., Bd. 35, S. 35-65.

Knoth, E. (2001), Krankenanstaltenfinanzierung, in: Österreichischer Gemeindebund, Österreichischer Städtebund (Hrsg.), Finanzausgleich 2001 – Das Handbuch für die Praxis, Wien, S. 218-238.

Kops, M. (1984a), Formen und Grundprinzipien des Finanzausgleichs (I): Der passive Finanzausgleich, in: WISU, Nr. 5, S. 239-246.

Kops, M. (1984b), Formen und Grundprinzipien des Finanzausgleichs (II): Der originäre aktive Finanzausgleich, in: WISU, Nr. 6, S. 289-293.

Kops, M. (1984c), Formen und Grundprinzipien des Finanzausgleichs (III): Der ergänzende aktive Finanzausgleich, in: WISU, Nr. 7, S. 341-345.

Korioth, S. (2000), Gründe für oder gegen die Berücksichtigung von Hafenlasten, in: Schmidt-Trenz, H.-J. / Fonger, M. (Hrsg.), Bürgerföderalismus – Zukunftsfähige Maßstäbe für den bundesdeutschen Finanzausgleich, Baden-Baden, S. 141-146.

Kostal, T. (1995), Öffentliche Fonds in Österreich, Diss., Wien.

Kostal, T. (1998), Machtinstrument Finanzausgleich, in: RAUM Österreichische Zeitschrift für Raumplanung und Regionalpolitik, Nr. 32/1998, S. 27-30.

Kraus, H. (1989), Öffentliche Verwaltungen in Österreich, in: Handwörterbuch der öffentlichen Betriebswirtschaft, Stuttgart, S. 1185-1194.

Krause-Jung, G. (1977), Abriß der Theorie von den öffentlichen Gütern, in: Handbuch der Finanzwissenschaft, Bd. 1, 3. Aufl., Tübingen, S. 687-711.

Krause-Jung, G. (1993), Finanzpolitische Aspekte der Europäischen Wirtschafts- und Währungsunion, in: Hefte zur internationalen Besteuerung, Heft 84, S. 1-93.

Kurz, H. D. (1996), Das System der natürlichen Freiheit, in: Piper, N. (Hrsg.), Die großen Ökonomen, 2. Aufl., Stuttgart, S. 29-36.

Lammers, K. (2000), Verteilung versus Allokation – Thesen zum Spannungsfeld zwischen Solidarität und Wettbewerb der Gliedstaaten in einem Bundesstaat aus ökonomischer Sicht, in: Schmidt-Trenz, H.-J. / Fonger, M. (Hrsg.), Bürgerföderalismus – Zukunftsfähige Maßstäbe für den bundesdeutschen Finanzausgleich, Baden-Baden, S. 87-89.

Lau, J. (2002), Stirb langsam, in: Die Zeit, Nr. 13 vom 21.03.2002, S. 38.

Lehmbruch, G. (2002), Föderalismus als entwicklungsgeschichtlich geronnene Verteilungsentscheidungen, in: Wehling, H.-G. (Hrsg.), Die deutschen Länder, 2. Aufl., Opladen, S. 313-328.

Lehner, G. (1998), Gemeinsame Finanzverantwortung im Bundesstaat, in: Das öffentliche Haushaltswesen in Österreich, Jg. 39, S. 5-23.

Lehner, G. (1999), Veränderungen im Finanzausgleichsgefüge 1992/1997, Studie des Österreichischen Instituts für Wirtschaftsforschung im Auftrag der Verbindungsstelle der österreichischen Bundesländer, Wien.

Lehner, G. (2001), Finanzausgleich als Instrument der Budgetpolitik, in: WIFO-Monatsberichte, Nr. 8/2001, S. 497-511.

Lehner, G. (2002), Finanzielle Beziehungen zwischen Bundesländern und Gemeinden – Studie des Österreichischen Instituts für Wirtschaftsforschung im Auftrag des Österreichischen Gemeindebundes, Wien.

Lenk, T. (1993a), Alternative Modelle für den Länderfinanzausgleich in der Bundesrepublik Deutschland – Anforderungen und mögliche Ausgleichsmechanismen, Arbeitspapier Nr. 1, Wirtschaftswissenschaftliche Fakultät der Universität Leipzig, Lehrstuhl für Finanzwissenschaft, Leipzig.

Lenk, T. (1993b), Reformbedarf und Reformmöglichkeiten des deutschen Finanzausgleichs, in: Eichhorn, P. / Friedrich, P. (Hrsg.), Schriften zur öffentlichen Verwaltung und öffentlichen Wirtschaft, Bd. 138, Baden-Baden.

Lenk, T. (1999), Kooperativer Föderalismus - Wettbewerbsorientierter Föderalismus, Diskussionsbeiträge der Universität Leipzig, Wirtschaftswissenschaftliche Fakultät, Nr. 7, Leipzig.

Lenk, T. (2001a), Die Berücksichtigung der Finanzierungslasten des Fonds „Deutsche Einheit" im Länderfinanzausgleich, in: Lenk, T. (Hrsg.), Aspekte des Länderfinanzausgleichs, Frankfurt am Main u.a.O., S. 81-112.

Lenk, T. (2001b), Die Berücksichtigung der Gemeindefinanzkraft im Länderfinanzausgleich § 8 Finanzausgleichsgesetz, in: Lenk, T. (Hrsg.), Aspekte des Länderfinanzausgleichs, Frankfurt am Main u.a.O., S. 45-80.

Lenk, T. (2001c), Finanzwirtschaftliche Bedeutung der Neuregelung des bundesstaatlichen Finanzausgleichs – Eine allokative und distributive Wirkungsanalyse für das Jahr 2005, in: Diskussionsbeiträge Nr. 26, Universität Leipzig, Wirtschaftswissenschaftliche Fakultät, Leipzig.

Lenk, T. (2001d), Im „Schleier des Nichtwissens" das Maßstäbegesetz verabschiedet?, in: Wirtschaftsdienst, 81. Jg., S. 434-441.

Lenk, T. (2002), Ökonomischer Handlungsbedarf und Reformansätze des bundesdeutschen Länderfinanzausgleichs, in: Hüttig, C. / Nägele, F. (Hrsg.), Neue Maßstäbe? Finanzausgleich und die Zukunft des Föderalismus, Rehburg-Loccum, S. 27-53.

Lenk, T. (2003), Finanzausgleich und Solidarpakt II, in: WISU, Nr. 2, S. 245-254.

Lenk, T. / Schneider, F. (1999), Zurück zum Trennsystem als Königsweg zu mehr Föderalismus in Zeiten des „Aufbau Ost"?, in: Jahrbücher für Nationalökonomie und Statistik, Bd. 219, Stuttgart, S. 409-437.

Lenk, T. / Schneider, F. (2000), Grundzüge der föderalen Finanzverfassung – Trennsystem versus Mischsystem, in: Schmidt-Trenz, H.-J. / Fonger, M. (Hrsg.), Bürgerföderalismus – Zukunftsfähige Maßstäbe für den bundesdeutschen Finanzausgleich, Baden-Baden, S. 63-81.

Leondardy, U. (2001), Die Neugliederung des Bundesgebietes: Auftrag des Grundgesetzes, in: Eckart, K. / Jenkins, H. (Hrsg.), Föderalismus in Deutschland, Berlin, S. 9-36.

Lichtblau, K. (2001), Einwohnerwertung im Länderfinanzausgleich, in: Döhler, E. / Esser, C. (Hrsg.), Die Reform des Finanzausgleichs – Neue Maßstäbe im deutschen Föderalismus, Berlin, S. 131-140.

Liebig, C. (2002), Die Umstellung der Lohn- und Einkommensteuer auf das Betriebstätten-Prinzip – Eine Simulationsrechnung am Beispiel des Stadtstaates Bremen, in: Elsner, W. (Hrsg.), Neue Alternativen des Länder-Finanzausgleichs – Modellrechnungen und Gutachten unter besonderer Berücksichtigung der Stadtstaatenproblematik, Frankfurt am Main u.a.O., S. 69-90.

Littmann, K. (1983), Die öffentliche Finanzwirtschaft einiger ausgewählter Länder: Bundesrepublik Deutschland, in: Handbuch der Finanzwissenschaft, Bd. 4, 3. Aufl., Tübingen, S. 1011-1064.

Loeffelholz, H. D. von (1993), Finanzreform 1969: Anspruch und Wirklichkeit, in: Probleme des Finanzausgleichs in nationaler und internationaler Sicht, in: Beihefte der Konjunkturpolitik, Zeitschrift für angewandte Wirtschaftsforschung, Heft 41, S. 29-52.

Loeffelholz, H. D. von (2000), Zur ökonomischen Beurteilung der Einwohnerwertung der Stadtstaaten im Länderfinanzausgleich, in: Schmidt-Trenz, H.-J. / Fonger, M. (Hrsg.), Bürgerföderalismus – Zukunftsfähige Maßstäbe für den bundesdeutschen Finanzausgleich, Baden-Baden, S. 168-178.

Luif, P. (2002), Österreich, in: Weidenfeld, W. (Hrsg.), Europa-Handbuch, Bonn, S. 229-236.

Mäder, H. / Schedler, K. (1996), Perspektiven des Finanzausgleichs in der Schweiz, Bern u.a.O.

Mäding, H. (2000), Optionen für eine Reform des Finanzausgleichs, in: Schmidt-Trenz, H.-J. / Fonger, M. (Hrsg.), Bürgerföderalismus – Zukunftsfähige Maßstäbe für den bundesdeutschen Finanzausgleich, Baden-Baden, S. 21-37.

Matzinger, A. (2001), Konsultationsmechanismus, in: Österreichische Gemeindezeitung, Ausg. 2/2001, S. 21-27.

Matzinger, A. (2002), Finanzausgleich, in: Steger, G. (Hrsg.), Öffentliche Haushalte in Österreich, Wien, S. 51-94.

Mayer, H. (1997), Das österreichische Bundes-Verfassungsrecht, Kurzkommentar, 2. Aufl., Wien.

Mende, G. (1994), Überlegungen zu einer Neuregelung der Finanzverfassung, in: Klein, E. (Hrsg), Verfassungsentwicklung in Deutschland nach der Wiedervereinigung, Berlin, S. 83-94.

Mielke, S. (2002), Länder-Neugliederung zur Sicherung leistungsfähiger Stadtstaaten – Eine Simulationsrechnung für ein erweitertes Bundesland Bremen, in: Elsner, W. (Hrsg.), Neue Alternativen des Länder-Finanzausgleichs – Modellrechnungen und Gutachten unter besonderer Berücksichtigung der Stadtstaatenproblematik, Frankfurt am Main u.a.O., S. 29-68.

Model, O u.a. (1992), Staatsbürger-Taschenbuch: alles Wissenswertes über Staat, Verwaltung, Recht und Wirtschaft, 26. Aufl., München.

Montesquieu, C. de (1994), Vom Geist der Gesetze, Stuttgart.

Müller, R. (1995), Horizontale oder vertikale Transfers zur Durchsetzung eines horizontalen Finanzausgleichs, Diss., Frankfurt am Main.

Musgrave, R. A. (1956/7), A Multiple Theory of Budget Determination, in: Finanzarchiv, N.F. Bd. 17, S. 333-343.

Musgrave, R. A. (1959), The Theory of Public Finance, New York-Toronto-London.

Musgrave, R. A. (1961), Approaches to a Fiscal Theory of Political Federalism, in: National Bureau of Economic Research (Hrsg.), S. 97-122.

Musgrave, R. A. (1969), Theories of Fiscal Federalism, in: Public Finance, Bd. 24, S. 521-532.

Musgrave, R. A. / Musgrave, P. B. / Kullmer, L. (1992), Die öffentlichen Finanzen in Theorie und Praxis, Bd. 3, 4. Aufl., Tübingen.

Musgrave, R. A. / Musgrave, P. B. / Kullmer, L. (1993), Die öffentlichen Finanzen in Theorie und Praxis, Bd. 2, 5. Aufl., Tübingen.

Musgrave, R. A. / Musgrave, P. B. / Kullmer, L. (1994), Die öffentlichen Finanzen in Theorie und Praxis, Bd. 1, 6. Aufl., Tübingen.

Nell-Breuning, O. von (1962), Das Subsidiaritätsprinzip, in: Staatslexikon, Bd. 7, S. 826-833.

Neumann, M. (1971), Zur ökonomischen Theorie des Föderalismus, in: Kyklos, Bd. 24, S. 493-510.

Neumann, M. (1995), Theoretische Volkswirtschaftslehre, Bd. II: Produktion, Nachfrage und Allokation, 4. Aufl., München.

Neumark, F. (1961), Zur Klassifikation der öffentlichen Einnahmen, in: Ders.: Wirtschafts- und Finanzprobleme des Interventionsstaates, Tübingen, S. 323-334.

Neumark, F. (1978), Bemerkungen zu einigen ökonomischen Aspekten der grundgesetzlichen Vorschriften über die Einheitlichkeit der Lebensverhältnisse in der Bundesrepublik Deutschland, in: Dreißig, W. (Hrsg.), Probleme des Finanzausgleichs I, Schriften des Vereins für Socialpolitik, N. F., Bd. 96/I, Berlin, S. 165-175.

Nowotny, E. (1994), Bundesstaatsreform und Neuordnung des Finanzausgleichs aus der Sicht des Bundes, in: Pernthaler, P. (Hrsg.), Reform der föderalistischen Finanzordnung, Wien, S. 11-21.

Nowotny, E. (1997), Zur regionalen Dimension der Finanzverfassung der EU – gegenwärtiger Stand und Perspektiven, in: Oberhauser, A. (Hrsg.), Fiskalföderalismus in Europa, Schriften des Vereins für Socialpolitik, N. F., Bd. 253, Berlin, S. 97-145.

Nowotny, E. (1999), Der öffentliche Sektor, 4. Aufl., Berlin u.a.O.

Nowotny, E. / Winckler, G. (1997), Grundzüge der Wirtschaftspolitik Österreichs, 2. Aufl., Wien.

Oates, W. E. (1972), Fiscal Federalism, New York u.a.

Obermann, G. / Kostal, T. (1997), Öffentliche Aufgabenerfüllung außerhalb des Budgets, in: Tiepelmann, K. / v. d. Beek, G. (Hrsg.), Politik der Parafiski, Hamburg, S, 373-394.

Öhlinger, T. (1999), Verfassungsrecht, 4. Aufl., Wien.

Olson, M. (1965), The Logic of Collective Action, Public Goods and the Theory of Groups, Cambridge/Mass.

Olson, M. (1969), The Principle of 'Fiscal Equivalence': The Division of Responsibilities Among Different Levels of Government, in: The American Economic Review, Bd. 59, S. 479-487.

Ottnad, A. (2001), Neufassung des Länderfinanzausgleichs: Anstoß für eine Neugliederung des Bundesgebiets?, in: Eckart, K. / Jenkins, H. (Hrsg.): Föderalismus in Deutschland, Berlin, S. 175-210.

Ottnad, A. / Linnartz, E. (1997), Föderaler Wettbewerb statt Verteilungsstreit – Vorschläge zur Neugliederung der Bundesländer und zur Reform des Finanzausgleichs, Frankfurt am Main/New York.

Pagenkopf, H. (1981), Der Finanzausgleich im Bundesstaat – Theorie und Praxis, Stuttgart.

Pauer, K. (2001), Der Konsultationsmechanismus und sein rechtlicher Rahmen, in: Österreichische Gemeindezeitung, Ausg. 2/2001, S. 28-33.

Peffekoven, R. (1987), Zur Neuordnung des Länderfinanzausgleichs, in: Finanzarchiv, N.F., Bd. 45, S. 181-228.

Peffekoven, R. (1988a), Berücksichtigung von Seehafenlasten im Länderfinanzausgleich?, in: Finanzarchiv, N.F., Bd. 46, S. 397-415.

Peffekoven, R. (1988b), Finanzausgleich I: Wirtschaftstheoretische Grundlagen, in: Handwörterbuch der Wirtschaftswissenschaft, Bd. 2, Stuttgart u.a.O., S. 608-636.

Peffekoven, R. (1990), Finanzausgleich und Sonderbedarfe, in: Bea, F.X. / Kitterer, W. (Hrsg.), Finanzwissenschaft im Dienst der Wirtschaftspolitik – Dieter Pohmer zum 65. Geburtstag, Tübingen, S. 323-341.

Peffekoven, R. (1993), Finanzausgleich im Spannungsfeld zwischen allokativen und distributiven Zielsetzungen, in: Probleme des Finanzausgleichs in nationaler und internationaler Sicht, in: Beihefte der Konjunkturpolitik, Zeitschrift für angewandte Wirtschaftsforschung, Heft 41, S. 11-28.

Peffekoven, R. (1994), Reform des Finanzausgleichs – eine vertane Chance, in: Finanzarchiv, N.F., Bd. 51, S. 281-311.

Peffekoven, R. (1998), Reform des Länderfinanzausgleichs tut not, in: Wirtschaftsdienst, 78. Jg., S. 80-83.

Peffokoven, R. (2001a), Die Verteilung der Umsatzsteuer ist keine reine Rechenoperation, in: Wirtschaftsdienst, 81. Jg., S. 206-213.

Peffokoven, R. (2001b), Reform des Länderfinanzausgleichs und des Solidarpakts II, in: Wirtschaftsdienst, 81. Jg., S. 427-434.

Peffekoven, R. (2002a), Anforderungen an die Steuer- und Finanzpolitik, in: Institut „Finanzen und Steuern" e.V. (Hrsg.), Schrift-Nr. 397, Bonn, S. 13-34.

Peffekoven, R. (2002b), Mehr Wettbewerb im Föderalismus wagen, Münster.

Pennock, J. R. (1959), Federal and Unitary Government – Disharmony and Frustration, in: Behavioral Science, Bd. 4, S. 147-157.

Pernthaler, P. (1984), Österreichs Finanzverfassung, Wien.

Pernthaler, P. (2000), Föderalismus – Bundesstaat – Europäische Union. 25 Grundsätze, Wien.

Pernthaler, P. (2002), Der Konsultationsmechanismus in der österreichischen Finanzverfassung, in: Bertelsmann-Stiftung / Kommission Verfassungspolitik & Regierungsfähigkeit (Hrsg.), Neugestaltung der Finanzbeziehungen / Restructing Fiscal Relations, Gütersloh, S. 23-43.

Pernthaler, P. u.a. (1998), Bibliographie zum österreichischen Bundesstaat und Föderalismus, Wien.

Pernthaler, P. / Samsinger, E. (1984), Föderalismus und Bundesstaat. 24 Grundsätze, 2. Aufl., Innsbruck.

Pernthaler, P. / Wegscheider, E. (2000), Der Konsultationsmechanismus in der österreichischen Finanzverfassung, in: Institut für Föderalismus (Hrsg.), Föderalismusdokumente, Bd. 9, Innsbruck.

Pestemer, K. (1948), Die österreichischen Finanzausgleichsgesetze, Graz.

Petersen, H.-G. (1988), Finanzwissenschaft II, Stuttgart u.a.O., S. 112-140.

Pigou, A. C. (1979), The Economics of Welfare, London.

Pilz, D. u.a. (2000), Handbuch der kommunalen Finanzwirtschaft, 2. Aufl., Wien.

Popitz, J. (1927), Der Finanzausgleich, in: Handbuch der Finanzwissenschaft, 1. Aufl., Bd. 2, S. 338-375.

Popitz, J. (1932), Der künftige Finanzausgleich zwischen Reich, Ländern und Gemeinden, Gutachten, Berlin.

Pramböck, E. (2001), Finanzausgleich – positive Grundelemente und Reformperspektiven, in: Österreichischer Gemeindebund, Österreichischer Städtebund (Hrsg.), Finanzausgleich 2001 – Das Handbuch für die Praxis, Wien, S. 275-288.

Rawls, J. (1972), A Theory of Justice, Oxford.

Recktenwald, H. C. (1983), Finanzföderalismus. Eine empirische Analyse im internationalen Vergleich, in: Die Verwaltung, Zeitschrift für Verwaltungswissenschaft, Bd. 16, H. 1, S. 1-15.

Reding, K. / Postlep, R.-D. (1977), Finanzwissenschaft II: Die öffentlichen Einnahmen, München.

Reding, K. / Postlep, R.-D. (1978), Finanzwissenschaft III: Der öffentliche Haushalt – Der Finanzausgleich, München.

Remsperger, H. (2002), Ein nationaler Stabilitätspakt für Deutschland, in: Frankfurter Allgemeine Zeitung, Nr. 54 vom 05.03.2002, S. 16.

Renzsch, W. (1991), Finanzverfassung und Finanzausgleich: Die Auseinandersetzungen um ihre politische Gestaltung in der Bundesrepublik Deutschland zwischen Währungsunion und deutscher Vereinigung (1948-1990), in: Forschungsinstitut der Friedrich-Ebert-Stiftung (Hrsg.), Reihe Politik- und Gesellschaftsgeschichte, Bd. 26, Bonn.

Renzsch, W. (2000), Kompetenzzuordnung und Finanzverfassung – eine Vorbemerkung und zehn Thesen, in: Schmidt-Trenz, H.-J. / Fonger, M. (Hrsg.), Bürgerföderalismus – Zukunftsfähige Maßstäbe für den bundesdeutschen Finanzausgleich, Baden-Baden, S. 42-46.

Renzsch, W. (2002a), Der Streit um den Finanzausgleich, in: Wehling, H.-G. (Hrsg.), Die deutschen Länder, 2. Aufl., Opladen, S. 347-367.

Renzsch, W. (2002b), Siebzehn Sieger, in: Frankfurter Allgemeine Zeitung, Nr. 56 vom 07.03.2002, S. 8.

Rheinisch-Westfälisches Institut für Wirtschaftsforschung e.V. – **RWI (2001),** Zur Berücksichtigung kommunaler Sonderbedarfe im Länderfinanzausgleich – Eine Überprüfung aus finanzwissenschaftlicher Sicht, Gutachten im Auftrag des Finanzministeriums des Landes Nordrhein-Westfalen, Essen.

Röper, E. (2001), Einwohnerverwertung im Finanzausgleich, in: Zeitschrift für Rechtspolitik, Jg. 34, S. 216-219.

Rosen, H. S. (1985), Public Finance, Illinois.

Rosenfeld, M. T. W. (1999), BVG-Urteil zum Länderfinanzausgleich: Ein Schritt in die richtige Richtung, aber keine Lösung der bundesstaatlichen Finanzprobleme! - Ein Kommentar, in: Institut für Wirtschaftsforschung Halle (Hrsg.), Wirtschaft im Wandel, 5. Jg., Heft 16, Halle.

Rostock, M. (1974), Die Lehre von der Gewaltenteilung in der politischen Theorie von John Locke, Meisenheim am Glan.

Rudolf, W. (1981), Föderalismus, in: Handwörterbuch der Wirtschaftswissenschaft, Bd. 3, Stuttgart u.a.O., S. 312-316.

Ruppe, G. (1977), Finanzverfassung im Bundesstaat, Wien.

Ruppe, G. (1991), Neuordnung der bundesstaatlichen Kompetenzverteilung in Österreich – Teilbereich Finanzverfassung, in: Bundeskanzleramt der Republik Österreich (Hrsg.), Neurordnung der Kompetenzverteilung in Österreich, Wien, S. 289-392.

Ruppe, G. (1994), Neue Landesabgaben aufgrund des Abgabenerfindungsrechtes der Länder, in: Pernthaler, P. (Hrsg.), Reform der föderalistischen Finanzordnung, Wien, S. 30-43.

Rutz, W. (2001), Neugliederungsvorschläge für das vereinigte Deutschland seit 1990, in: Eckart, K. / Jenkins, H. (Hrsg.), Föderalismus in Deutschland, Berlin, S. 37-60.

Sachverständigenkommission zur Vorklärung finanzverfassungsrechtlicher Fragen für künftige Neufestlegungen der Umsatzsteueranteile: Maßstäbe und Verfahren zur Verteilung der Umsatzsteuer nach Art. 106 Abs. 3 und Abs. 4 GG – **Sachverständigenkommission (1981)**, in: Bundesministerium für Finanzen (Hrsg.), Schriftenreihe, Heft 3, Bonn.

Sachverständigenrat zur Begutachtung der gesamtwirtschaftlichen Entwicklung – **Sachverständigenrat (1990)**, Jahresgutachten 1990/91, Stuttgart.

Sachverständigenrat zur Begutachtung der gesamtwirtschaftlichen Entwicklung – **Sachverständigenrat (1992)**, Jahresgutachten 1992/93, Stuttgart.

Sachverständigenrat zur Begutachtung der gesamtwirtschaftlichen Entwicklung – **Sachverständigenrat (1997)**, Jahresgutachten 1997/98, Stuttgart.

Sachverständigenrat zur Begutachtung der gesamtwirtschaftlichen Entwicklung – **Sachverständigenrat (1998)**, Jahresgutachten 1998/99, Stuttgart.

Sachverständigenrat zur Begutachtung der gesamtwirtschaftlichen Entwicklung – **Sachverständigenrat (1999)**, Jahresgutachten 1999/00, Stuttgart.

Samuelson, P. A. (1954), The Pure Theory of Public Expenditure, in: Review of Economics and Statistics, Bd. 36, S. 387-389.

Samuelson, P. A. (1955), Diagrammatic Exposition of a Theory of Public Expenditure, in: Review of Economics and Statistics, Bd. 37, S. 350-356.

Samuelson, P. A. (1969), Pure Theory of Public Expenditures and Taxation, in: J. Margolls/H. Guitton (Hrsg): Public Economics, London, S. 98-123.

Schachner-Blazizek, P. (1967), Finanzausgleich in Österreich, Graz.

Schäffer, H. (1997), Die Kompetenzverteilung im Bundesstaat, in: Schambeck, H. (Hrsg.), Bundesstaat und Bundesrat in Österreich, Wien, S. 65-88.

Schambeck, H. (1997), Die Bundesstaatlichkeit und das Verfassungssystem Österreichs, in: ders. (Hrsg.), Bundesstaat und Bundesrat in Österreich, Wien, S. 7-22.

Scharowsky, J. (1953), Der Finanzausgleich im Deutschen Reich 1871-1913 und in der Bundesrepublik Deutschland 1949-1952, Diss., Erlangen.

Scharpf, F. W. (1985), Die Politkverflechtungs-Falle: Europäische Integration und deutscher Föderalismus im Vergleich, in: Politische Vierteljahresschrift, Jg. 26, H. 4, S. 323-356.

Scharpf, F. W. (1994), Optionen des Föderalismus in Deutschland und Europa, Frankfurt am Main./New York.

Scharpf, F. W. (2002), Die gefesselte Republik, in: Die Zeit, Nr. 35 vom 22.08.2002, S. 9.

Scherf, W. (2001), Ein Vorschlag für einen gerechten und effizienten Länderfinanzausgleich, in: Wirtschaftsdienst, 81. Jg., S. 227-234.

Schmidt, K. (1970), Kollektivbedürfnisse und Staatstätigkeit, in: Haller, H. u.a. (Hrsg.), Theorie und Praxis des finanzpolitischen Interventionismus, Tübingen, S. 3-27.

Schmidt, K. (1980), Grundprobleme der Besteuerung, in: Handbuch der Finanzwissenschaft, Bd. II, 3. Aufl., S. 119-171.

Schmidt, K. (1988), Finanzausgleich, in: Handwörterbuch der Wirtschaftswissenschaft, Bd. 2, Stuttgart u.a.O., S. 607.

Schmölders, G. (1966), Finanzwissenschaft, in: Handbuch der Wirtschaftswissenschaften, Bd. 2, 2. Aufl., Köln – Opladen, S. 343-383.

Schmuck, O. (2000), Föderalismus, in: Weidenfeld, W. / Wessels, W. (Hrsg.), Europa von A bis Z, Bonn, S. 213-216.

Schneider, H.-P. (1997), Das Grundgesetz – Dokumentation seiner Entstehung, Bd. 25, Frankfurt am Main.

Schuppert, G. F. (2000), Zulässigkeit eines modifizierten Einwohnermaßstabes für die Stadtstaaten, in: Schmidt-Trenz, H.-J. / Fonger, M. (Hrsg.), Bürgerföderalismus – Zukunftsfähige Maßstäbe für den bundesdeutschen Finanzausgleich, Baden-Baden, S. 155-162.

Schuppert, G. F. / Dahrendorf, F. (1985), Verfassungsrechtliche und finanzwissenschaftliche Aspekte des Länderfinanzausgleichs, in: Studien und Materialien zur Verfassungsgerichtsbarkeit, Bd. 29, Baden-Baden.

Schwanzer, S. (1977), Abgabenrechtliche und finanzverfassungsrechtliche Probleme bei der Aufteilung der Abgabenerträge im Wege des österreichischen Finanzausgleichs unter vergleichsweiser Betrachtung des Finanzausgleichs in der Schweiz und der Bundesrepublik Deutschland, Diss., Wien.

Seitz, H. (2002), Der Einfluss der Bevölkerungsdichte auf die Kosten der öffentlichen Leistungserstellung – Gutachten im Auftrag der Finanzministerien der Länder Mecklenburg-Vorpommern und Brandenburg, Berlin.

Selmer, P. (1994), Die gesetzliche Neuordnung der bundesstaatlichen Finanzbeziehungen, in: Finanzarchiv, N.F., Bd. 51, S. 331-357.

Sievert, O. (2000), Gründe für oder gegen eine vollständige Berücksichtigung der Gemeindesteuern im Finanzausgleich, in: Schmidt-Trenz, H.-J. / Fonger, M. (Hrsg.), Bürgerföderalismus – Zukunftsfähige Maßstäbe für den bundesdeutschen Finanzausgleich, Baden-Baden, S. 187-189.

Siuts, C.-G. (2001), Die öffentlichen Finanzen der Europäischen Union, Frankfurt am Main.

Smekal, C. (1980), Transfers zwischen Gebietskörperschaften (TG) – Ziele und Ausgestaltungsprobleme, in: Pohmer, D. (Hrsg.), Probleme des Finanzausgleichs II, Schriften des Vereins für Socialpolitik, N.F., Bd. 96/II, Berlin, S. 151-220.

Smekal, C. / Gantner, M. (1983), Die öffentliche Finanzwirtschaft einiger ausgewählter Länder: Österreich, in: Handbuch der Finanzwissenschaft, Bd. 4, 3. Aufl., Tübingen, S. 577-609.

Smekal, C. / Thöni, E. (2000), Österreichs Föderalismus zu teuer?, in: Institut für Föderalismus (Hrsg.), Föderalismusdokumente, Bd. 8, Innsbruck.

Söllner, F. (2001), Die Rolle der Einwohnerveredelung im deutschen Länderfinanzausgleich, in: WiSt, Heft 10, S. 543-546.

Spahn, P. B. (2001), Reflexionen zum Finanzausgleich im Föderalismus deutscher Prägung im Licht des Urteils des Bundesverfassungsgerichts, in: Döhler, E. / Esser, C. (Hrsg.), Die Reform des Finanzausgleichs – Neue Maßstäbe im deutschen Föderalismus, Berlin, S. 11-34.

Stalder, K. (1999), Föderalismus und Finanzausgleich, Zürich.

Stein, H.-G. (2002), Deutschland im Stimmungstief, in: Institut „Finanzen und Steuern" e.V. (Hrsg.), Schrift-Nr. 397, Bonn, S. 3-12.

Steinbrück, P. (2001), Neue Regelungen beim Finanzausgleich der Länder, in: WISU, Nr. 11, S. 1433-1434.

Stotz, M. (1972), Die Entwicklung und der gegenwärtige Stand des Finanzausgleichs in der BRD verglichen mit den Finanzausgleichssystemen in anderen Ländern, Diss., Stuttgart.

Sünner, I. (2001), Die „Einwohnerveredelung" im Finanzausgleich der Bundesrepublik Deutschland: Ein umstrittenes Ausgleichsinstrument und seine besondere Bedeutung für die Stadtstaaten, Bremen.

Sutter, M. (2000), Der Stabilitäts- und Wachstumspakt in der Europäischen Währungsunion, Diss., Baden-Baden.

Thöne, M. / Jacobs, C. (2001), Länderfinanzausgleich in Deutschland – Analyse und umsetzungsorientierte Reformmodelle, Berlin.

Thöni, E. (1986), Politikökonomische Theorie des Föderalismus: eine kritische Bestandsaufnahme, Baden-Baden.

Tiebout, Ch. M. (1956), A Pure Theory of Local Expenditures, in: Journal of Political Economy, Bd. 64, S. 416-424.

Tiebout, Ch. M. (1977), Eine ökonomische Theorie fiskalischer Dezentralisierung, in: Kirsch, G. (Hrsg.), Föderalismus, Wirtschaftswissenschaftliches Seminar, Bd. 5, Stuttgart, S. 36-50.

Timm, H. (1981), Finanzwirtschaftliche Allokationspolitik, in: Handbuch der Finanzwissenschaft, Bd. III, 3. Aufl., S. 135-255.

Tipke, K. (1994), Steuerrecht, 14. Aufl., Köln.

Tullock, G. (1977), Föderalismus: Zum Problem der optimalen Kollektivgröße, in: Kirsch, G. (Hrsg.), Föderalismus, Wirtschaftswissenschaftliches Seminar, Bd. 5, Stuttgart, S. 27-35.

Vesper, D. (1998), Länderfinanzausgleich – besteht Reformbedarf?, in: Deutsches Institut für Wirtschaftsforschung -DIW- (Hrsg.), Diskussionspapier Nr. 170, Berlin, S. 1-25.

Vesper, D. (2001a), Die Einwohnerwertung der Stadtstaaten im Länderfinanzausgleich – mehr als gerechtfertigt, in: Deutsches Institut für Wirtschaftsforschung -DIW- (Hrsg.), Wochenbericht 11-12/2001, 68. Jg., Berlin, S. 173-185.

Vesper, D. (2001b), Zum infrastrukturellen Nachholbedarf in Ostdeutschland, in: Deutsches Institut für Wirtschaftsforschung (Hrsg.), Wochenbericht 20/2001, 68. Jg., Berlin, S. 293-298.

Vesper, D. (2002), Ein nationaler Stabilitätspakt – aber wie?, in: Deutsches Institut für Wirtschaftsforschung (Hrsg.), Wochenbericht 8/2002, 69. Jg., Berlin, S. 121-126.

Wagner, A. (1893), Grundlegung der politischen Oekonomie, 3. Aufl., Erster Theil, Zweiter Halbband, Leipzig.

Walter, R./Meyer, H. (2000), Grundriss des österreichischen Bundesverfassungsrechts, 9. Aufl., Wien.

Weber, M. (1988), Deutschlands künftige Staatsform (1919), in: ders., Gesammelte Politische Schriften, 5. Aufl., Tübingen, S. 448-483.

Welti, F. / Fakhreshafaei, R. (2001), Finanzausgleich im demokratischen und sozialen Bundesstaat, in: Recht und Politik – Vierteljahreshefte für Rechts- und Verwaltungspraxis, 37. Jg., Heft 2, S. 102-108.

Wendt, R. (1990), Finanzhoheit und Finanzausgleich, in: Isensee, J. / Kirchhof, P. (Hrsg.), Handbuch des Staatsrechts, Heidelberg, S. 1021-1090.

Wendt, R. (2002), Anwendung des Deckungsquotenverfahrens und die Frage getrennter Regelkreise beim Familienleistungsausgleich, Rechtsgutachtliche Stellungnahme erstattet im Auftrage der sechzehn Mitgliedsländer der Finanzministerkonferenz, Saarbrücken.

Wenger, K. (1987), Ansätze zur inhaltlichen Determinierung nichthoheitlicher Verwaltungshandlungen im neuen Bundeshaushaltsrecht, in: Das öffentliche Haushaltswesen in Österreich, Jg. 28, S. 1-39.

Wenzel, H.-D. / Wiegard, W. (1978), Optimale Stabilisierung: Ein Problem zielorientierter Fiskalpolitik, Heidelberg.

Wieland, J. (2000), Das Konzept eines Maßstäbegesetzes zum Finanzausgleich, in: Schmidt-Trenz, H.-J. / Fonger, M. (Hrsg.), Bürgerföderalismus – Zukunftsfähige Maßstäbe für den bundesdeutschen Finanzausgleich, Baden-Baden, S. 52-56.

Wilhelm, R. / Mayrhofer, E. (1952), Öffentliche Haushalte und Finanzausgleich in Österreich, Wien.

Wimmer, H. (2003), Probleme und Ansätze zur Früherkennung von Kreditrisiken bei Genossenschaftsbanken, Diss., Nürnberg.

Wissenschaftlicher Beirat beim Bundesministerium der Finanzen – **Wissenschaftlicher Beirat (1992)**, Gutachten zum Länderfinanzausgleich in der Bundesrepublik Deutschland, Bonn.

Wissenschaftlicher Beirat beim Bundesministerium der Finanzen – **Wissenschaftlicher Beirat (1999)**, Stellungnahme zum Finanzausgleichsurteil des Bundesverfassungsgerichts vom 11. November 1999, Berlin.

Wissenschaftlicher Beirat beim Bundesministerium der Finanzen – **Wissenschaftlicher Beirat (2001)**, Stellungnahme zum Entwurf des Maßstäbegesetzes der Bundesregierung vom 21.02.2001, Berlin.

Wißgott, F. X. (1973), Der Finanzausgleich im Österreich der Zweiten Republik, Wien.

Wittmann, W. (1973), Kriterien für die Aufgabenverteilung zwischen öffentlichen Körperschaften, in: Haller, H. u.a. (Hrsg.): Sozialwissenschaften im Dienste der Wirtschaftspolitik, W. Bickel zum 70. Geburtstag, Tübingen, S. 157-173.

Wittmann, W. (1976a), Einführung in die Finanzwissenschaft, Teil 3, 2. Aufl., Stuttgart-New York, S. 111-159.

Wittmann, W. (1976b), Empirische Theorien von Kollektiven, in: WiST, Heft 2, S. 67-71.

Woll, A. (2000), Wirtschaftslexikon, 9. Aufl., München.

Wust, H. F. (1981), Föderalismus, Göttingen.

Wysocki, J. (1989a), Politische und ökonomische Probleme des Finanzausgleichs in der Ersten Österreichischen Republik, in: Petzina, D. (Hrsg.), Probleme der Finanzgeschichte des 19. und 20. Jahrhunderts, Schriften des Vereins für Socialpolitik, N.F., Bd. 188, Berlin, S. 125-136.

Wysocki, J. (1989b), Staatsverschuldung in Österreich 1945 – 1985, in: Petzina, D. (Hrsg.), Probleme der Finanzgeschichte des 19. und 20. Jahrhunderts, Schriften des Vereins für Socialpolitik, N.F., Bd. 188, Berlin, S. 57-75.

Zank, W. (1996), Der Staat als Hebel, in: Piper, N. (Hrsg.), Die großen Ökonomen, 2. Aufl., Stuttgart, S. 157-162.

Zimmermann, H. (1974), Die Ausgabenintensität der öffentlichen Aufgabenerfüllung, in: Finanzarchiv, N. F., Bd. 32, S. 1-20.

Zimmermann, H. (1983), Allgemeine Probleme und Methoden des Finanzausgleichs, in: Handbuch der Finanzwissenschaft, Bd. 4, 3. Aufl., S. 3-52.

Zimmermann, H. (1987), Der Mitnahmeeffekt, in: WiST, H. 6, S. 339-343.

Zimmermann, H. (1999), Kommunalfinanzen, Baden-Baden.

Zimmermann, H. (2001), Haben Ballungsgebiete einen höheren Finanzbedarf?, in: Wirtschaftsdienst, 81. Jg., S. 222-226.

Zimmermann, H. / Henke, K.-D. (2001), Finanzwissenschaft: Eine Einführung in die Lehre von der öffentlichen Finanzwirtschaft, 8. Aufl., München.

Zurek, R.A. (1995), Einführung in die Unternehmensbesteuerung, München, Wien.

II. Amtliche Datenquellen

Bayerisches Staatsministerium der Finanzen (2001a), Der bundesstaatliche Finanzausgleich, München.

Bayerisches Staatsministerium der Finanzen (2001b), Der neue Finanzausgleich ab 2005, München.

Bayerisches Staatsministerium der Finanzen (2001c), Eigenverantwortung stärken – Solidarität wahren, München.

Bundesamt für Bauwesen und Raumordnung (2001), Abstrakte Mehrbedarfe im Länderfinanzausgleich, Gutachten im Auftrag des Bundesministerium der Finanzen, Bonn.

Bundesamt für Statistik (2002), Statistisches Jahrbuch der Schweiz 2002, Zürich.

Bundesministerium für Finanzen – **BMF Berlin (1999a)**, Bund-Länder Finanzbeziehungen auf der Grundlage der geltenden Finanzverfassungsordnung, 1. Aufl., Berlin.

Bundesministerium für Finanzen – **BMF Berlin (1999b)**, Finanzbericht 2000, Berlin.

Bundesministerium für Finanzen – **BMF Berlin (2000a)**, Bund-Länder Finanzbeziehungen auf der Grundlage der geltenden Finanzverfassungsordnung, 2. Aufl., Berlin.

Bundesministerium für Finanzen – **BMF Berlin (2000b)**, Finanzbericht 2001, Berlin.

Bundesministerium für Finanzen – **BMF Berlin (2001a)**, Bund-Länder Finanzbeziehungen auf der Grundlage der geltenden Finanzverfassungsordnung, 3. Aufl., Berlin.

Bundesministerium für Finanzen – **BMF Berlin (2001b)**, Finanzbericht 2002, Berlin.

Bundesministerium für Finanzen – **BMF Berlin (2001c)**, Finanzplan des Bundes 2001 bis 2005, Berlin.

Bundesministerium für Finanzen – **BMF Berlin (2002a)**, Bund-Länder Finanzbeziehungen auf der Grundlage der geltenden Finanzverfassungsordnung, 4. Aufl., Berlin.

Bundesministerium für Finanzen – **BMF Berlin (2002b)**, Finanzbericht 2003, Berlin.

Bundesministerium für Finanzen – **BMF Berlin (2002c)**, Monatsbericht Februar 2002, Berlin.

Bundesministerium für Finanzen – **BMF Berlin (2002d)**, Steuern von A bis Z, Berlin.

Bundesministerium für Finanzen – **BMF Wien (2001)**, Bundesvoranschlag 2001, Wien.

Deutsche Bundesbank (2001), Geschäftsbericht 2000, Frankfurt am Main.

Deutsche Bundesbank (2002), Monatsbericht Februar 2002, Frankfurt am Main.

Europäische Kommission (1997), Agenda 2000. Eine stärkere und erweiterte Union, in: Bulletin der Europäischen Union, Beilage Nr. 5, Luxemburg.

Finanzministerium Baden-Württemberg / Bayerisches Staatsministerium der Finanzen (1998), Die Reform des Finanzausgleichs – Föderale, ökonomische und verfassungsrechtliche Aspekte, Stuttgart / München.

Finanzministerium Niedersachsen (2002), Finanzausgleich: Funktionen und Funktionsweise, Hannover.

Statistik Austria (2000), Statistisches Jahrbuch 2001, Wien.

Statistik Austria (2001a), Gebarungsübersichten 1999, Wien.

Statistik Austria (2001b), Statistisches Jahrbuch 2002, Wien.

Statistik Austria (2002a), Gebarungsübersichten 2000, Wien.

Statistik Austria (2002b), Statistisches Jahrbuch 2003, Wien.

Statistisches Bundesamt (2001a), Statistisches Jahrbuch 2001 für das Ausland, Wiesbaden.

Statistisches Bundesamt (2001b), Statistisches Jahrbuch 2001 für die Bundesrepublik Deutschland, Wiesbaden.

Statistisches Bundesamt (2003), Fachserie 14, Reihe 3.1, Wiesbaden.

III. Sonstige Quellen

Die Zeit, verschiedene Ausgaben, Hamburg.

Der Standard, verschiedene Ausgaben, Wien.

Frankfurter Allgemeine Zeitung, verschiedene Ausgaben, Frankfurt am Main.

Wiener Zeitung, verschiedene Ausgaben, Wien.

Rechtsquellenverzeichnis

I. Europäische Rechtsquellen[1]

Entschließung des Europäischen Rates über den Stabilitäts- und Wachstumspakt, Amtsblatt der Europäischen Gemeinschaften, Nr. C 236 vom 02.08.1997, S. 1-2.

Interinstitutionelle Vereinbarung vom 06.05.1999 zwischen dem Europäischen Parlament, dem Rat und der Kommission über die Haushaltsdisziplin und die Verbesserung des Haushaltsverfahrens, in: Amtsblatt der Europäischen Gemeinschaften, Nr. C 172 vom 18.06.1999.

Sechste Richtlinie des Rates vom 17.05.1977 zur Harmonisierung der Rechtsvorschriften der Mitgliedsstaaten über die Umsatzsteuer – Gemeinsames Mehrwertsteuersystem: einheitliche steuerpflichtige Bemessungsgrundlage, in: Amtsblatt der Europäischen Gemeinschaften, Nr. L 145 vom 13.06.1977, S. 1-22.

Vertrag über die Gründung der Europäischen Gemeinschaft für Kohle und Stahl vom 18.04.1951, in: BGBl. II, S. 447.

Vertrag zur Gründung der Europäischen Atomgemeinschaft (EURATOM) vom 25.03.1957, in: BGBl. II, S. 1014.

Vertrag zur Gründung der Europäischen Gemeinschaft (EGV) vom 25.03.1957, in: BGBl. II, S. 766.

Vertrag zur Gründung der Europäischen Gemeinschaft (EGV) in der Fassung des Vertrages über die Europäische Union vom 07.02.1992 (Maastricht-Vertrag), in: BGBl. II, S. 1253.

Verordnung über den Ausbau der haushaltsrechtlichen Überwachung und der Überwachung und Koordinierung der Wirtschaftspolitiken, Verordnung (EG) Nr. 1466/97, Amtsblatt der Europäischen Gemeinschaften, Nr. L 209 vom 02.08.1997, S. 1-5.

---

[1] Das Amtsblatt der Europäischen Gemeinschaften erscheint in den beiden Teilen L (Rechtsvorschriften) und C (Mitteilungen und Bekanntmachungen). Bei den europäischen Rechtsquellen bezieht sich die Abkürzung BGBl. auf die deutsche Ausgabe des Bundesgesetzblattes.

Verordnung über die Beschleunigung und Klärung des Verfahrens bei einem übermäßigen Defizit, Verordnung (EG) Nr. 1467/97, Amtsblatt der Europäischen Gemeinschaften, Nr. L 209 vom 02.08.1997, S. 6-11.

II. Österreichische Rechtsquellen[2]

Allgemeines Sozialversicherungsgesetz, BGBl. I Nr. 8/2003.

Arbeitslosenversicherungsgesetz, BGBl. I Nr. 89/2002.

Bauern-Sozialversicherungsgesetz, BGBl. I Nr. 142/2002.

Bundesgesetz, mit dem der Finanzausgleich für die Jahre 2001 bis 2004 geregelt wird und sonstige finanzausgleichsrechtliche Bestimmungen getroffen werden – Finanzausgleichsgesetz 2001 (FAG 2001) und das Finanzausgleichsgesetz 1997 und das Wohnbauförderungs-Zweckzuschussgesetz 1989 geändert werden, BGBl. I 3/2001.

Bundes-Verfassungsgesetz (B-VG), BGBl. I Nr. 99/2002.

Bundes-Verfassungsgesetz über die Wiedervereinigung Österreichs mit dem Deutschen Reich vom 13.03.1938.

Bundes-Verfassungsgesetz über den Verfassungsrang bestimmter finanzausgleichsrechtlicher Bestimmungen, BGBl. I 4/2001.

Bundes-Verfassungsgesetz über Ermächtigungen des Österreichischen Gemeindebundes und des Österreichischen Städtebundes, BGBl. I 61/1998.

Finanz-Verfassungsgesetz (F-VG), BGBl. Nr. 686/1988.

Finanzausgleichsgesetz (FAG), BGBl. I Nr. 27/2002 .

Freiberufliches Sozialversicherungsgesetz, BGBl. I Nr. 8/2003 .

Gewerbliches Sozialversicherungsgesetz, BGBl. I Nr. 8/2003.

---

[2] Bei den österreichischen Rechtsquellen bezieht sich die Abkürzung BGBl. auf die österreichische Ausgabe des Bundesgesetzblattes.

Kundmachung des Bundesministers für Finanzen betreffend die Betragsgrenzen (Länder) nach der Vereinbarung über einen Konsultationsmechanismus für das Jahr 2000, BGBl. II Nr. 169/2002.

Staatsgrundgesetz vom 21.12.1867.

Staatsvertrag betreffend die Wiederherstellung eines unabhängigen und demokratischen Österreich vom 27.07.1955.

Vereinbarung zwischen dem Bund, den Ländern und den Gemeinden betreffend die Koordination der Haushaltsführung von Bund, Ländern und Gemeinden - Stabilitätspakt (1999), BGBl. I 101/1999.

Vereinbarung zwischen dem Bund, den Ländern und den Gemeinden über einen Konsultationsmechanismus und einen künftigen Stabilitätspakt der Gebietskörperschaften (Konsultationsmechanismus), BGBl. I 35/1999.

Vereinbarung zwischen dem Bund, den Ländern und den Gemeinden über eine Verstärkung der stabilitätsorientierten Budgetpolitik - Stabilitätspakt (2001), BGBl. I 39/2001.

Vertrag zur Errichtung der Brenner Autobahn AG, BGBl. 135/1964.

Wohnbauförderungs-Zweckzuschussgesetz (WBG-ZG), BGBl. I Nr. 3/2001.

III. Deutsche Rechtsquellen[3]

Abgabenordnung (AO) vom 16.03.1976, BGBl. I, S. 613.

Bundesberggesetz vom 13.08.1980, BGBl. I, S. 1310.

Bundesverfassungsgericht (BVerfG 1999), Urteil des Zweiten Senats zu Normenkontrollanträgen von drei Bundesländern (Nr. 2 BvF 2/98, 2 BvF 3/98, 2 BvF 1/99, 2 BvF 2/99) zur Verfassungskonformität des Finanzausgleichsgesetzes, verkündet am 11.11.1999, Karlsruhe.

Entwurf eines Gesetzes über verfassungskonkretisierende allgemeine Maßstäbe für die Verteilung des Umsatzsteueraufkommens, für den Finanzausgleich unter den Ländern sowie für die Gewährung von Bundesergänzungszuweisungen (Entwurf MaßStG) vom 29.01.2001, Bundestagsdrucksache 14/5951, Anlage 1.

Finanzreformgesetz vom 12.05.1969, BGBl. I, S. 359.

Finanzverfassungsgesetz vom 23.12.1955, BGBl. I, S. 817.

Gemeindefinanzreformgesetz vom 04.04.2001, BGBl. I, S. 482.

Gesetz über den Anschluß Österreichs an das Deutsche Reich vom 13.03.1938.

Gesetz über den Finanzausgleich zwischen Bund und Ländern – Finanzausgleichsgesetz (FAG 1969) vom 28.08.1969, BGBl. I, S. 1432.

Gesetz über den Finanzausgleich zwischen Bund und Ländern – Finanzausgleichsgesetz (FAG) vom 23.06.1993, BGBl. I, S. 944.

Gesetz über den Finanzausgleich zwischen Bund und Ländern – Finanzausgleichsgesetz (FAG 2005) vom 20.12.2001, in: Solidarpaktfortführungsgesetz (SFG), Art. 5, BGBl. I, S. 3956.

---

[3] Bei den deutschen Rechtsquellen bezieht sich die Abkürzung BGBl. auf die deutsche Ausgabe des Bundesgesetzblattes.

Gesetz über den Neuaufbau des Reiches vom 30.01.1934.

Gesetz über die Finanzverwaltung (FVG) vom 30.08.1971, BGBl. I, S. 1426-1427, zuletzt geändert durch Gesetz zur Änderung des Finanzverwaltungsgesetzes und anderer Gesetze vom 14.12.2001, BGBl. I, S. 3714.

Gesetz über die Grundsätze des Haushaltsrechts des Bundes und der Länder (Haushaltsgrundsätzegesetz - HGrG) vom 19.08.1969, BGBl. I, S. 1273, zuletzt geändert durch Art. 7 des Gesetzes zur Fortführung des Solidarpaktes, zur Neuordnung des bundesstaatlichen Finanzausgleichs und zur Abwicklung des Fonds „Deutsche Einheit" (Solidarpaktfortführungsgesetz - SFG) vom 20.12.2001, BGBl. I, S. 3961.

Gesetz über die Steuerberechtigung und die Zerlegung bei der Einkommenssteuer und der Körperschaftssteuer (Zerlegungsgesetz) vom 06.08.1998, BGBl. I S. 1998.

Gesetz über verfassungskonkretisierende allgemeine Maßstäbe für die Verteilung des Umsatzsteueraufkommens, für den Finanzausgleich unter den Ländern sowie für die Gewährung von Bundesergänzungszuweisungen (Maßstäbegesetz - MaßStG) vom 09.09.2001, BGBl. I, S. 2302.

Gesetz zum Ausgleich unterschiedlicher Wirtschaftskraft und zur Förderung des wirtschaftlichen Wachstums in den neuen Bundesländern (Investitionsförderungsgesetz Aufbau Ost - IfG) vom 23.06.1993, in: Gesetz zur Umsetzung des Föderalen Konsolidierungsprogramms (FKPG), Art. 35, BGBl. I, S. 944.

Gesetz zur Fortführung des Solidarpaktes, zur Neuordnung des bundesstaatlichen Finanzausgleichs und zur Abwicklung des Fonds „Deutsche Einheit" (Solidarpaktfortführungsgesetz - SFG) vom 20.12.2001, BGBl. I, S. 3955.

Gesetz zur Förderung der Stabilität und des Wachstums der Wirtschaft (StWG) vom 08.06.1967, BGBl. I, S. 582.

Grundgesetz für die Bundesrepublik Deutschland (GG) vom 23.05.1949, BGBl., S. 1.

Verfassung des Deutschen Reiches von 1871.

Verfassungen der Deutschen Bundesländer (2001), in: Beck-Verlag (Hrsg.), Textausgabe mit Sachverzeichnis, München.

MIX

Papier | Fördert gute Waldnutzung

FSC® C083411

Kolibri 360 GmbH
Ferdinand-Jühlke-Straße 7
99095 Erfurt, Deutschland
produktsicherheit@kolibri360.de

Druck:
CPI Druckdienstleistungen GmbH
im Auftrag der
Kolibri 360 GmbH
Ferdinand-Jühlke-Str. 7
99095 Erfurt